KB219408

조정민 목사의 창세기 돋보기 2

믿음의 선택이란 무엇인가

믿음의 선택이란 무엇인가

지은이 | 조정민
초판 발행 | 2021. 7. 21
3쇄 발행 | 2021. 7. 23
등록번호 | 제1988-000080호
등록된 곳 | 서울특별시 용산구 서빙고로65길 38
발행처 | 사단법인 두란노서원
영업부 | 2078-3352   FAX | 080-749-3705
출판부 | 2078-3331

책값은 뒤표지에 있습니다.
ISBN 978-89-531-4038-7 04230
        978-89-531-3889-6 (세트)
독자의 의견을 기다립니다.
tpress@duranno.com   www.duranno.com

두란노서원은 바울 사도가 3차 전도여행 때 에베소에서 성령 받은 제자들을 따로 세워 하나님의 말씀으로 양육하던 장소입니다. 사도행전 19장 8~20절의 정신에 따라 첫째 목회자를 돕는 사역과 평신도를 훈련시키는 사역, 둘째 세계선교(TIM)와 문서선교(단행본잡지) 사역, 셋째 예수문화 및 경배와 찬양 사역, 그리고 가정·상담 사역 등을 감당하고 있습니다. 1980년 12월 22일에 창립된 두란노서원은 주님 오실 때까지 이 사역들을 계속할 것입니다.

조정민 목사의
창세기 돋보기 2

믿음의
선택이란
무엇인가

조정민
지음

두란노

믿음을 빛어 가시는 하나님의 방법

목
차

프롤로그 8

1부

선택,
하나님 vs. 세상

1. 누구를 따르고 있는가 14
명령대로 다 준행하다 창 6:9-22

2. 방주의 목적은 무엇인가 32
홍수 심판이 시작되다 창 7:1-24

3. 왜 방주에서 나와야 하는가? 50
방주 밖에 진짜 삶이 있다 창 8:1-22

4. 하나님의 약속은 무엇이 다른가 68
영원한 언약의 증거 창 9:1-17

2부

혼돈,
하나님을 떠난 삶

5. 허물을 바라보는 시각 86
   실수를 어떻게 대하나 창 9:18-29

6. 제자의 길 vs. 영웅의 길 102
   땅의 백성들이 나뉘다 창 10:1-32

7. 바벨탑을 왜 쌓았는가? 120
   스스로 높아지려는 태도 창 11:1-32

3부

단절,
믿음의 첫 단추

8. 왜 믿음의 길을 가야 하는가? 140
부르심을 따라 떠나다 창 12:1-9

9. 믿음은 흔들리며 피는 꽃 160
믿음이 기근을 만나다 창 12:10-20

10. 갈등을 어떻게 해결할 것인가 180
믿음으로 갈등을 풀다 창 13:1-18

11. 무엇을 기준으로 결정하는가 200
위기를 극복하는 믿음 창 14:1-24

4부

**언약,
좁은 길의 시작**

12. 믿음을 어떻게 키우시는가 222
믿음의 인큐베이터 창 15:1-21

13. 믿음의 시간은 언제까지인가 240
팔십오 세에 범한 실수 창 16:1-16

14. 왜 이름을 바꾸시는가? 260
이름이 곧 비전이다 창 17:1-27

15. 누군가를 어떻게 대접하는가 280
환대가 믿음의 비밀이다 창 18:1-15

16. 하나님의 길을 따른다는 것 298
의와 공도를 내세운 기도 창 18:16-33

17. 어떤 길을 선택할 것인가 318
택하지 말아야 할 선택 창 19:1-38

"내 인생은 내 마음에 달렸다"고 믿는 사람들이 있습니다. 인생의 끝이 곧 세상의 끝이라고 믿는 사람들입니다. 대담한 믿음입니다. 그러나 과연 이 믿음이 인생 끝까지 흔들림 없이 갈 수 있을까요? 숱한 임종 사례가 그 믿음의 헛됨을 증거합니다. 무엇을 믿느냐에 따라 인생의 끝이 달라지는 것을 볼 수 있습니다. 믿음의 대상에 따라 인생 전체가 달라진다는 뜻입니다. 그러니 인생은 마음이 아닌 믿음에 달렸습니다.

이 책《믿음의 선택이란 무엇인가》는《시작에서 답을 찾다》를 읽은 독자들과 함께 묵상하기를 바라는 마음이 낳은 산물입니다. '인생의 마지막 순간까지 어떻게 믿음으로 선택하며 살아갈 것인가?' 인생을 제멋대로 살지 않기로 결정하고, 믿음의 길을 선택하여 걷기 시작한 형제자매들과 함께 이것을 묻고, 함께 그 답을 찾아 가고자 합니다. 야고보 사도가 말했듯이 "행함이 없는 믿음은 죽은"(약 2:26) 믿음입니다. 믿는다고 하면서도 행함이 없는 것은 선택의 갈림길에서 결단하지 못한 까닭입니다. 그러므로 선택이 없는 믿음은 행함이 없는 믿음이기 전에 이미 죽은 믿음입니다.

우리는 날마다 선택하며 살아갑니다. 눈을 뜨는 시각을 선택하는 것에서부터 종일 먹고 마시는 것을 선택하는 데 이어 이런저런 약속과 만남의 선택을 거쳐, 하루 일정의 마지막으로 언제 이 모든 관계를 단절하고 죽음과도 같은 수면 속으로 들어갈지를 선택합니다. 이것이 우리 일과입니다. 일상의 모든 선택은 과연 무엇에 의해 결정될까요? 바로 믿음입니다. 그렇습니다. 일상의 모든 선택의 기준은 믿음입니다.

창세기에서 만나는 믿음의 사람들을 보십시오. 그들은 하나같이 그런 믿음의 선택을 하며 일생 하나님과 동행했습니다. 그 덕분에 에녹은 죽음을 보지 않았습니다. 어느 날 문득 하나님이 그를 영원의 시간 속으로 데려가셨기 때문입니다. 예수님은 "나를 믿는 자는 죽어도 살겠고 무릇 살아서 나를 믿는 자는 영원히 죽지 아니하리니 이것을 네가 믿느냐"(요 11:25-26)고 물으셨습니다.

이것은 비단 질문만이 아니라 믿음의 선택을 권면하는 말씀이 분명합니다.

즉 신앙인의 삶은 곧 믿음으로 선택하는 삶입니다. "믿음은 바라는 것들의 실상이요 보이지 않는 것들의 증거"(히 11:1)라는 사실 앞에 겸손해지는 삶입니다. 인간은 가시(可視)거리와 가청(可聽) 범위의 제한에 갇혀 사는 존재입니다. 또한 제아무리 총명해도 지극히 협량한 가지(可知) 범위 이상을 알지 못하기에 자신의 제한된 능력을 자각하는 자만이 겸손할 수 있습니다. 그러므로 믿음의 선택이란 곧 여호와를 경외하는 것이요 오직 그분의 뜻을 따르고자 하는 순종의 결단입니다. 코로나 팬데믹 시대에도 변함없는 평강을 누릴 수 있다면 다만 믿음의 선택 덕분입니다. 주님의 남은 고난을 채우고자 하는 이 시대의 모든 그리스도인이 어렵고 힘든 상황 가운데서도 날마다 주저 없이 믿음의 길을 선택하기를 바랍니다.

저는 2011년 8월에 소천하신 하용조 목사님의 창세기 강해 설교의 은혜로 여기까지 왔습니다. 올해로 소천 10주기를 맞습니

다. 〈창세기 돋보기〉 시리즈의 두 번째 책을 하 목사님의 영전에
드립니다. 두란노 가족들이 또 한 번의 수고를 아끼지 않았습니
다. 부족하지만 감사하다는 말 외에 달리 표현할 길이 없습니다.
지난 8년간 함께 선택한 믿음의 길을 묵묵히 인내하며 걸어온 베
이직교회 형제자매들에게 이 지면을 빌어 사랑을 고백합니다. 문
맥의 오류를 바로잡아 준 이정아 전도사에게도 감사의 뜻을 전합
니다.

2021년 7월
짙은 어둠 속에서
빛을 더욱 그리워하며
조정민

1부

선택,

하나님 vs. 세상

1. 누구를 따르고 있는가

명령대로 다 준행하다

=

창 6:9-22

'노아'라는 히브리어 이름의 뜻은 '쉼, 위로'입니다. 노아는 바쁜 시대, 악한 시대, 심판이 임박한 시대를 살았습니다. 노아는 그런 시대를 살았지만, 자신의 이름대로 '안식하는 삶, 쉴 줄 아는 삶'을 살았고, 사람들의 아픔을 '위로하는 삶'을 살았습니다.

이것이 노아의 족보니라 노아는 의인이요 당대에 완전한 자라 그는 하나님과 동행하였으며 세 아들을 낳았으니 셈과 함과 야벳이라_창 6:9-10

"족보"로 번역된 히브리어 단어는 '톨레도트'입니다. 톨레도트란 '한 사건이나 한 사람으로 인해서 일어난 모든 결과'를 뜻합니다. 성경은 노아라는 한 사람으로 인해서 어떤 일들이 펼쳐졌는가에 관한 얘기를 들려줍니다.

노아는 "의인이요 당대에 완전한 자"였으며 "하나님과 동행"했던 사람입니다. 먼저, 그는 '의로운 사람'이었습니다. 의롭다거나 불의하다는 것은 관계에서 비롯된 말입니다. 어떤 사람이 '의로운 남편'으로 불린다면, 그와 아내의 관계를 짐작할 수 있습니다. 마찬가지로 '의로운 아들'이란 표현은 아버지와의 관계가 어떠한지를 내비칩니다. 또한 '의로운 군인'이란 개념은 그가 속한 국가와의 관계에서부터 출발합니다.

성경에서 '의롭다'는 표현은 언제나 하나님과의 관계에서 비롯됩니다. 즉 '의롭다' 함은 '하나님과의 관계가 바로잡혀 있다'는 뜻입니다. 하나님과 인간의 관계는 단순합니다. 하나님은 창조주이시고 인간은 피조물입니다. 하나님은 아버지이시고 인간은 아들딸입니다. 하나님은 신랑이시고 인간은 신부인 관계입니다. 여기에는 넘지 못할 선이 있고, 무너뜨릴 수 없는 기준이 있습니다. 노아가 의로웠다는 것은 하나님 앞에서 자신이 어떤 존재인지를 알았다는 뜻입니다.

신앙은 선택이다

노아는 하나님을 바라보았습니다. 하나님과 시선을 맞추었고, 하나님의 눈에서 사랑과 호의를 발견했습니다. 노아가 의로웠던 것은 당시 그가 정의를 부르짖었다거나 불의와 싸웠기 때문이 아닙니다. 그가 의로울 수 있었던 것은 하나님께 은혜를 입었기 때문입니다.

그러나 노아는 여호와께 은혜를 입었더라_창 6:8

오늘날, 이 시대에는 정의를 부르짖는 사람들이 많습니다. 사회 정의를 외치는 사람이 많지만, 인간의 정의는 딱 자기 눈높이의 정의일 뿐입니다. 그 정의는 사람을 가두고, 피를 흘리게 하고, 죽이기까지 합니다. 그러나 하나님의 정의, 곧 의로움은 언제나 사람을 살립니다. 하나님의 의로움은 곧 은혜입니다.

모든 사람이 자기 수준의 정의를 말할 때, 노아는 하나님 수준의 삶을 살기로 결정했습니다. 눈을 부릅뜨고 나한테 손해를 끼칠 사람인가 아닌가 하고 사방을 두리번거리면서 살아가는 대신에 얼굴을 땅에 대고 엎드리기로 한 것입니다. 땅에서 시선을 거두어 눈을 들어 하늘을 우러러보는 삶, 이것이 의인의 삶이요 예배입니다.

둘째, 노아는 "당대에 완전한 자"였습니다. 그는 온 세상이 타락한 시대에 완전한 삶을 살았습니다. 사람이 보기에 흠이 없었다는 말이 아닙니다. 완전하신 분과 관계 맺는 삶을 살았다는 것입니다. 즉 그에게 두신 하나님의 목적대로 살았다는 뜻입니다. 따라서 이것은 "의인"의 또 다른 표현과도 같습니다.

그는 하나님을 부인하는 시대에 하나님을 인정하는 삶을 살았습니다. 자기 욕망을 따라 살아가는 시대에 하나님의 말씀에 귀를 기울이며 살았습니다. 쉬웠겠습니까? 누구보다 힘들었을 것입니다. 편했겠습니까? 누구보다도 고달팠을 것입니다. 사람들이 의롭고 완전한 노아를 입에 마르도록 칭찬했겠습니까? 숱한 뒷말과 조롱이 있었을 것입니다.

그러나 그는 하나님과 동행했습니다. 세상과 동행할 것인가 아니면 하나님과 동행할 것인가, 그는 둘 중의 하나를 분명히 택했습니다. 하나님과 일생 동행하기로 선택한 것입니다. 하나님의 뜻을 따라 하나님의 뜻 가운데 머물기로 했습니다. 신앙은 선택입니다. 지금, 우리는 누구를 따르고 있습니까?

예수님은 강한 어조로 반복해서 말씀하셨습니다.

만일 네 오른 눈이 너로 실족하게 하거든 빼어 내버리라 네 백체 중 하나가 없어지고 온몸이 지옥에 던져지지 않는 것이 유익하며 또한 만일 네 오른손이 너로 실족하게 하거든 찍어 내버리라 네 백체 중 하나가 없어지고 온몸이 지옥에 던져지지 않는 것이 유익하니라_마 5:29-30

왜 이렇게 과격하게 말씀하십니까? 신앙은 결단이기 때문입니다.

노아는 의인으로서 완전한 삶을 살았고, 그렇게 하나님과 동행하면서 세 아들을 낳아 길렀습니다. 그 시대에 자녀 기르기가 쉬웠을까요? 지금보다도 어려웠을 것입니다. 그가 살았던 시대를 들여다봅니다.

그때에 온 땅이 하나님 앞에 부패하여 포악함이 땅에 가득한지라 하나님
이 보신즉 땅이 부패하였으니 이는 땅에서 모든 혈육 있는 자의 행위가
부패함이었더라_창 6:11-12

온 땅, 즉 온 세상이 타락했습니다. 하나님이 보시기에 썩지 않
은 곳이 없었고, 냄새나지 않는 곳이 없었습니다. 왜 이렇게까지
썩었습니까? 사람이 타락했기 때문입니다. "혈육 있는 자", 곧 육
신을 가진 자들이 오직 육신대로만 살았기 때문입니다. 하나님을
떠나 하나님을 거부하고 하나님의 모양과 형상을 다 잃어버린 채
살았기 때문입니다.

그런데도 세상 사람들은 잘 먹고 잘 자고 잘 놀며 잘살고 있다
고 스스로 믿었을 것입니다. 그렇게 사는 것이 잘사는 것입니까?
썩어 가는 줄도 모르고, 타락을 망각하며 사는 것이 잘사는 것입
니까? 썩은 내가 진동해도 후각이 무디어져서 냄새를 못 맡을 뿐
인데, 이게 잘사는 것입니까?

심판과 구원은 동전의 양면

노아가 살았던 시대는 철저히 부패했을 뿐만 아니라 포악함이
가득했습니다. 폭력과 불법 같은 악이 만연한 세상이었습니다.
사람이 부패하니 결국 온 땅이 부패하게 되었습니다. 노아 시대
가 아니라 우리 시대 이야기를 하는 것 같지 않습니까? 이런 세

상을 그냥 내버려 두어도 괜찮겠습니까? 무슨 조치가 필요하다는 생각이 들지 않습니까? 이런 악한 세상을 물끄러미 내려다보고만 있겠습니까? 누군가가 보고 있다면 그냥 보고만 있지는 않을 것입니다. 어떻게 해야 합니까? 사람과 땅을 심판해서라도 구원해야 하지 않겠습니까?

> 하나님이 노아에게 이르시되 모든 혈육 있는 자의 포악함이 땅에 가득하므로 그 끝 날이 내 앞에 이르렀으니 내가 그들을 땅과 함께 멸하리라
>
> _창 6:13

사람의 악이 온 땅에 가득하였고, "그 끝 날"이 가까웠습니다. 하나님이 결정하십니다. "내가 사람을 땅과 함께 심판하겠다"고 말씀하십니다. 이 엄청난 비밀을 누구에게 털어놓으십니까? 바로 노아입니다. 하나님은 당신의 심판 계획을 구원하실 사람에게는 반드시 알게 하십니다.

소돔과 고모라의 심판을 아브라함에게 알려 주셨고, 니느웨의 심판을 요나에게 알려 주셨습니다. 특히 요나에게는 하나님의 심판 계획을 온 니느웨 사람에게 미리 알리라고 명하셨습니다. 멸망을 피할 기회를 주시기 위함입니다. 창세기부터 요한계시록까지 왜 기록하셨으며, 그 성경을 왜 우리에게 주셨습니까? 심판이 있음을 알려 주시고자 함입니다. 심판이 이르기 전에 구원을 받아야 함을 알려 주시려는 것입니다.

한번 죽는 것은 사람에게 정해진 것이요 그 후에는 심판이 있으리니

_히 9:27

사람은 누구나 죽습니다. 육신의 죽음은 정해진 것입니다. 그리고 또 한 가지 반드시 알아야 할 사실이 있습니다. 죽은 후에는 심판이 있다는 것입니다.

사탄은 이 사실을 모르게 합니다. 못 듣게 하고, 들어도 못 믿고 안 믿게 합니다. "죽으면 끝이지, 심판은 무슨 심판?" 하고 웃어넘기며 조롱하게 합니다. 하나님은 아담과 하와에게 "선악을 알게 하는 나무"의 열매를 먹으면 "반드시 죽으리라"고 알려 주셨습니다(창 2:17). 그런데도 사탄은 "죽기는 누가 죽어? 오히려 네가 하나님같이 될까 봐 못 먹게 하려는 거야. 그러니 먹어! 먹어 봐!"라고 부추깁니다. 누구의 말을 들어야 합니까?

우리는 이 사실을 분명히 알아야 합니다. 만약에 하나님이란 존재가 없다면, '하나님'이라는 말 자체가 없을 것입니다. 천국과 지옥이 없다면, 애초에 그런 말이 없었을 것이고, 그런 개념도 없었을 것입니다.

죽음 뒤에는 반드시 심판이 있습니다. 그러나 심판과 구원은 동전의 앞뒷면과도 같습니다. 구원하기 위해서 심판하는 것이고, 심판함으로써 구원이 이루어지기 때문입니다. 심판이 없으면 구원이 없고, 구원이 없으면 성경도 필요 없습니다. 그래서 노아 이야기는 심판 이야기가 아니라 구원 이야기입니다.

그런데 사탄은 대홍수와 노아의 방주 이야기를 한낱 신화나 설화로 만들고자 합니다. 창조 이야기건 방주 이야기건 다 웃고 넘길 만한 신화에 불과하다고 말함으로써 성경을 외면하게 하고, 성경을 읽지 못하게 하려는 것입니다. 이것이 사탄의 의도이자 목적입니다.

예나 지금이나 세상 사람들은 심판에 별 관심이 없습니다. 그저 먹고 마시고, 집 짓고 물건으로 집을 채우고, 자기 외모를 가꾸는 데 관심 있을 뿐입니다. 그러나 하나님은 훨씬 이전부터 심판을 예고하시고, 구원의 깃발을 흔들고 계십니다. 선견자들을 통해 심판을 피할 길을 알려 주셨고, 예언자들을 통해 구원의 길을 보여 주셨습니다. 예수님은 장차 심판이 홀연히 임하리라고 말씀하셨습니다. "주의 날이 밤에 도둑같이 이를"(살전 5:2) 것입니다.

성경은 단순히 성공과 실패의 책이 아니라 구원과 심판의 책입니다. 그러나 심판은 구원 이야기의 일부입니다. 하나님은 구원받을 사람을 통해 개인의 심판, 나라와 민족의 심판, 온 인류의 심판이 반드시 임하리라는 사실을 알려 주십니다. 왜 알려 주십니까? 먼저 구원을 받으라는 것입니다.

방주 안팎으로 칠한 것

하나님은 노아에게 방주를 만들라고 명령하십니다. 누구를 위해 만듭니까? 노아 자신을 위해서입니다. 왜 만들라고 하십니까? 심판을 대비함으로써 구원을 받게 하기 위함입니다.

> 너는 고페르 나무로 너를 위하여 방주를 만들되 그 안에 칸들을 막고 역청을 그 안팎에 칠하라_창 6:14

"고페르 나무"가 정확히 어떤 나무인지는 알 수 없습니다. 잣나무, 전나무, 삼나무 등으로 추정되어 번역되곤 합니다. 방주의 넓은 내부에 칸들을 막아 많은 공간을 확보하는 것이 중요했지만, 가장 중요한 것은 방주 안팎에 "역청"을 칠하는 것이었습니다. 역청은 송진을 가공하여 얻는 타르(tar)로 아스팔트와 유사한 물질입니다. 배 안팎에 이것을 발라 물이 새지 않게 해야 합니다. 물이 새지 않아야 방주가 제 역할을 다할 수 있습니다.

하나님은 이스라엘 백성을 출애굽 시키기 위해 이집트에 열 가지 재앙을 내리셨는데, 그중 마지막 재앙인 장자의 죽음을 내리기 전에 이스라엘 백성에게 피할 길을 알려 주셨습니다. "집 좌우 문설주와 인방"(출 12:7)에 어린 양의 피를 바르게 하신 것입니다. 어린 양이 아깝다고 다른 동물의 피로 바르면, 아무 소용없습니다. 반드시 어린 양의 피를 발라야 합니다. 그래야 죽음이 넘어갑니다.

아기 모세를 담았던 갈대 상자도 마찬가지입니다.

더 숨길 수 없게 되매 그를 위하여 갈대 상자를 가져다가 역청과 나무 진
을 칠하고 아기를 거기 담아 나일강 가 갈대 사이에 두고_출 2:3

아기 모세가 담길 갈대 상자, 곧 방주에는 역청과 나무 진을 칠
해야 합니다. 당연한 이야기지만, 방주에 물이 새면 아기는 죽습
니다.

교회는 이 시대의 방주입니다. 그렇다면 교회에는 무엇을 발
라야 합니까? 성령의 기름을 발라야 합니다. 광야에서 주신 성막
에 한구석도 남김없이 기름을 발랐듯이 교회도 성령의 임재로 가
득해야 합니다. 세상이 물밀듯 밀려오면, 성령의 임재가 없는 교
회는 한순간에 침몰하고 맙니다.

에베소서는 성도가 전신을 무엇으로 감싸야 하는지를 가르쳐
줍니다.

그런즉 서서 진리로 너희 허리띠를 띠고 의의 호심경을 붙이고 평안의
복음이 준비한 것으로 신을 신고 모든 것 위에 믿음의 방패를 가지고 이
로써 능히 악한 자의 모든 불화살을 소멸하고 구원의 투구와 성령의 검
곧 하나님의 말씀을 가지라_엡 6:14-17

하나님의 전신갑주를 입으라는 것입니다. 발라야 할 것으로

바르고, 감싸야 할 것으로 감싸야 합니다. 자기 마음에 드는 것으로 해 봐야 못 삽니다. 자기 방식대로 해서는 못 견딥니다.

방주의 안팎에 칠해야 할 "역청"은 히브리어로 '코페르'입니다. 즉 "고페르 나무"로 만든 방주에 코페르를 칠해야 합니다. 한 가지 흥미로운 사실은 코페르에는 '몸값, 속전'이라는 뜻도 있다는 것입니다. 코페르가 구약의 다른 구절들에서 속전이나 몸값의 뜻으로 사용된 것을 볼 수 있습니다.

네가 이스라엘 자손의 수효를 조사할 때에 조사받은 각 사람은 그들을 계수할 때에 자기의 생명의 속전(코페르)을 여호와께 드릴지니 이는 그것을 계수할 때에 그들 중에 질병이 없게 하려 함이라_출 30:12

대저 나는 여호와 네 하나님이요 이스라엘의 거룩한 이요 네 구원자임이라 내가 애굽을 너의 속량물(코페르)로, 구스와 스바를 너를 대신하여 주었노라_사 43:3

방주가 바다에서 건짐을 받으려면 코페르를 칠해 주어야 하고, 코페르가 제 기능을 하려면 나무가 희생되어야 합니다. 즉 나무가 대신 몸값을 치러야만 하는 것입니다. 마찬가지로 그리스도인이 세상에서 건짐을 받기 위해서는, 곧 구원을 얻기 위해서는 핏값이 치러져야 합니다.

방주 만들기는 역청을 바름으로써 마무리됩니다. 후일 이스라엘은 광야에서 성막을 지을 것을 명받습니다. 이 성막은 대제사장이 지성소 사방에 기름을 빈틈없이 바름으로써 완공됩니다. 그때 하나님이 임하셔서 모세가 회막에 들어갈 수 없을 정도로 "구름이 회막 위에 덮이고 여호와의 영광이 성막에 충만"(출 40:34)했습니다.

교회는 이 시대에 우리에게 주신 방주입니다. 교회 건물이 웅장하고 화려한 것이 먼저가 아닙니다. 사람이 차고 넘치는 것이 먼저가 아닙니다. 오직 성령의 임재로 가득해야 합니다. 하나님이 그곳에 좌정하시어 우리 예배를 받으셔야 합니다. 우리 자신과 우리가 바친 제물을 받으셔야 합니다. 방주가 하나님을 위한 것이 아니었듯이 교회도 하나님을 위한 것이 아닙니다. 방주는 택하신 백성을 위한 것이고, 교회도 구원하실 백성을 위한 것입니다. 즉 구원도 교회도 우리를 위한 것입니다.

네가 만들 방주는 이러하니 그 길이는 삼백 규빗, 너비는 오십 규빗, 높이는 삼십 규빗이라 거기에 창을 내되 위에서부터 한 규빗에 내고 그 문은 옆으로 내고 상 중 하 삼 층으로 할지니라 _창 6:15-16

방주의 규모가 굉장합니다. 길이는 137미터, 너비는 23미터, 높이는 14미터이니 5층 건물만 합니다. 오늘날 조선공학자들이 연구한 바에 따르면, 선체 중에 방주는 가장 안전한 구조라고 합니다. 길이와 너비가 6대 1로 최고의 복원력을 지닌 황금비율입니다. 창은 방주 위쪽에 딱 하나만 있습니다. 옆을 보지 않고, 오로지 위만 보는 창입니다.

> 내가 홍수를 땅에 일으켜 무릇 생명의 기운이 있는 모든 육체를 천하에서 멸절하리니 땅에 있는 것들이 다 죽으리라 그러나 너와는 내가 내 언약을 세우리니 너는 네 아들들과 네 아내와 네 며느리들과 함께 그 방주로 들어가고_창 6:17-18

성경에서 "언약"이란 말이 처음 등장합니다. 심판이 임하면 모든 육체가 죽음을 맞게 될 것입니다. 땅에 있는 모든 것이 다 죽게 될 것입니다. 그러나 구원은 어떻게 이루어집니까? 언약을 세우심으로써 이루어집니다. 이 언약은 하나님의 일방적인 약속입니다. 당시 사람들은 계약이나 약속을 할 때 목숨을 걸었습니다. 약속을 어기면 자르고 베인다는 것을 알고 있었습니다. 하나님의 언약 또한 생명을 담보로 한 것입니다. 따라서 언약은 하나님이 하나님의 존재를 걸고 하시는 약속입니다. '너와 네 가족이 방주로 들어가면 반드시 구원하리라'는 약속입니다.

노아가 하나님과 동행했습니다. 그 덕분에 노아의 세 아들과 세 며느리도 함께 구원을 받습니다. 한 사람의 구원이 왜 중요합니까? 가족 전체의 구원이 달려 있기 때문입니다. 어떻게 해서 가족 전체가 믿게 됩니까? 한 사람이 믿기 시작함으로써 온 가족이 믿게 됩니다. 집안사람들의 온갖 비난을 듣고, 박해를 받으면

서까지 믿음을 지킨 한 사람 덕분에 어느 날 온 가족이 함께 예배를 드리게 되는 것입니다.

방주가 무동력인 이유

당시 방주의 크기는 배수톤수로는 2만 톤급이고, 전체 면적은 3만 평 규모입니다. 양을 싣는다면, 12만 5천 마리를 실을 수 있는 면적입니다. 학자들은 당시 방주에 올라탔던 동물들의 수를 약 1만 6천 마리로 추정합니다.

> 혈육 있는 모든 생물을 너는 각기 암수 한 쌍씩 방주로 이끌어 들여 너와 함께 생명을 보존하게 하되 새가 그 종류대로, 가축이 그 종류대로, 땅에 기는 모든 것이 그 종류대로 각기 둘씩 네게로 나아오리니 그 생명을 보존하게 하라 너는 먹을 모든 양식을 네게로 가져다가 저축하라 이것이 너와 그들의 먹을 것이 되리라_창 6:19-21

사람들은 별의별 질문들을 던집니다. 그 많은 동물이 어떻게 한배에 탈 수 있었으며, 어떻게 1년 이상 배 안에서 먹일 수 있었고, 배설물은 어떻게 했으며 또 새끼를 밴 동물들은 어떻게 했느냐고 묻습니다.

이에 저명한 성경학자들이 꽤 설득력 있는 설명을 들려주었습니다. 우선, 물고기들은 홍수가 나도 물속에서 사는 데 어려움이 없으니 배에 실을 이유가 없습니다. 땅 위의 동물들과 새들이 "그 종류대로" 나아오니 노아가 그것들을 방주에 태웠습니다. 짐승들이 노아에게로 온 것이지 노아가 잡으러 다닌 것이 아닙니다. 대홍수 전에 동물들은 온순했을 것이고, 대부분의 동물은 동면과 같은 시간을 보냈을 것입니다. 나귀의 입을 열게도 하시는 하나님이 동물들을 다스리셨을 것입니다. 즉 최소한의 조건만 충족되어도 살 수 있도록 하셨을 것입니다.

이 이야기에서 가장 중요한 것은 무엇입니까? 동물들이 "그 종류대로" 다 보존되었다는 사실입니다. 누구 덕입니까? 바로 노아 덕분입니다.

노아가 과연 하나님의 말씀을 잘 이해해서 방주를 지었겠습니까? 이해되지 않았을 것입니다. 산 위에서 배를 어떻게 짓습니까? 그 큰 배를 짓고 나서 도대체 어떻게 바다에 띄운다는 겁니까? 사람들이 무슨 일인가 하고 들여다보며 얼마나 궁금해했을 것이며 또 얼마나 실소했겠습니까? 그러나 노아는 사람들의 말을 듣지 않았고, 조롱하는 소리에 귀 기울이지 않았습니다. 그만두라는 조언을 따르지 않았습니다. 비난하는 말에 마음을 빼앗기지 않았습니다.

노아가 그와 같이 하여 하나님이 자기에게 명하신 대로 다 준행하였더라_창 6:22

그는 하나님의 말씀에 기꺼이 순종했습니다. 하나님이 하라고 하신 일을 빠짐없이, 명하신 대로 다 준행했습니다.

방주의 목적은 오로지 바다 위에 떠 있는 것입니다. 이 배는 자체 동력이 없습니다. 또한 방향을 조종하는 키도 없습니다. 어디로 갈지 그 방향이나 속도를 정할 수 없습니다. 배의 움직임은 오직 외부의 환경만이 결정합니다. 하나님이 방주를 어떻게 만들지를 가르쳐 주셨으니 홍수가 나서 배가 뜨기 시작하면 하나님이 이 배를 지키고 인도하실 것입니다.

아기 모세를 담았던 또 다른 방주, 갈대 상자도 마찬가지입니다. 비록 크기는 작지만, 그 원리는 똑같습니다. 갈대 상자를 만들고 나일강에 띄운 것은 모세의 아버지 아므람과 어머니 요게벳과 누이 미리암이지만, 그것을 바로의 공주 앞으로 인도하신 분은 하나님입니다. 누구 앞으로 가게 될지, 누가 그 상자를 열어보게 될지는 아무도 몰랐습니다. 짐작조차 못 했을 것입니다. 요셉이 노예로 팔려 갈 때, 누구 집에 가게 될지, 장차 어떤 일이 일어날지 상상이나 했겠습니까? 다니엘과 세 친구가 포로로 끌려갔을 때도 마찬가지였을 것입니다. 하나님의 사람들의 일생이 그렇습니다. 우리 일생도 마찬가지입니다.

저는 단 한 번도 목사가 될 생각을 해 본 적이 없었습니다. 다만 내가 그토록 갖고 싶었던 돛을 버리고, 손에 쥐고자 했던 노와 키를 던져 버렸더니 하나님이 내 갈 길을 이리저리 인도해 주셨을 뿐입니다.

기억하십시오. 세상은 구원을 줄 수 없습니다. 돈으로 살 수 없고, 권력으로도 뺏을 수 없습니다. 구원은 오직 하나님께로부터 옵니다. 하나님이 선물로, 언약으로 우리에게 주시는 것이니 오직 하나님의 은혜로만 받을 수 있습니다. 우리는 믿음으로 그 언약을 붙들 수 있을 뿐입니다.

2. 방주의 목적은 무엇인가

홍수 심판이 시작되다

=

창 7:1-24

주변 사람들이 이해해 주고, 격려해 주는 일은 감당하기가 수월합니다. 그러나 사람들이 이해해 주지 않고, 자주 낙심시킬 때는 그 일을 계속하기가 힘듭니다. 그런데도 계속하여 끝내 마친다면, 그것은 내 힘이 아니라 하나님의 특별한 도우심 덕분일 것입니다.

노아는 방주를 120년 동안이나 만들었습니다. 누가 봐도 멋있는 배라면 어깨를 펴고 만들었을 것입니다. 그런데 사람들은 커다란 상자같이 생긴 이상한 배를 보고 비웃으며 조롱했습니다. 그럼에도 불구하고, 한두 해도 아니고 그토록 오랜 시간을 들여 만든 것을 보면, 보통 믿음이 아닙니다. 그는 하나님의 도우심으로 방주 만드는 일을 무사히 마쳤습니다.

하나님은 방주를 만드는 일을 아무에게나 맡기지 않으십니다.

작은 물건 하나를 만드는 일도 아무에게나 맡기지 않으십니다. 하나님은 노아의 의로움에 주목하셨습니다. 노아가 하나님을 갈망하는 것을 보셨고, 예배드리는 것을 지켜보셨습니다. 하나님은 하나님을 가까이하는 사람을 가까이하십니다. 하나님이 노아에게 방주를 맡기신 이유입니다.

'대체 이 일을 왜 해야 하나? 나한테 무슨 득이 있나? 다른 사람들에게 무슨 도움이 될까?' 하고 마음속에 많은 의심이 생깁니다. 그리고 수없이 흔들립니다. 시시때때로 그만두고도 싶습니다. 그러나 하나님이 주신 일을 끝까지 견디고 계속해 나가다 보면, 그 일을 감당하는 것이 누구보다도 자기 자신에게 가장 큰 유익이 됨을 깨닫습니다. 그 일은 결국 나를 위한 하나님의 선물이기 때문입니다.

어떤 일을 믿음으로 10년 이상 계속하고 있습니까? 하나님이 마음을 주시고, 능력을 주시고, 믿음을 주셔야만 계속할 수 있다고 믿습니다. 특히 사람들이 주목하지 않는 일을, 때로는 외면당하고, 조롱받고, 박해받으면서도 그 일을 계속하고 있다면 정말로 대단합니다.

무슨 일이건 그것이 하나님으로부터 비롯된 일임을 안다면, 태도가 달라지지 않겠습니까? 그 일이 설거지가 됐건 공부가 됐건 사업이 됐건, 달라지지 않겠습니까? 하나님이 우리에게 주시는 일은 결국 하나님을 더 깊이 알아가고, 더욱 가까이 나아갈 수 있도록 베푸시는 하나님의 계획입니다.

방주를 짓는 삶

하나님이 노아에게 구원의 방주를 맡기신 이유는 오직 하나입니다. 그의 의로움을 보셨기 때문입니다. 방주가 완성되자 하나님은 노아에게 방주로 들어가라고 명령하십니다. 그 혼자 들어가는 것이 아닙니다. 가족 모두를 데리고 들어가라고 하십니다.

> 여호와께서 노아에게 이르시되 너와 네 온 집은 방주로 들어가라 이 세대에서 네가 내 앞에 의로움을 내가 보았음이니라_창 7:1

구원은 한 사람으로 끝나지 않습니다. 내 가족을 살리고, 내가 기도한 사람, 내가 전도한 사람들을 살립니다. 서로 살리는 곳이 교회입니다. 교회는 처음부터 서로의 이익을 도모하는 이익 공동체나 정해진 회비를 내는 회원 공동체가 아니었습니다. 하나님이 명령하신 방주를 만드는 구원 공동체였습니다.

우리가 구원의 방주를 만드는 동안, 곧 우리 자신이 교회가 되는 동안에는 세상 사람들의 냉랭한 시선을 견뎌야 할 것입니다. 때로는 조롱을 당하게 될 것입니다. 온갖 불이익과 박해를 받을 수도 있습니다. 그러나 그 모든 것의 보상을 받을 때가 이를 것입니다. 방주는 우리의 수고로 지어집니다. 우리는 사람을 살리는 방주를 짓고 있습니다.

오늘날 신앙을 가진 모든 사람에게 이런 믿음이 필요합니다. 의사는 자기 일을 통해 방주를 짓고 있는 것입니다. 구원받은 의

사가 한 명 있다면, 그가 있는 병원은 방주가 됩니다. 학교 선생님은 또 어떻습니까? 선생님이 먼저 구원받아야 학교를 방주로 만들고, 학생들을 방주에 태우지 않겠습니까? 정치인은 어떻습니까? 본인이 먼저 구원받고 목마르지 않아야 국민들을 구원의 방주에 태울 수 있지 않겠습니까? 문화계와 미디어 분야의 종사자를 위해 기도해야 합니다. 그들이 구원받아야 온 미디어가 구원의 통로가 되지 않겠습니까?

모든 크리스천이 각자 부름받은 자리에서 방주를 만들기를 바랍니다. '내가 여기 왜 있지? 언제 퇴직해서 연금 받고 좀 편하게 살까?' 하는 생각을 하지 마십시오. 상자 모양의 방주를 120년 동안 만들었던 노아를 생각하십시오. 그리고 결국 그와 그의 가족이 모두 구원의 방주에 올라탔다는 것을 기억하십시오.

태초에 하나님이 아담에게 생물들의 이름을 짓는 일을 맡기셨습니다. 하나님이 아담을 창조 사역에 초청하신 셈입니다. 하나님은 아담과 창조의 기쁨을 나누셨습니다. 이제 하나님은 노아와도 그 비슷한 일을 하려고 하십니다. 그와 함께 구원의 기쁨을 나누고자 하시는 것입니다.

너는 모든 정결한 짐승은 암수 일곱씩, 부정한 것은 암수 둘씩을 네게로 데려오며 공중의 새도 암수 일곱씩을 데려와 그 씨를 온 지면에 유전하게 하라 지금부터 칠일이면 내가 사십 주야를 땅에 비를 내려 내가 지은 모든 생물을 지면에서 쓸어버리리라_창 7:2-4

하나님의 심판은 온 땅에 미칩니다. 땅의 모든 짐승이 죽을 것입니다. 하나님은 노아와 그의 가족뿐 아니라 모든 피조물의 생명의 씨앗을 보존하실 것입니다. 그 사명을 노아에게 주십니다. 노아는 빠짐없이 구원하고자 하시는 하나님의 마음을 알게 될 것입니다.

하나님은 "정결한" 짐승과 "부정한" 짐승을 다 데려오라고 말씀하십니다. 정결하고 부정한 것의 기준은 무엇입니까? 레위기에서는 사람이 먹을 수 있느냐로 구분합니다. 그런데 여기서는 제물로 드릴 수 있느냐가 기준입니다. 제물로 드릴 수 있는 "정결한 짐승은 암수 일곱씩" 데려오고, 제물로 드리지 못할 "부정한 것은 암수 둘씩" 데려와야 합니다. "암수 일곱"에 관한 해석은 두 가지입니다. '일곱 쌍의 열네 마리'로 보기도 하고, '암수 세 쌍의 여섯 마리에 제물 한 마리를 더해서 일곱'으로 보기도 합니다.

방주의 안팎은 칠해야 할 것, 곧 역청으로 물샐틈없이 칠해졌습니다. 그러나 방주가 하나님의 전이 되기 위해서는 예배가 드려져야 합니다. 또 모든 예배에는 합당한 제물이 드려져야 합니다. 하나님이 친히 제물을 구분하여 주시는데, 대개 초식 동물들이 "정결한 짐승", 육식 동물들이 "부정한 것"으로 나뉩니다.

핵심은 제물과 제사입니다. 하나님은 방주 안에서도 제사를 받으신다는 뜻입니다. 즉 예배에는 대속 제물이 있어야 함을 알려 주시는 것입니다.

구원받은 한 사람이 방주다

구원은 예배의 완성을 위한 하나님의 동행입니다. 노아와 그의 가족들은 방주 안에서 정결한 제물을 드리는 제사를 지내게 될 것입니다. 구원의 방주는 예배의 완성을 향한 또 다른 걸음입니다. 즉 예배가 구원의 목적임을 알려 주신 셈입니다.

구약 시대에 이스라엘의 예배가 흐트러질 때마다 하나님이 요구하시는 것이 무엇이었습니까?

> 사람아 주께서 선한 것이 무엇임을 네게 보이셨나니 여호와께서 네게 구하시는 것은 오직 정의를 행하며 인자를 사랑하며 겸손하게 네 하나님과 함께 행하는 것이 아니냐_미 6:8

아브라함은 아들 이삭을 번제로 드리라는 하나님의 명령에 순종했습니다. 그러나 모리아산에서 그가 이삭에게 칼을 들자 하나님이 "그 아이에게 네 손을 대지 말라"(창 22:12)고 말씀하셨습니다. 그리고 친히 준비하신 번제물을 보게 하셨습니다. 하나님이 원하신 것은 오로지 아브라함의 중심이었습니다. 하나님은 언제나 우리의 중심을 보길 원하시는 분입니다. 그러므로 예배는 곧 중심을 드리는 것입니다.

속이 겉보다 클 수는 없습니다. 그런데 인간은 유일하게 속이 겉보다 큰 존재입니다. 겉사람은 점점 약해져도 속사람은 날로 더 강해질 수 있습니다. 하나님이 우리 중심을 우리 육신보다 비교할 수 없이 크게 만드셨기 때문입니다. 그래서 하나님이 우리의 중심을 보시는 것은 그리 어렵지 않습니다. 우리도 영적인 눈이 열리면, 사람의 중심을 볼 수 있습니다.

하나님이 무엇 때문에 우리의 썩을 육신과 대화하시겠습니까? 이 냄새 나는 육신과 어떻게 교제하시겠습니까? 하나님이 교제하시는 대상은 바로 우리의 속사람입니다. 그러므로 우리가 하나님을 의식하는 삶의 본질은 속사람의 변화에 있습니다. 속사람이 하나님이 거하시는 처소가 되는 것이야말로 신앙의 본질입니다. 속사람이 커지면 온 우주가 담겨도 오히려 부족하고, 속사람이 작아지면 바늘 하나 찌를 틈이 없어지기 마련입니다.

주님은 우리 속사람을 방주로 짓기 위해 오셨습니다. 바울이 말합니다.

너희는 너희가 하나님의 성전인 것과 하나님의 성령이 너희 안에 계시는 것을 알지 못하느냐 누구든지 하나님의 성전을 더럽히면 하나님이 그 사람을 멸하시리라 하나님의 성전은 거룩하니 너희도 그러하니라
_고전 3:16-17

속사람이 깨끗하게 되어 이웃이 함께 거할 거룩한 방주가 되는 것이 신약 시대의 목적입니다. 구원받은 한 사람, 한 사람이 각기 구원의 방주가 될 수 있게 만드는 것이 신약 시대의 핵심입니다.

노아의 방주는 앞으로 닥칠 대홍수 속에서 침몰하지 않는 것이 목적입니다. 우리 자신이 구원의 방주가 되어야 하는 목적은 세상에 도도히 흐르는 죄의 탁류 속에서 익사하지 않도록 하기 위함입니다. 그러려면 어떻게 해야 합니까?

노아가 여호와께서 자기에게 명하신 대로 다 준행하였더라_창 7:5

하나님이 명령하신 대로 "다 준행"해야 합니다. 어리석게 들려도 다 준행해야 합니다. '이런 배를 지어 어디다 쓰시겠습니까?' 하고 묻고 싶어도 그냥 묵묵히 짓는 것입니다. 신앙은 순종의 침묵입니다. "회개하라!"고 하시면, 회개하면 됩니다. "나를 알라"고 하시면, 성경을 계속 읽으면 됩니다. "서로 사랑하라"고 하시면, 오래 참고 끝까지 견디면 됩니다. "하나가 되어라"라고 하시면, 성내지 않고 악한 것을 생각하지 않으며 욕심부리지 않으면 됩니다. "기뻐하라"고 하시면, 슬픔 가운데서도 그 슬픔이 변하여 기쁨이 될 것을 믿고 날마다 자기 영혼을 다독이면 됩니다. "감사하라"고 하시면, 불만이 목구멍까지 차올라도 입으로 감사를 열 번이고 백 번이고 되뇌면 됩니다. 노아가 하나님이 "자기에게 명하신 대로 다 준행했다"는 말은 이렇게 살았다는 뜻입니다.

일은 일로 끝나지 않습니다. 모든 일은 관계를 내포합니다. 무슨 일이건 일은 새로운 관계를 만들고, 그 관계에 영향을 끼칩니다. 그래서 무슨 일이건 하나님께 인정을 받아야 합니다. 하나님의 선한 개입이 있어야 그 일이 선한 파문을 일으키기 때문입니다. 인간이 아무리 영리하고 똑똑해도 머리로만 계산하고 시작한 일은 결국 파국을 맞게 될 뿐입니다.

하나님이 명령하신 대로 하지 않으면, 어떤 경책이 있는지를 보고 들었으면서도 '설마 내게 무슨 일이 있으랴, 설마 우리 교회에 무슨 일이 있으랴' 하다가는 좁은 길을 벗어나고 말 것입니다. 사실, 화살은 이미 시위를 떠났습니다. 이제 정말 시간이 많지 않습니다. 하나님이 멈추어 주시지 않으면 누구도 돌이킬 수 없는 시점에 이를 것입니다.

> 홍수가 땅에 있을 때에 노아가 육백 세라 노아는 아들들과 아내와 며느리들과 함께 홍수를 피하여 방주에 들어갔고 정결한 짐승과 부정한 짐승과 새와 땅에 기는 모든 것은 하나님이 노아에게 명하신 대로 암수 둘씩 노아에게 나아와 방주로 들어갔으며_창 7:6-9

하나님이 짐승들로 하여금 방주로 나아가게 하셨습니다. 노아가 짐승들을 잡으러 다닐 시간이나 있었겠습니까? 설사 잡는다고 해도 잡히겠습니까? 짐승들은 방향을 기가 막히게 잘 맞춥니다. 목적지에서 벗어나지 않습니다. 인간만이 방황하며 헤맬 뿐입니다.

칠일 후에 홍수가 땅에 덮이니 노아가 육백 세 되던 해 둘째 달 곧 그달 열이렛날이라 그날에 큰 깊음의 샘들이 터지며 하늘의 창문들이 열려 사십 주야를 비가 땅에 쏟아졌더라_창 7:10-12

노아가 "육백 세 되던 해 둘째 달 곧 그달 열이렛날"이 되자 드디어 비가 쏟아지기 시작합니다. 무엇 때문에 구체적인 날짜까지 기록했을까요? 역사적 사실이기 때문입니다. 우리 귀에 전해지는 설화가 결코 아니라는 것입니다. 지구 상에는 홍수 설화가 300개가 넘지만, 이렇게 날짜까지 기록한 경우는 없습니다.

하늘에서 내리는 비로만 대홍수가 시작된 것이 아닙니다. 성경은 "큰 깊음의 샘들이 터졌다"고 기록합니다. 거대한 지각 변동이 일어난 것입니다. "하늘의 창문들이 열려" 궁창이라고도 불리는 하늘 위의 물이 모두 쏟아집니다. 마치 둑의 수문이 열린 것과도 같습니다.

홍수는 사십 일간 계속되었습니다. 성경에서 사십 일이 가지는 특별한 의미가 있습니다. 새로운 일을 시작할 때, 사십 일 또는 사십 년 동안 준비하곤 합니다. 사십 일이나 사십 년은 고난과 시련과 인내와 반전의 시간입니다.

하나님은 모세를 이스라엘의 지도자로 세우기 위해 사십 년간 광야에서 준비시키셨습니다. 그는 시내 산에서 사십 일간 머물며 하나님의 계명을 받았습니다. 모세가 보낸 정탐꾼들은 사십 일간 가나안 땅을 돌아봤습니다. 엘리야는 브엘세바 광야에서 호렙산까지 사십 일이 걸렸고, 요나는 니느웨 백성들에게 사십 일이 지나면 니느웨가 무너진다고 외쳐 일렀습니다. 예수님은 공생애를 시작하기 전에 사십 일간 금식하셨습니다. 이렇듯 사십은 고난과 시련의 숫자이기도 하지만, 새로운 시작을 준비하는 단절과 반전의 시간이기도 합니다.

"칠일 후에"라는 표현에 주목하십시오. 방주에 들어가라고 말씀하시고 나서 홍수가 일어나기까지 일주일을 기다리셨다는 뜻입니다. 하나님은 마지막까지 기회를 주며 기다리십니다. 심지어 십자가에 매달려 죽어 가는 죄인에게까지도 기회를 주시는 분입니다.

하나님은 대홍수 이후 더는 물로 심판하지 않겠다고 말씀하셨습니다. 다음 심판은 불 심판일 것입니다. 불로 심판하실 때까지 어떻게 진행될지는 다음 구절을 읽으면 알 수 있습니다.

> 이로 말미암아 그때에 세상은 물이 넘침으로 멸망하였으되 이제 하늘과 땅은 그 동일한 말씀으로 불사르기 위하여 보호하신 바 되어 경건하지 아니한 사람들의 심판과 멸망의 날까지 보존하여 두신 것이니라 사랑하는 자들아 주께는 하루가 천 년 같고 천 년이 하루 같다는 이 한 가지를 잊지 말라_벧후 3:6-8

홍수 심판 후에도 하늘과 땅이 존재하는 것은 또 다른 심판과 구원을 위함입니다. 지금 우리가 살고 있는 이 시간이 어떤 시간인지를 알아야 합니다. 그 시간은 우리가 생각하는 것만큼 길지 않습니다. 천 년도 하루 같은 시간에 불과하고, 또 때로는 하루가 천 년의 시간이 될 수도 있습니다. 시간의 물리적인 길이를 뜻하는 크로노스는 하나님이 개입하시는 정해진 시간, 카이로스 앞에서는 그 의미를 잃어버립니다.

> 이르시되 내가 은혜 베풀 때에 너에게 듣고 구원의 날에 너를 도왔다 하셨으니 보라 지금은 은혜받을 만한 때요 보라 지금은 구원의 날이로다
> _고후 6:2

우리에게 허락된 지금은 구원을 위한 은혜의 시간입니다. 방주에 먼저 들어가서 기다리는 "칠일"인 것입니다.

끝을 알면 쉽다

예수님은 방주의 목적이 대홍수 심판을 견디는 것에 있다는 말씀을 산상수훈의 결론에서 들려주십니다.

> 그러므로 누구든지 나의 이 말을 듣고 행하는 자는 그 집을 반석 위에 지은 지혜로운 사람 같으리니 비가 내리고 창수가 나고 바람이 불어 그 집에 부딪치되 무너지지 아니하나니 이는 주초를 반석 위에 놓은 까닭이요 나의 이 말을 듣고 행하지 아니하는 자는 그 집을 모래 위에 지은 어리석

은 사람 같으리니 비가 내리고 창수가 나고 바람이 불어 그 집에 부딪치매 무너져 그 무너짐이 심하니라_마 7:24-27

예수님은 하나님 나라의 백성이 된다는 것은 반석 위에 집을 짓는 일임을 깨닫게 하십니다. 신앙이란 곧 방주를 짓는 일이라고 말씀하신 것입니다. 각자 자기 방주를 짓고 나서 테스트를 받게 될 것입니다. 우리 자신이 교회가 된다는 것은 홍수가 나고 바람이 불어도 무너지지 않는 집을 짓는 일입니다. 이것이 교회가 된다는 것의 진정한 의미입니다. 그러나 하나님을 믿는다고 하면서도 하나님의 말씀을 듣고 말씀대로 준행하지 않는다면, 그것은 "모래 위"에 집을 짓는 것이나 마찬가지입니다. "비가 내리고 창수가 나고 바람이" 불면 결국 집이 무너지고 말 것입니다.

신앙은 번영을 위한 효율적인 방안이 아니라 재난을 대비하기 위한 근본 대책입니다. 또한 신앙은 노후대책이 아니라 사후대책(死後對策)입니다. 그렇기 때문에 성경이 창세기부터 구원과 심판 이야기를 들려주는 것입니다.

곧 그날에 노아와 그의 아들 셈, 함, 야벳과 노아의 아내와 세 며느리가 다 방주로 들어갔고 그들과 모든 들짐승이 그 종류대로, 모든 가축이 그 종류대로, 땅에 기는 모든 것이 그 종류대로, 모든 새가 그 종류대로 무릇 생명의 기운이 있는 육체가 둘씩 노아에게 나아와 방주로 들어갔으니 들어간 것들은 모든 것의 암수라 하나님이 그에게 명하신 대로 들어가매 방주에 들어간 온갖 짐승과 새들을 보니 각기 "그 종류대로" 들어갔습니다. 왜 종류대로 방주에 태웁니까? 하나님이 창조하신 것이기 때문입니다. 만약 진화가 실제로 일어난다면, 그렇게 많이 실을 필요가 있겠습니까? 아메바 같은 단세포 원생동물만 있으면 됩니다. 왜 굳이 힘들게 종류대로 다 싣습니까? "그 종류대로"란 동물들이 다 그 모습 그대로 창조되었다는 사실을 확인해 주는 것입니다.

또 종류대로 들어가되 암수 한 쌍, "둘씩" 들어갔습니다. 생물은 암수를 통해 번식합니다. 암컷과 암컷끼리나 수컷과 수컷끼리로 번식하는 것이 아닙니다. 암수라야만 합니다. 하나님이 정하신 방법입니다. 하나님은 이것을 바꾸신 적이 없습니다.

홍수가 땅에 사십 일 동안 계속된지라 물이 많아져 방주가 땅에서 떠올랐고 물이 더 많아져 땅에 넘치매 방주가 물 위에 떠다녔으며 물이 땅에 더욱 넘치매 천하의 높은 산이 다 잠겼더니 물이 불어서 십오 규빗이나 오르니 산들이 잠긴지라_창 7:17-20

물이 많아져 넘쳐났습니다. 결국 "천하의 높은 산"이 다 잠길 정도가 되었습니다. 제일 높은 산꼭대기보다 수위가 7미터나 더 높아졌습니다. 이 많은 물이 대체 어디서 다 온 것입니까? "큰 깊음의 샘들"이 터지고, "하늘의 창문들"이 열렸기 때문입니다. 바다보다 높고, "천하의 높은 산"들보다도 더 높은 수위는 모든 생물의 죽음을 의미합니다.

> 땅 위에 움직이는 생물이 다 죽었으니 곧 새와 가축과 들짐승과 땅에 기는 모든 것과 모든 사람이라 육지에 있어 그 코에 생명의 기운의 숨이 있는 것은 다 죽었더라 지면의 모든 생물을 쓸어버리시니 곧 사람과 가축과 기는 것과 공중의 새까지라 이들은 땅에서 쓸어버림을 당하였으되 오직 노아와 그와 함께 방주에 있던 자들만 남았더라_창 7:21-23

숨이 막히는 말입니다. "다 죽었더라." 땅 위의 생물은 다 죽었습니다. 사람도 마찬가지로 모두 주검이 되었습니다. 시신과 사체가 끝없이 떠다녔을 것입니다. 온 세상에서 오직 노아와 그의 가족 여덟 명만이 살아남았습니다. 방주에 들어간 생물만이 살아남은 것입니다. 방주에 바깥을 내다보는 창들이 없으니 다행입니다. 밖을 내다봤다면 어떻게 제정신으로 살 수 있었겠습니까?

방주는 제힘으로 속도를 내거나 앞으로 나아갈 수 없는 배입니다. 주변도 둘러볼 수 없습니다. 오직 위만 바라볼 수 있는 배입니다. 이처럼 구원의 시간은 답답하게 느껴질 수 있습니다. 오히려 어둠 속의 시간 같습니다. 그러나 곧 창이 열리고 새 하늘과 새 땅을 보게 될 것입니다.

물이 백오십 일을 땅에 넘쳤더라_창 7:24

물이 땅을 뒤덮은 기간이 "백오십 일"입니다. 무려 다섯 달이나 됩니다. 그러나 한시적인 시간입니다. 심판은 오래가지 않습니다. 구원의 시간에 비하면, 지극히 짧은 순간입니다. 그러나 그 결과는 삶과 죽음이 영원히 엇갈리게 되는 시간입니다.

홍수 심판을 베드로 사도는 이렇게 해석합니다.

그들은 전에 노아의 날 방주를 준비할 동안 하나님이 오래 참고 기다리실 때에 복종하지 아니하던 자들이라 방주에서 물로 말미암아 구원을 얻은 자가 몇 명뿐이니 겨우 여덟 명이라 물은 예수 그리스도께서 부활하심으로 말미암아 이제 너희를 구원하는 표니 곧 세례라 이는 육체의 더러운 것을 제하여 버림이 아니요 하나님을 향한 선한 양심의 간구니라 _벧전 3:20-21

물은 예수님이 부활하여 우리를 구원하시겠다는 증표요 곧 세례라고 말합니다. 물 심판이 "육체의 더러운 것을 제하여" 버리는 것이 아니라 "하나님을 향한 선한 양심의 간구"라는 해석입니다.

지금은 어떤 시간입니까? 또 다른 심판을 대비해야 할 시간입니다. 베드로 사도가 권면합니다.

주의 약속은 어떤 이들이 더디다고 생각하는 것같이 더딘 것이 아니라 오직 주께서는 너희를 대하여 오래 참으사 아무도 멸망하지 아니하고 다 회개하기에 이르기를 원하시느니라 그러나 주의 날이 도둑 같이 오리니 그날에는 하늘이 큰 소리로 떠나가고 물질이 뜨거운 불에 풀어지고 땅과 그중에 있는 모든 일이 드러나리로다_벧후 3:9-10

끝을 알면 쉽습니다. 끝을 알면 모든 것이 깔끔하게 정리되고, 복잡하지 않습니다. 망설이지 않고, 주저하지 않습니다. 그러므로 오늘을 사는 목적은 지극히 단순합니다. 살아 있을 때, 해야할 일은 오직 생명을 전하는 일임을 알면 됩니다.

3. 왜 방주에서 나와야 하는가?

방주 밖에 진짜 삶이 있다

=

창 8:1-22

무슨 일이건 시작이 있으면 끝이 있는 법입니다. 시작도 끝도 없는 이는 오직 하나님 한 분뿐입니다. 하나님께는 시작도 끝도 없다는 말은 역으로 모든 일은 하나님이 시작하시고 하나님이 끝 내신다는 뜻입니다. 영원한 존재가 있어야 시작과 끝이 생기는 것 아니겠습니까? 그래서 하나님을 "알파와 오메가"(계 1:8)라 부릅니다.

모든 시작을 거슬러 올라가 보면 하나님을 만납니다. 모든 끝에 가 보면, 하나님이 계십니다. 심판과 구원 이야기가 그렇습니다. 하나의 끝과 새로운 시작의 이야기입니다. 대홍수와 방주 이야기도 그렇습니다. 하나님이 시작하시고, 하나님이 마치신 일입니다. 우리가 기억해야 할 것은 모든 일의 시종과 그 전 과정에 하나님의 메시지가 담겨 있다는 사실입니다.

하나님이 노아와 그와 함께 방주에 있는 모든 들짐승과 가축을 기억하
사_창 8:1상

하나님은 "노아와 그와 함께 방주에 있는" 모든 생명을 기억하
셨습니다. 기억하셨다니요? 한동안 잊으셨다는 말입니까? '하나
님이 기억하신다'라는 말이 무슨 뜻이겠습니까? 첫째, '하나님의
생각 속에 언제나 있다'는 뜻입니다. 우리를 기억에서 삭제하지
않으신다는 의미입니다. 기억에서 통째로 지워 버리고 싶은 사람
이 있는가 하면, 기억 속에 영원히 간직하고 싶은 사람도 있습니
다. 육신의 부모가 자녀를 잊는 일은 있어도 하나님은 우리를 결
코 잊지 않으십니다. 우리에게 생명을 주신 분이기 때문입니다.

언약은 기억하는 자에게 이루어진다

'하나님이 기억하신다'는 것은 둘째, '관계의 지속성'을 뜻합니
다. 하나님은 노아를 기억하십니다. 노아와 그의 가족 외에는 모
든 사람이 죽었습니다. 하나님은 그들의 죽음을 기억하는 것이
아니라 살아있는 노아를 기억하십니다. 하나님은 죽은 자를 기억
한다고 하신 적이 없습니다. "산 자의 하나님"(막 12:27)이시기 때
문입니다.

하나님은 자신을 "아브라함의 하나님, 이삭의 하나님, 야곱의
하나님"(출 4:5)으로 가르쳐 주셨습니다. 아브라함이 죽었으면 이

렇게 얘기하실 필요가 없습니다. 왜 하나님이 '나의 하나님'이어 야 합니까? 하나님과 개인적인 관계를 맺고, 그 관계를 지속하는 것이 너무나 중요하기 때문입니다.

궁극적으로 하나님과 관계를 맺는다는 것은 생명의 관계가 지 속된다는 뜻입니다. 영원하신 분과 관계를 맺는 것이야말로 영생 의 유일한 조건입니다. 관계를 맺는다는 것은 그를 기억하신다는 뜻입니다. 그래서 우리는 "하나님, 저를 기억해 주십시오" 하고 기도합니다. 부르짖어 기도하는 것은 하나님의 기억을 두드리는 일입니다. 기도란 하나님과 우리의 관계가 지속되기를 갈망하는 몸짓입니다.

여러 해 후에 애굽 왕은 죽었고 이스라엘 자손은 고된 노동으로 말미암 아 탄식하며 부르짖으니 그 고된 노동으로 말미암아 부르짖는 소리가 하 나님께 상달된지라 하나님이 그들의 고통 소리를 들으시고 하나님이 아 브라함과 이삭과 야곱에게 세운 그의 언약을 기억하사 하나님이 이스라 엘 자손을 돌보셨고 하나님이 그들을 기억하셨더라_출 2:23-25

이스라엘 백성들이 부르짖기 전까지는 하나님이 이들을 까마 득히 잊고 계셨다는 뜻이 아닙니다. 그들이 하나님을 기억할 때, 하나님도 그들과의 관계를 새롭게 하신다는 뜻입니다. 하나님은 "아브라함과 이삭과 야곱"과 맺은 언약을 기억하고 계십니다. 문 제는 우리 자신입니다. 부모가 돌아가시면, 그 남은 유산을 자녀가 알고 있느냐 모르느냐가 문제 아닙니까? 모르면 못 찾고 못 누리는 것이고, 알면 찾을 수 있고 누릴 수 있습니다. 우리가 그 언약을 아느냐 모르느냐가 관건입니다.

기억하신다는 말은 셋째, '시간을 재고 계신다'는 뜻입니다. 하나님은 언제 개입할지 시간을 재고 계십니다. 하나님의 때는 인간의 때와 무관하지 않지만, 대부분 일치하지 않습니다. 분명한 것은 하나님의 때는 너무 이르거나 너무 늦는 법이 없다는 것입니다. 하나님의 때가 바로 최상의 때입니다. 그러나 인간의 관점에서는 때로 이해되지 않습니다. '왜 하필 이때입니까? 왜 아직도 감감무소식입니까?' 하고 묻지만, 하나님은 일일이 설명해 주시지 않습니다.

다 설명하실 수 없는 이유가 있습니다. 하나님은 영원에서 영원까지를 보고 계시고, 알고 계시기 때문입니다. 인간은 한낱 한 순간에 머물러 있을 뿐입니다. 그러니 어떻게 알겠습니까? 그러므로 우리가 해야 할 것은 하나님이 이미 말씀해 주신 약속을 기억하는 것입니다. 성경을 읽는 것은 그 약속을 기억하기 위함입니다. 성경을 읽어야 하나님이 우리를 기억하고 계신다는 사실을 알 수 있습니다. 성경은 하나님의 언약을 모은 책입니다. 언약을 아는 만큼 하나님을 알 수 있고, 하나님을 누릴 수 있습니다. 하나님은 약속을 기억하는 사람에게 그 약속을 지켜 주시기 위해 필요한 것을 주십니다.

주의 종 아브라함과 이삭과 이스라엘을 기억하소서 주께서 그들을 위하여 주를 가리켜 맹세하여 이르시기를 내가 너희의 자손을 하늘의 별처럼 많게 하고 내가 허락한 이 온 땅을 너희의 자손에게 주어 영원한 기업이 되게 하리라 하셨나이다_출 32:13

하나님과의 언약을 기억하는 이스라엘 백성은 고통 중에서도 그 언약 아래 친히 써 주신 계약서를 하나님 앞에 흔들며 기도합니다. 하나님을 기억할 때, 관계가 새로워집니다.

그러므로 하나님의 말씀, 곧 하나님의 언약을 아는 것보다 하나님을 더 잘 알 수 있는 길은 없습니다. 하나님의 말씀을 모르면 불안에 매이고, 사람에 묶입니다. 불안하기 때문에 예언 기도한다는 사람을 찾아다니고, 신령한 척하는 사람을 찾아 두리번거립니다. 그러고는 너무나 쉽게 속아 넘어갑니다.

평생 공부했는데도 비참한 인생을 사는 사람이 있습니다. 왜 공부한 것입니까? 그 어려운 수학의 미분 적분 문제는 잘 푸는데, 시장에서 물건을 살 때는 돈 계산도 제대로 못하는 사람과도 같습니다. 전국 맛집 정보를 다 꿰고 있으면서 한 군데도 가 보지 못한 사람과도 같습니다. 성경을 백 번이나 읽었는데도 전혀 달라지지 않는 사람이 있습니다. 도대체 무슨 일입니까? 내게 주시는 약속을 듣지 못하고, 받지 못하여 붙들지 못했기 때문입니다.

성경 통독을 하고, 성경 공부를 하는 목적이 무엇입니까? 하나님을 알기 위해서입니다. 구체적으로 하나님의 약속을 알기 위해서입니다. 그래야만 그 숱한 약속 가운데서 내게 주시는 언약을 붙잡을 수 있습니다.

물은 낮은 데로 흐르고 은혜는 겸손한 곳으로 흐릅니다. 하나님은 하나님을 기억하는 사람을 기억해 주십니다. 하나님의 약속을 기억하는 사람에게는 그 약속을 꼭 지켜 주십니다.

하나님이 바람을 땅 위에 불게 하시매 물이 줄어들었고_창 8:1하

바람이 붑니다. 물을 감하는 특별한 바람입니다. 이스라엘 백성이 출애굽 할 때 홍해를 갈라 "바다 가운데서 마른 땅"(출 14:16)으로 행하게 했던 바람과 같습니다. 하나님의 바람이 불어야 상황이 반전됩니다. 무덤으로 변한 교회에 생기의 바람이 불어야 교회가 다시 하나님의 군대가 됩니다.

약속에 대한 믿음이 바로 능력이다

구원이란 원래 자리로 되돌리는 일입니다. 무질서에서 다시 질서를 찾는 일인 것입니다. 홍수가 시작된 지 백오십 일 만에 물이 줄어들기 시작합니다.

깊음의 샘과 하늘의 창문이 닫히고 하늘에서 비가 그치매 물이 땅에서 물러가고 점점 물러가서 백오십 일 후에 줄어들고_창 8:2-3

대홍수를 일으킨 "깊음의 샘과 하늘의 창"이 모두 닫히고 비가 그칩니다. 이제 모든 것이 다시 제자리로 돌아갑니다. 다섯 달 동안 노아와 그 가족은 배 안에서 어떻게 견뎠을까요? 특별한 은혜입니다. 아마 아무도 뱃멀미를 하지 않았을 것입니다. 멀미하면 견딜 수가 없기 때문입니다. 게다가 태풍 속에 항해를 하면 대다수가 쓰러져 못 일어납니다. 그런데 엄청난 파도가 하루 이틀도 아니고 다섯 달 동안이나 계속되었는데도 견뎌 냈다는 것은 하나님의 큰 은혜 없이는 불가능한 일입니다.

방주에 올라탄 수많은 짐승은 동면과 같은 가수면 상태에 있었을 것입니다. 그렇지 않으면 못 살았을 것입니다. 어쩌면 하나님은 요람을 흔들어 갓난아이를 재우는 어머니처럼 노아의 가족과 짐승들을 편안하게 만들어 주셨는지도 모릅니다. 하나님이 견딜힘을 주시지 않으면, 우리는 혼자 힘으로 못 버팁니다.

사도 바울은 고난 가운데서 하나님이 언제나 함께하며 견딜힘을 주신다는 사실을 경험하여 알았습니다.

사람이 감당할 시험 밖에는 너희가 당한 것이 없나니 오직 하나님은 미쁘사 너희가 감당하지 못할 시험당함을 허락하지 아니하시고 시험당할 즈음에 또한 피할 길을 내사 너희로 능히 감당하게 하시느니라_고전 10:13

고난 중에 있다면, 그 어느 때보다 가까이 계신 하나님을 만나기를 바랍니다. 당장 눈앞에 피할 길이 보이지 않더라도 그 길은 이미 준비돼 있다는 사실을 믿기를 바랍니다. 곧 죽을 것 같고, 혼자서는 도저히 버티지 못할 것 같은 때도 하나님이 함께하시면 하나님의 능력으로 감당할 수 있음을 자기 자신에게 날마다 설득하기를 바랍니다. 내가 나를 설득하는 것은 단순한 긍정적 사고가 아닙니다. 하나님의 언약이 있음을 알기에 할 수 있는 것입니다. 그 약속에 스스로 설득되어야 합니다. 그 약속에 대한 믿음이 바로 능력입니다. 믿음이 피할 길을 내고, 믿음이 나를 구원합니다. 노아가 방주 안에서 150일간 인내할 수 있었던 것도 믿음의 능력 덕분입니다.

예수님은 "하나님은 너를 잊지 않고 항상 기억하신다"고 말씀하십니다.

참새 다섯 마리가 두 앗사리온에 팔리는 것이 아니냐 그러나 하나님 앞에는 그 하나도 잊어버리시는 바 되지 아니하는도다 너희에게는 심지어 머리털까지도 다 세신 바 되었나니 두려워하지 말라 너희는 많은 참새보다 더 귀하니라_눅 12:6-7

이것이 우리가 믿음을 지켜야 하는 이유입니다. 야고보 사도는 "믿음이 없이는 하나님을 기쁘시게 하지 못하나니 하나님께 나아가는 자는 반드시 그가 계신 것과 또한 그가 자기를 찾는 자들에게 상 주시는 이심을 믿어야 할지니라"(히 11:6)라고 강조합니다. 믿음 없이는 아무것도 얻을 게 없습니다.

믿음의 길을 걷는 것이 신앙입니다. 믿음의 길을 걸을 때, 하나님이 "광야에 길을 사막에 강을"(사 43:19) 내시는 것을 목격할 수 있습니다.

일곱째 달 곧 그달 열이렛날에 방주가 아라랏산에 머물렀으며 물이 점점 줄어들어 열째 달 곧 그달 초하룻날에 산들의 봉우리가 보였더라_창 8:4-5

'아라랏'을 산 이름으로 보기도 하고, 산맥 이름으로 보기도 합니다. 아라랏산은 소아시아와 카스피해 사이에 터키, 이란, 아르메니아 세 나라가 마주하는 접경 지역에 위치해 있습니다. 해발 5,137미터 높이의 주봉 주변으로 낮은 봉우리들이 이어져 있습니다. 지질학자들의 연구 결과, 이 산들은 물속에서 만들어진 사화산들로 밝혀졌습니다.

대홍수가 시작된 지 일곱 달 만에 방주가 아라랏산에 닿았습니다. 물이 줄어들고 있다는 사인입니다. 그러고 나서 두 달 남짓 지나자 이제 다른 산봉우리들이 보이기 시작합니다. 물이 계속해서 줄어든 것입니다.

방주에서 나와야 구원이 완성된다

산봉우리들이 제법 많이 보였지만, 노아는 또다시 사십 일을 견딥니다. 사십 일이 지나고 나서야 방주의 맨 꼭대기에 있는 창문을 엽니다. 노아의 인내심이 보입니까? 노아가 창문을 열고 바로 나갔을까요? 안 나갑니다. 그는 우선 까마귀를 날려 보냅니다.

사십 일을 지나서 노아가 그 방주에 낸 창문을 열고 까마귀를 내놓으매 까마귀가 물이 땅에서 마르기까지 날아 왕래하였더라 그가 또 비둘기를 내놓아 지면에서 물이 줄어들었는지를 알고자 하매 온 지면에 물이 있으므로 비둘기가 발붙일 곳을 찾지 못하고 방주로 돌아와 그에게로 오는지라 그가 손을 내밀어 방주 안 자기에게로 받아들이고 또 칠일을 기다려 다시 비둘기를 방주에서 내놓으매 저녁때에 비둘기가 그에게로 돌아왔는데 그 입에 감람나무 새 잎사귀가 있는지라 이에 노아가 땅에 물이 줄어든 줄을 알았으며 또 칠일을 기다려 비둘기를 내놓으매 다시는 그에게로 돌아오지 아니하였더라_창 8:6-12

까마귀는 사방을 다니다가 방주로 돌아오지만, 땅이 마를 때까지 주변을 선회합니다. 그러다가 결국 돌아오지 않습니다. 그래도 노아는 바깥으로 나가지 않고, 이번에는 비둘기를 내놓아 날게 합니다. 비둘기는 속성상 마른 곳을 찾습니다. 지면이 다 마르지 않은 탓에 곧 방주로 돌아옵니다. 칠일 후에 다시 내보냈더니 이번에는 "감람나무 새 잎사귀"를 입에 물고 돌아왔습니다. 저지대에서 자라는 감람나무에 새 잎이 돋았다는 사실을 확인합니다.

비둘기가 물고 온 것은 잎사귀 하나뿐이지만, 노아가 그것을 보고 얼마나 감동했을까요? 연하디연한 작은 잎사귀 하나가 구원에 필요한 시간이 끝나 가고 있음을 알려 준 것입니다. 이 정도면 배 밖으로 나가도 되지 않겠습니까? 하지만 노아는 이번에도 나가지 않고, 다시 칠일을 더 기다려 비둘기를 밖으로 날려 보냅니다. 마침내 비둘기가 돌아오지 않습니다.

노아가 구원의 시간을 기다리는 동안에 무슨 일을 했는지에 주목하십시오. 그는 하나님의 음성을 기다리고만 있지 않습니다. 바깥에서 어떤 변화가 일어나고 있는지를 파악하려고 나름대로 애쓰면서도 결코 서두르지 않습니다.

대개 사람들은 어느 한 곳에 제한하여 머물게 하면 견디기 힘들어 합니다. 기어이 그곳을 벗어나고 맙니다. 그래서 하나님은 때로 우리의 구역을 줄로 재듯 제한하시곤 합니다. 하나님이 그곳을 떠나지 말라고 하실 때, 떠나는 것은 곧 심판을 자초하는 일입니다. 자칫 죽음을 초래할 수도 있습니다. 자기 마음대로 들락날락할 수 없는 곳, 그래서는 안 되는 곳이 방주입니다. 하나님이 방주에 들어가라고 하셨으니 방주에서 나가라고 하실 때까지 기다리는 게 믿음입니다. 믿는 만큼 견디고, 믿는 만큼 기다리고, 믿는 만큼 순종합니다.

광야 훈련의 핵심은 바로 이 믿음의 훈련입니다. 하나님과의 동행이란 하나님이 떠나실 때 함께 떠나고, 하나님이 머무르시는 곳에 함께 머무르는 훈련입니다. 어떤 때는 한곳에서 일 년을 머물지만, 또 어떤 때는 하루도 되지 않아서 옮겨야 하기도 합니다.

그때마다 천막을 쳤다가 거두었다가 하는 것이 훈련입니다. 훈련을 반복해야 숙달하게 됩니다.

믿음의 훈련만큼 중요한 것은 불평하지 않는 것입니다. 불평하지 않을 뿐만 아니라 모든 일을 기쁨으로 감당하는 것이 정말로 중요합니다. 일을 하기는 하는데, 이를 악물고 하는 사람이 있습니다. 그래 봐야 잇몸만 상합니다. 일을 하는데, 주먹을 불끈쥐고 죽을힘을 다하는 사람이 있습니다. 독기를 품고 일해 봐야몸만 상합니다.

행복의 열쇠는 어디에 있습니까? 사랑하는 데 있습니다. 사랑하면 여기 있어도 좋고, 저기 있어도 좋습니다. 오래 머물러도 좋고, 금세 떠나도 좋습니다. 하나님이 움직이실 때, 기쁘게 움직여야 갈등이 없습니다. 사랑하면, 그 모든 게 완벽한 시나리오입니다.

> 육백일 년 첫째 달 곧 그달 초하룻날에 땅 위에서 물이 걷힌지라 노아가
> 방주 뚜껑을 제치고 본즉 지면에서 물이 걷혔더니 둘째 달 스무이렛날에
> 땅이 말랐더라 _창 8:13-14

일 년이 지났습니다. 드디어 노아가 방주 뚜껑을 젖혔습니다. 몸은 여전히 방주 안에 머문 채 머리만 내밀어 둘러봤습니다. 땅이 말라 있습니다. 땅이 말라야 걸어 다닐 수 있지 않겠습니까?

하나님이 노아에게 말씀하여 이르시되 너는 네 아내와 네 아들들과 네

며느리들과 함께 방주에서 나오고 너와 함께 한 모든 혈육 있는 생물 곧

새와 가축과 땅에 기는 모든 것을 다 이끌어 내라 이것들이 땅에서 생육

하고 땅에서 번성하리라 하시매 노아가 그 아들들과 그의 아내와 그 며

느리들과 함께 나왔고 땅 위의 동물 곧 모든 짐승과 모든 기는 것과 모든

새도 그 종류대로 방주에서 나왔더라_창 8:15-19

"이제 방주에서 나오너라!" 배에 올라탈 때는 심판을 확인하는
순간이었지만, 배에서 바깥으로 나올 때는 구원을 눈으로 확인하
는 순간입니다. 노아가 방주에서 나가야 새로운 세상이 열립니
다. 재창조의 역사가 시작되는 것입니다.

배 바깥으로 나오라는 말씀은 얼마나 기다렸던 음성입니까?
배에서 내릴 때 그 감회가 어땠겠습니까? 흔들리는 배 안에만 있
다가 단단한 땅을 밟으면, 순간적으로 어지러움을 느끼게 됩니
다. 어떤 사람은 땅 멀미를 하기도 합니다. 그렇다고 배 안으로
다시 들어가서는 안 됩니다. 배 안의 어둠 속에 있다가 바깥으로
나오면 눈이 부셔서 뜰 수가 없습니다. 그렇다고 배에 다시 올라
타서는 안 됩니다. 배에서 내렸으면, 뒤돌아보지 말고 새롭게 시
작해야 합니다.

사실, 결혼이 그렇습니다. 부모라는 방주를 벗어나 바깥으로
나오는 것이 결혼입니다. 하나님이 "그 방주에서 나오너라" 하고
부르시면, 뒤돌아볼 이유가 없습니다. 새로운 환경에서 둘이 새

롭게 시작해야 합니다. 아무것도 없을지라도 되돌아가서는 안 됩니다. 뒤를 돌아보다가 소금기둥이 되었던 롯의 아내가 있지 않습니까?

이스라엘 백성이 출애굽 할 때, 모세는 바로에게 "우리가 광야로 사흘 길쯤 가서 우리 하나님 여호와께 제사를"(출 5:3) 드리려 한다고 말했습니다. 이스라엘이 광야로 들어가는 것은 곧 애굽 땅에 심판이 임하는 것을 의미합니다. 심판을 피할 길은 광야에 있습니다. 이와 마찬가지로 세상의 심판을 피할 길은 방주 안에 있습니다. 그러나 구원의 완성은 방주에서 다시 나오는 것입니다.

방주 밖에서 드리는 예배

하나님이 명령하시면, 그대로 순종해야 합니다. "하나님, 제가 이 방주를 어떻게 지었는데 버리고 나갑니까? 120년 동안 밤낮 없이 만든 배인데, 어떻게 이 배를 그냥 두고 나갑니까?" 하고 버틸 일이 아닙니다. 그동안에 들인 물질과 시간이 아까워서라도 배를 떠나지 못하겠다고 고집부려서야 되겠습니까? 하나님이 밖으로 나오라고 말씀하시면, 주저 없이 나가야 합니다.

다행히 노아는 하나님의 말씀에 순종했습니다. 그가 방주에서 내려서 가장 먼저 한 일이 무엇인지 압니까?

노아가 여호와께 제단을 쌓고 모든 정결한 짐승과 모든 정결한 새 중에서 제물을 취하여 번제로 제단에 드렸더니_창 8:20

먹을 것을 찾아다니거나 집을 지을 만한 땅을 보러 다닌 것이 아닙니다. 그는 "여호와께 제단을" 쌓았습니다. 그리고 번제를 드렸습니다. 아벨의 제사를 드린 것입니다. 이 제사는 셋의 예배요 에녹의 기도와도 같습니다. 노아가 가장 먼저 부른 것은 바로 하나님의 이름입니다. 그가 방주 안에서는 하나님의 이름을 부르지 않았겠습니까? 물론 불렀을 것입니다. 그러나 세상 가운데서 다시 불렀다는 것이 중요합니다.

구원의 본질은 어디에 있습니까? 예배자의 삶에 있습니다. 방주 안에서 드리는 예배가 전부가 아닙니다. 방주 밖에서 드리는 삶의 예배로 인해 비로소 온전해집니다. 방주 안에서든 밖에서든 어디에서나 하나님을 기억하고 중심에 모시는 것이 예배자의 삶입니다.

하나님은 오늘날 우리에게도 명령하십니다.

"방주 안에만 머물러 있지 말고, 바깥으로 나오너라!"

사실, 예수님은 우리를 방주 밖으로 불러내기 위해 오셨습니다. 우리는 방주를 짓고, 방주 안에 오래오래 머물고 싶어 하지만, 때가 되면 밖으로 나가야 합니다.

헤롯이 예루살렘 성전을 화려하면서 장엄하게 잘 지었습니다. 제자들이 감탄할 정도였습니다. 하지만 예수님은 그것이 완전히 무너질 것이라고 말씀하십니다. 우리는 자기가 보기에 좋은 곳에 예수님을 모셔 두고, 그곳에 초막 셋을 짓고 살고자 합니다. 그러나 예수님은 산 아래 세상 속으로 들어가라고 말씀하십니다. 그래야만 예배의 향기로 세상의 악취를 없앨 수 있기 때문입니다.

우리는 방주 안에서 드리는 예배에 온갖 이름을 붙이곤 합니다. 화요 예배, 수요 예배, 금요 철야 예배, 주일 대예배, 새벽 예배, 여성 예배, 청년 예배 등등. 일주일 내내 방주 안에서 기도하고 예배드리는 것을 성령 충만한 삶으로 흔히 생각합니다. 그런데 주님은 오히려 방주 밖으로 나오라고 명령하십니다. 방주는 홍수가 닥쳤을 때 한시적으로만 필요할 뿐입니다. 마른 땅 위에서는 더 이상 필요가 없습니다.

하나님은 주일에 한 번 드리는 형식적인 예배가 아니라 삶의 자리에서 드리는 향기로운 예배를 받길 원하십니다.

> 여호와께서 그 향기를 받으시고 그 중심에 이르시되 내가 다시는 사람으로 말미암아 땅을 저주하지 아니하리니 이는 사람의 마음이 계획하는 바가 어려서부터 악함이라 내가 전에 행한 것 같이 모든 생물을 다시 멸하지 아니하리니 땅이 있을 동안에는 심음과 거둠과 추위와 더위와 여름과 겨울과 낮과 밤이 쉬지 아니하리라_창 8:21-22

하나님이 그 예배를 받으시고, 선언하듯 말씀하십니다. "내가 다시는 사람 때문에 땅을 저주하여 모든 생물을 멸하지 않겠다."

그렇게 말씀하신 이유가 충격적입니다. "사람의 마음이 계획하는 바가 어려서부터" 악하기 때문이라고 말씀하십니다. 아니, 이게 무슨 말씀입니까? 인간이 어려서부터 악함을 아시기에 새롭게 시작하려고 심판하신 게 아닙니까? 그런데 지금은 똑같은 이유로 이 같은 심판을 더는 하지 않겠다고 말씀하시니 뭔가 앞뒤가 맞지 않습니다. 대체 무슨 말씀을 하고 계신 겁니까?

여기서 우리는 하나님의 말씀과 말씀 사이에 놓인 사건에 주목해야 합니다. 노아가 제단을 쌓고 번제를 드린 사건 말입니다. 하나님은 그가 올린 제물을 받으시고, 다시는 이처럼 멸하지 않으리라고 약속하셨습니다. 다만 "땅이 있을 동안에는 심음과 거둠과 추위와 더위와 여름과 겨울과 낮과 밤이 쉬지" 않을 것입니다. 환경이 더욱 열악해질 것이라는 뜻입니다. 대홍수 전에는 더위와 추위가 없었는데, 이제부터 기후의 변화가 있을 것입니다. 하지만 땅과 하늘을 멸하지는 않으실 것입니다. 최후 심판 때에야 땅과 하늘이 무너질 것입니다.

한번 죽는 것은 정해진 이치요 그 후에는 반드시 심판이 있을 것입니다(히 9:27). 개인의 구원과 심판이 있고, 이 세상의 구원과 심판도 반드시 있습니다. 저는 그 심판의 시간이 머지않았다고 믿습니다. 그 시와 때는 아무도 모르지만, 심판은 반드시 있을 것입니다. 말씀을 믿기 때문입니다.

성경은 성선설을 취하지 않습니다. 성악설이 분명합니다. 인간은 어려서부터 악합니다. 그 가운데 하나님께 나아오는 자와 나아오지 않는 자가 있을 뿐입니다. 하나님을 기억하면서 죄짓는 사람과 하나님을 까마득히 잊은 채 죄짓는 사람이 있을 뿐입니다. 하나님께 용서를 구하고 죄짓는 사람과 하나님께 용서받을 이유가 없다며 죄짓기를 계속하는 사람이 있을 뿐입니다. 양극단 사이에 무수히 많은 스펙트럼이 존재할 따름입니다.

성경은 대홍수 이후 노아로부터 새로운 역사가 시작되지만, 그에게 소망이 있다고 말하지는 않습니다. 노아 자신이 곧 다시 죄를 지을 것입니다. 훗날, 그의 후손은 바벨탑을 쌓을 것입니다. 그래서 하나님은 노아를 부르셨던 것처럼 아브라함을 부르실 것입니다. 그러나 아브라함으로부터 구원이 다시 시작될지라도 그에게 소망이 있다고 말하지는 않습니다. 다윗이건 솔로몬이건 베드로건 바울이건 그 누구에게도 소망은 없습니다.

성경 이야기는 심판과 구원의 반복입니다. 그것을 요약하자면, 인간 안에는 조금도 선함이 없으므로 인간은 자기 자신에 절망할 수밖에 없으며, 그 때문에 예수 그리스도께서 오셔야 했고, 이미 오셨으며 그분의 이름을 부르고 그분의 발 앞에 무릎을 꿇어야만 모든 문제가 근본적으로 해결된다는 것입니다. 성경은 소망은 오직 예수 그리스도께만 있다고 말합니다. 인간 안에 선함이 없기 때문에 하나님을 믿는 것입니다.

4. 하나님의 약속은 무엇이 다른가

영원한 언약의 증거

=

창 9:1-17

대자연 앞에 홀로 설 때, 우리는 말할 수 없는 경외감을 느낍니다. 우리가 느끼는 경외감은 단순히 거대한 돌덩이나 엄청난 양의 물 때문만이 아닙니다. 그런 것들에서 무슨 두려움과 신비로움을 느끼겠습니까? 그렇다면 경외감은 어디서 비롯된 것일까요? 대자연의 배후에 계신 창조주를 떠올리기 때문입니다. 사도 바울은 "하나님을 알 만한 것"이 사람에게 있으며, 하나님의 "영원하신 능력과 신성이 그가 만드신 만물에 분명히" 보인다고 말합니다(롬 1:19-20).

드디어 방주에서 나온 노아가 대자연 앞에 다시 섰습니다. 그는 어떤 생각이 들었을까요? 방주를 지을 때는 장차 무슨 일이 닥칠지, 또 그 결과가 어떤 모습일지 상상이나 했겠습니까? 그 많던 사람은 다 어디로 갔습니까? 화려함을 자랑하던 건물들은 다 어디로 사라진 것입니까? 상상할 수 없는 일이 일어났고, 그 결과로 그의 눈앞에는 모든 인간이 사라진 세상이 펼쳐져 있습니다. 숨 막히는 적막감 속에 그가 할 수 있는 일이라곤 무릎을 꿇는 일밖에 없었습니다. 그는 하나님께 예배를 드리며 은혜를 구했습니다.

> 하나님이 노아와 그 아들들에게 복을 주시며 그들에게 이르시되 생육하고 번성하여 땅에 충만하라_창 9:1

"복"이 무엇입니까? 복은 하나님의 음성, 곧 하나님의 말씀입니다. "생육하고 번성하여 땅에 충만하라"는 명령이 바로 복입니다. 하나님은 말씀으로 천지를 창조하신 분입니다. 태초에 창조주 하나님이 아담과 하와에게 "생육하고 번성하여 여러 바닷물에 충만하라 새들도 땅에 번성하라"(창 1:22)고 명령하셨습니다. 그러므로 노아에게 주신 이 명령은 어떤 것입니까? 재창조의 명령인 것입니다. 하나님의 말씀은 무에서 유가 창조되는 통로요 생명의 통로이므로, 이제 만물이 말씀으로 말미암아 다시 생육하고 번성하고 충만하게 될 것입니다.

생육하고 번성하여 땅에 충만한 복

우리가 기억해야 할 것이 있습니다. 하나님이 "이것이 복이다"라고 말씀하시면, 그것이 복임을 알아야 합니다. 예수님이 산상수훈에서 축복하신 팔복이 복인 것을 알아야 합니다. 세상에서 잘 먹고 잘사는 것이 복이 아닙니다. 내가 생각하기에 복된 것이 꼭 복은 아닙니다.

그리고 기억해야 할 것이 한 가지 더 있습니다. 하나님은 명령하실 때 대책 없이 말씀하시지 않는다는 사실입니다. 인간에게 생육하고 번성하여 땅에 충만하라고 말씀하실 때는 대책이 마련되어 있다는 뜻입니다.

무책임한 것은 인간이지 하나님은 아닙니다. 농산물의 시장가격을 조정하기 위해 막대한 양의 잉여생산물을 바다에 버리는 것이 인간입니다. 인간이 자신의 탐욕을 채우려고만 하지 않는다면, '생육하고 번성하여 땅에 충만하라'는 말씀을 따른다고 해서 굶어 죽는 일은 없을 것입니다. 먹다가 남아서 버리는 음식이나 배부른데도 계속 먹는 음식만 줄여도 굶주리는 전 세계 사람들을 먹이기에 부족하지 않을 것입니다.

세상의 위기는 믿음의 자녀들이 "생육하고 번성하여 땅에 충만하라"는 하나님의 말씀을 복으로 여기지 않는 데서 시작됩니다. 이제 사람들은 다음 세대를 세우는 일에 별 관심이 없습니다. 다음 세대를 위해 자신을 희생해야 한다는 생각을 버렸습니다. 오직 어떻게 하면 내가 건강을 유지하고, 더 오래 살고, 더 풍요롭게 살까에만 관심을 쏟고 있습니다.

결과적으로 우리에게 어떤 일이 일어나고 있습니까? 먼저, 신앙의 계승이 단절되어 갑니다. 자기 힘만으로도 잘살 수 있다고 생각하는 사람들은 더 이상 하나님의 이름을 부르지 않습니다. 그리고 세대 간에 단절이 계속되고 있습니다. 다음 세대는 윗세대가 지극히 이기적이라고 주장하며 마음 문을 닫습니다. 그러나 윗세대는 자신들이 큰 희생을 치렀다고 철석같이 믿고 있고, 실제로 그렇게 살아왔습니다. 그러나 다음 세대는 "당신들이 스스로 좋아서 열심히 일했고, 자기 자존심 때문에 자녀를 몰아붙여 좋은 대학에 보내고, 결혼에까지 간섭하는 것 아니냐"며 반박합니다. 이처럼 세대 간의 골이 깊습니다.

요즘 시대에 아이를 많이 낳으면, 어떻게 먹여 살리느냐고 말하지만, 사람은 자기 먹을 것을 갖고 태어난다는 옛말이 있습니다. 믿음이 엿보이지 않습니까? "생육하고 번성하여 땅에 충만하라"고 말씀하신 하나님은 이미 대책을 세워 놓고 계십니다.

무엇을 먹고, 무엇을 마시고, 무엇을 입을까 걱정하는 것도 하나님을 불신하는 것이지만, 자기 자녀에게 무엇을 먹일까 무엇을 마시게 할까 무엇을 입힐까 걱정하고 염려해서 자녀를 낳지 않는 것도 불신이며 불순종이 아니겠습니까? 다음 세대의 문제는 한 가정의 문제뿐 아니라 나라와 민족의 미래 문제인 동시에 하나님 나라의 문제이기도 합니다. 하나님의 사랑은 생육하고 번성하여 땅에 충만하게 하는 '가정'을 향합니다.

두려움, 인간의 죄가 낳은 부산물

인간의 죄악은 하나님과 인간의 관계를 단절시키는 데 그치지 않습니다. 인간과 인간의 관계, 인간과 다른 피조물들과의 관계 전반에 영향을 끼칩니다.

> 땅의 모든 짐승과 공중의 모든 새와 땅에 기는 모든 것과 바다의 모든 물고기가 너희를 두려워하며 너희를 무서워하리니 이것들은 너희의 손에 붙였음이니라 모든 산 동물은 너희의 먹을 것이 될지라 채소 같이 내가 이것을 다 너희에게 주노라_창 9:2-3

대홍수 이후에 하나님은 육식을 허락하십니다. 그리고 먹이가 될 동물들이 인간을 두려워하게 될 것이라고 말씀하십니다. 아담이 죄를 범했을 때, 땅이 엉겅퀴를 냈듯이 인간들이 죄를 범하자 다른 피조물들이 두려움을 배웁니다. 땅의 모든 생물이 인간을 적대하게 될 것에 대비하여 하나님은 생물들이 인간을 두려워하도록 안전 조치를 하신 것입니다. 그러나 이것은 본연의 모습이 아닙니다. 두려움은 인간의 죄가 낳은 부산물입니다.

예를 들어 봅시다. 좋은 가정이란 어떤 가정입니까? 경제적으로 풍요로운 가정입니까? 아니면 화목한 가정입니까? 물질적으로는 풍요롭지만, 늘 두려움에 시달리는 가정이 있습니다. 자녀들이 아버지를 무서워하고, 아내가 남편을 두려워하는 가정이 과연 잘사는 가정입니까? 가족 간의 사이가 돈독한 가정이 좋은 가정 아니겠습니까?

영국의 철학자 토머스 홉스(Thomas Hobbes)는 자신의 저서 《리바이어던》(Leviathan)에서 인간의 탐욕과 만연한 죄악이 초래하는 사회를 "만인의 만인에 대한 투쟁"의 결과로 묘사했습니다. 한마디로 두렵고 무서운 사회가 된다는 것입니다. 신뢰가 무너졌기 때문에 안전을 위해 수많은 대책을 세워야 합니다. 결코, 잘살 수 없는 사회입니다.

무슨 일이건 그 원인을 모른 채 대책을 세워 봐야 헛수고입니다. 우리 사회의 문제는 무엇입니까? 신앙의 문제, 믿음의 문제, 관계의 문제입니다. 하나님을 떠난 것이 문제이고, 하나님을 떠난 인간이 해결할 수 없는 불안이 문제이고, 불안한 인간들 사이의 불신이 문제입니다. 그러므로 문제 해결의 핵심은 하나님과의 관계 회복에 있습니다.

그러나 죄인은 죄에 둔감하며 불안과 불신, 불평과 불만이 특징입니다. 그 결과, 서로 적대적으로 대하니 시간이 갈수록 갈등이 고조되기 마련입니다. 갈등과 반목의 수위가 넘쳐 범람하기 시작하면 사회에 폭동이 일어나고, 혁명과 전쟁이 발발하기도 합니다. 인간이 걸어온 역사의 악순환입니다.

심판의 목적은 이 악순환을 멈추는 것입니다. 악순환의 족쇄에서 벗어나는 것이 구원입니다. 죄로 말미암은 악순환에서 완전히 벗어나게 되면 어떤 일이 벌어지겠습니까? 새 하늘과 새 땅이 열릴 것입니다. 사람과 사람이 동거하는 데 아무 문제가 없어질 것입니다. 사람과 다른 피조물들이 아무 문제 없이 공생하게 될 것입니다.

> 그때에 이리가 어린 양과 함께 살며 표범이 어린 염소와 함께 누우며 송아지와 어린 사자와 살진 짐승이 함께 있어 어린아이에게 끌리며 암소와 곰이 함께 먹으며 그것들의 새끼가 함께 엎드리며 사자가 소처럼 풀을 먹을 것이며 젖 먹는 아이가 독사의 구멍에서 장난하며 젖 뗀 어린아이가 독사의 굴에 손을 넣을 것이라 내 거룩한 산 모든 곳에서 해 됨도 없고 상함도 없을 것이니 이는 물이 바다를 덮음 같이 여호와를 아는 지식이 세상에 충만할 것임이니라 사 11:6-9

구원이 완성되는 날의 그림을 보십시오. 육식동물이 사라지고, 사자가 소처럼 풀을 먹게 될 것이고, 이리와 어린 양, 표범과 어린 염소가 함께할 것입니다. 암소와 곰의 새끼들이 뒤섞여 자랄 것이며, 심지어 갓난아이가 독사의 굴 앞에서 놀 것입니다. 누구도 해가 됨이 없고, 사람을 상하게 하는 일이 없는 하나님 나라가 될 것입니다. 어떻게 이런 일이 가능합니까? 그 이유가 중요합니다. "여호와를 아는 지식이 세상에 충만할 것"이기 때문입니다.

하나님을 안다는 것, 구원을 받았다는 것의 의미는 무엇입니까? 서로 해치지 않는다는 것입니다. 서로에게 상처를 주지 않고, 서로 사랑하는 것입니다. 구원받아야 사랑할 수 있습니다. 구원받아야 자랑하지 않습니다. 구원받아야 거짓말하지 않습니다.

구원받아야 두려워하지 않습니다. 이것이 교회공동체의 모습입니다.

죽음에서 생명으로 옮겨지다

원래 인간은 채식으로도 충분했습니다. 그런데 대홍수 이후에 육식을 시작하게 되었습니다. 육식을 한다는 것은 동물이 반드시 피를 흘려야 한다는 뜻입니다. 하나님은 육식을 허락하기는 하셨지만, 피째 먹는 것은 금하셨습니다.

> 그러나 고기를 그 생명 되는 피째 먹지 말 것이니라 내가 반드시 너희의 피 곧 너희의 생명의 피를 찾으리니 짐승이면 그 짐승에게서, 사람이나 사람의 형제면 그에게서 그의 생명을 찾으리라_창 9:4-5

"육체의 생명은 피에"(레 17:11) 있으므로 피째 먹는다는 것은 곧 생명을 먹는 것이고, 결국 그 생명을 해하는 것이기 때문입니다. 우리가 알거니와 모든 생명은 하나님께 속한 것입니다. 다른 이의 생명을 빼앗으면, 하나님은 그에게 반드시 생명을 요구할 것이라고 말씀하십니다. 살생은 창조 질서의 근원적인 파괴입니다. 더구나 하나님의 형상으로 지어진 인간의 생명을 빼앗는 것은 하나님을 반역하는 극단적인 행위입니다. 그러므로 생명에 대한 존중은 하나님을 사랑하는 출발점입니다.

인간이 서로 피 흘리고 죽이는 것은 하나님이 원하시는 것이 아닙니다. 하나님은 인간이 서로 화합하여 생육하고 번성하여 땅에 충만하기를 원하십니다. 자녀들끼리 싸워서 피 흘리는 일 없이 서로 사랑하면서 사는 것 말고는 부모가 무엇을 더 바라겠습니까? 부모에게 최고의 효도는 형제자매끼리 다투지 않고 사이좋게 사는 것 아니겠습니까? 그런 의미에서 교회가 하나님께 해드릴 수 있는 최고의 선물이 교회의 연합과 일치입니다.

> 다른 사람의 피를 흘리면 그 사람의 피도 흘릴 것이니 이는 하나님이 자기 형상대로 사람을 지으셨음이니라 너희는 생육하고 번성하며 땅에 가득하여 그중에서 번성하라 하셨더라_창 9:6-7

사람은 하나님의 형상을 따라 지어진 존재이므로 살인은 인간에 대한 반역이기 이전에 하나님에 대한 반역입니다. 그런데 인간은 역사상 얼마나 많은 피를 흘려 왔습니까? 과연 인간의 피가 스며든 적이 없는 땅이 한군데나 있겠습니까? 그야말로 온 땅이 피 흘린 땅 아닙니까? 세상 전체가 골고다 언덕, 곧 해골의 언덕입니다. 인간이 그 핏값을 스스로 치를 수 없을 지경에 이르자 하나님이 우리 대신 친히 피 흘려 주시기로 하십니다.

광야에서 이스라엘 백성이 불뱀에 물려 죽어 갈 때, 하나님은 놋뱀을 만들어 장대 위에 매달게 하셨습니다. 그리고 "물린 자마다 그것을 보면 살리라"(민 21:8)라고 약속하셨습니다. 죽어 가는 사람을 살려 주시겠다는 언약입니다. 마찬가지로 하나님은 골고다 언덕에 십자가를 세우셨습니다. 손수 세우신 것입니다. 인간의 눈에는 로마 군인들이 십자가를 세운 것 같이 보이지만, 십자가는 하나님이 언약으로 세우신 것입니다. 누구든지 이 십자가를 바라보면 살 것이라는 약속입니다. 누구든지 십자가에 달린 예수님을 구주로 시인하면, 죽음에서 생명으로 옮겨진다는 약속입니다.

하나님이 노아와 그와 함께한 아들들에게 말씀하여 이르시되 내가 내 언약을 너희와 너희 후손과 너희와 함께한 모든 생물 곧 너희와 함께한 새와 가축과 땅의 모든 생물에게 세우리니 방주에서 나온 모든 것 곧 땅의 모든 짐승에게니라 내가 너희와 언약을 세우리니 다시는 모든 생물을 홍수로 멸하지 아니할 것이라 땅을 멸할 홍수가 다시 있지 아니하리라
_창 9:8-11

하나님은 노아와 그의 아들들에게 언약을 세우겠다고 말씀하십니다. 다시는 홍수로 모든 생물을 멸하시지는 않겠다는 약속입니다. 서로 손가락을 걸어야 약속하는 것 아닙니까? 그러나 하나님의 약속은 다릅니다. 인간과 약속을 맺으신 것이 아닙니다. 계약을 체결하신 것도 아닙니다. 하나님은 약속을 사람 앞에 기둥처럼 세우셨습니다. 언약의 그림은 이런 것입니다. 언약은 연약한 인간 앞에 태산처럼 서 있습니다. 이것이 언약을 세우신다는

의미입니다.

한마디로 하나님의 약속은 일방적입니다. 하나님의 사랑이 일
방적이듯이 은혜도 일방적입니다. 인간을 너무나 잘 아시기 때문
입니다. 인간에게는 약속할 마음도, 약속을 기억할 성심도, 약속
을 지킬 능력도, 아무것도 없다는 것을 잘 아시기 때문입니다. 그
래서 하나님의 약속은 하나님이 세우시고, 하나님이 기억하시고,
하나님이 지키십니다. 우리가 할 일은 하나님을 아버지라 부르는
것뿐입니다. 하나님 아버지를 신뢰하는 것뿐입니다. 이것이 믿음
이고 소망이고 사랑입니다.

영원한 효력을 지니는 하나님의 약속

사람의 약속은 살아 있는 동안에나 효력이 있습니다. 그래서
부부가 사별하면, 다른 사람과 얼마든지 결혼할 수 있습니다. 아
무도 그 또는 그녀가 혼인 서약을 어겼다고 비난하지 않습니다.
대부분의 약속은 죽음으로 그 효력이 정지되기 때문입니다. 인간
사이에 영원히 지켜지는 약속은 세상에 없습니다.

하나님이 이르시되 내가 나와 너희와 및 너희와 함께하는 모든 생물 사
이에 대대로 영원히 세우는 언약의 증거는 이것이니라 내가 내 무지개를
구름 속에 두었나니 이것이 나와 세상 사이의 언약의 증거니라 내가 구
름으로 땅을 덮을 때에 무지개가 구름 속에 나타나면 내가 나와 너희와

및 육체를 가진 모든 생물 사이의 내 언약을 기억하리니 다시는 물이 모든 육체를 멸하는 홍수가 되지 아니할지라_창 9:12-15

하나님은 언약에 관한 매우 중요한 사실을 노아에게 확인시켜 주십니다. 지금 그와 그 아들들 앞에서 세우시는 언약은 대대로 영원히 효력을 지니게 되리라는 말씀입니다. 하나님의 약속은 영원합니다. 영원하신 분의 약속이기 때문입니다. 그분의 약속만은 신뢰할 수 있습니다.

마치 남자와 여자가 결혼할 때 반지를 주고받듯이 하나님은 무지개를 "언약의 증거"로 주십니다. 그래서 우리는 이 언약을 '무지개 언약'이라 부릅니다. "무지개가 구름 속에 나타나면" 하나님의 언약을 기억하라고 말씀하십니다.

왜 하필 "구름 속"입니까? 대홍수를 겪은 노아와 그 가족들은 짙은 구름이 몰려오기만 해도 두려움에 휩싸일 것이 분명하기 때문입니다. 이러한 '강력한 정신적 충격으로 인해 발생하는 정신 건강 질환'을 '트라우마'(trauma)라고 합니다. 구름만 봐도 떠오를 대홍수의 두려움을 없애 주기 위해 일부러 구름 속에 무지개를 두신 것입니다.

하나님은 이처럼 지극히 섬세하신 분입니다. 천지를 창조하신 위대한 하나님이, 온 우주보다도 더 크신 하나님이 아주 작은 것에 마음을 쓰고, 사랑을 새겨 넣으셨습니다. 하나님은 그 스케일이 무한대(無限大)이시라면, 디테일은 무한소(無限小)이신 분입니다.

눈에 잘 보이지도 않는 벌레 한 마리를 보십시오. 각 기관의 기능을 살펴보면 입이 벌어집니다. 하나님은 무한히 큰 것에서부터 무한히 작은 것에 이르기까지 놓치는 것이 없으십니다.

친밀하신 하나님을 경험하는 것이야말로 인생 최대의 기쁨이자 인생 최고의 능력입니다. 하나님을 아는 것이야말로 세상의 무엇과도 비교할 수 없는 앎입니다. 하나님이 없다고 믿는 것보다 악함이 없고, 어리석음이 없습니다. 하나님을 부인하는 것은 하나님을 떠나는 것에 지나지 않습니다. 상상할 수 없는 어리석음과 악함에 사로잡히는 길입니다.

> 무지개가 구름 사이에 있으리니 내가 보고 나 하나님과 모든 육체를 가진 땅의 모든 생물 사이의 영원한 언약을 기억하리라 하나님이 노아에게 또 이르시되 내가 나와 땅에 있는 모든 생물 사이에 세운 언약의 증거가 이것이라 하셨더라_창 9:16-17

이 언약은 노아뿐 아니라 땅에 있는 모든 생물과도 유효한 약속입니다. 하나님은 이 "영원한 언약"을 기억하겠다고 말씀하십니다. 하나님이 일방적으로 약속하시는 것이 '은혜'입니다. 그리고 그 은혜로 하나님이 행하시는 모든 일에 안심하게 되는 것을 '믿음'이라고 합니다. 약속을 주시는 하나님을 기대하는 것을 '소망'이라고 합니다. 언약으로 이루어진 은혜와 믿음과 소망의 관계가 바로 사랑의 관계입니다. 예수님이 오셔서 이 사랑의 관계를 재차 확인해 주셨습니다. 우리가 하나님을 택한 것이 아니라 하나님이 먼저 사랑으로 우리를 택하셨습니다.

너희가 나를 택한 것이 아니요 내가 너희를 택하여 세웠나니 이는 너희로 가서 열매를 맺게 하고 또 너희 열매가 항상 있게 하여 내 이름으로 아버지께 무엇을 구하든지 다 받게 하려 함이라_요 15:16

우리가 열매 맺는 삶을 살고, 그 열매를 맺기 위해 무엇이든지 구하는 것을 주시겠다는 약속만큼 안심되는 말씀이 어디 있겠습니까? 이 약속의 말씀은 구약의 하나님이 주신 것과 전혀 다르지 않습니다.

내가 네게 명령한 것이 아니냐 강하고 담대하라 두려워하지 말며 놀라지 말라 네가 어디로 가든지 네 하나님 여호와가 너와 함께하느니라 하시니라_수 1:9

위대한 모세의 뒤를 이어야 하는 부담감에 마음에 평안이 없는 여호수아에게 하나님이 강하고 담대하여 두려워하지 말고 안심하라고 말씀하십니다. 예수님도 "내가 세상 끝날까지 너희와 항상 함께 있으리라"(마 28:20)고 약속하지 않으셨습니까? 끝까지 함께하지 못하는 것은 하나님이 아니라 인간 쪽입니다. 죽음 이후에도 함께할 수 있는 이는 오직 하나님 한 분뿐이십니다.

두려워하지 말라 내가 너와 함께 함이라 놀라지 말라 나는 네 하나님이 됨이라 내가 너를 굳세게 하리라 참으로 너를 도와주리라 참으로 나의 의로운 오른손으로 너를 붙들리라 사 41:10

사실, 무지개 언약은 모든 언약의 출발이 되는 약속입니다. 하나님이 언약을 세우셨고, 그 언약을 영원히 지키겠다고 약속하셨습니다.

아프리카에서 강물이 범람할 때 배를 타지 않고도 강을 건너는 유일한 방법은 큰 바위를 하나 붙들고 건너는 것입니다. 바위 덕분에 떠내려가지 않을 수 있기 때문입니다. 언약이란 그런 것입니다. 출렁이는 세상, 풍랑이 끊이지 않는 세상, 언젠가는 우리를 침몰시키기 위해 사방에서 에워싸는 세상 속에서도 우리는 약속을 붙잡고 안심하고 나아갈 수 있습니다. 그러니 하나님이 주신 언약이 무겁다고 함부로 버리지 마십시오. 힘들어 보이고 쓸모없어 보일지라도 그 약속을 붙잡고 세상의 풍랑을 헤치며 나아가다 보면 결국 무사히 건너게 될 줄 믿습니다.

우리가 할 일은 무엇입니까? 날마다 하나님의 언약을 붙들고, 하나님께 간구하는 것입니다. 간구는 하나님을 하나님으로 인정하는 것입니다. 자신이 언약 백성임을 잊지 말고 언약을 붙들고 기도하여 끝내 승리하길 바랍니다.

2부

혼돈,

하나님을 떠난 삶

5. 허물을 바라보는 시각

실수를 어떻게 대하나

=

창 9:18-29

사람이 나이가 들면 대개 성숙해집니다. 성숙하다는 것은 사람을 이해하는 폭이 넓어짐을 뜻합니다. 물론, 나이 든 사람이라고 다 성숙한 것도 아니고, 나이가 들수록 사람을 더 잘 이해하는 것도 아닙니다. 하지만 사회생활을 오래 하다 보면, 다른 사람을 수용하는 폭이 넓어지고, 배려하는 깊이가 생기기 마련입니다. 이것은 지극히 자연스러운 일입니다.

그러나 여기서 생각해 봐야 할 문제가 있습니다. 사람이 나이 들고 성숙하면, 과연 그만큼 실수가 줄어드는가 하는 문제입니다. 즉 완벽한 사람이 되어 가느냐는 것입니다. 그렇지 않다는 것을 우리는 압니다. 오히려 젊어서는 괜찮았는데, 나이 들면서 추하게 변해 가는 사람도 많습니다. 슬프지만 현실입니다. 신앙인은 예외이겠습니까? 아닙니다. 신앙인도 예외는 아닙니다.

우리는 "의인이요 당대에 완전한 자"(창 6:9)였던 노아가 육백살이 넘어서 저지른 실수를 목격합니다. 천하의 노아가 왜 그런 실수를 저지르게 되었을까요? 그리고 그의 실수를 우리는 어떻게 대해야 하겠습니까?

하나님의 관심은 언제나 사람을 향한다

홍수 심판에서 살아남은 사람은 노아와 세 아들과 며느리들로 모두 여덟 명입니다.

> 방주에서 나온 노아의 아들들은 셈과 함과 야벳이며 함은 가나안의 아버지라 노아의 이 세 아들로부터 사람들이 온 땅에 퍼지니라_창 9:18-19

노아의 세 아들로부터 사람들이 온 땅에 퍼집니다. 놀랍습니다. 인구가 느는 속도가 생각보다 훨씬 더 빠릅니다. 둘이 넷이 되고, 넷이 여덟이 되고, 여덟이 열여섯이 되어도 무서운 속도인데, 만약에 둘이 일곱이 되고, 일곱이 스물다섯이 되고 스물다섯이 백스물다섯쯤 되는 일이 생기면 어떻겠습니까? 정말로 셀 수 없이 기하급수적으로 불어나는 것입니다.

예수님의 열두 제자를 생각해 보십시오. 제자 한 사람이 열둘씩 제자 삼고, 다시 그들이 각자 열둘씩 제자로 삼으면 어떤 일이 일어나겠습니까? 여섯 세대가 지나면 3백만이 되고, 여덟 세대가

지나면 4억이 넘고, 아홉 번째 세대에는 50억이 넘게 됩니다. 숫자를 대폭 줄여서 한 제자가 세 명을 제자로 삼는다고 계산해 보면, 열여섯 세대 만에 4천만이 넘고, 스무 세대 만에 35억이 됩니다. 그러니 부모가 최소한 자기 자녀들만이라도 믿음으로 잘 키우고, 그 자녀들이 친구 서너 명에게 복음을 제대로 전했더라면 하나님 나라가 이 땅에서 벌써 이루어지지 않았겠습니까?

요즘 미국 사회에 팽배한 불만의 뿌리에는 이런 문제가 있습니다. 흑인, 히스패닉, 무슬림 등은 전통적으로 자녀를 많이 낳습니다. 그에 비해 백인은 극소수를 제외하고는 자녀를 잘 낳지 않습니다. 백인들은 자기들이 열심히 일해서 돈을 벌어 세금을 내봤자 결국 다른 인종의 자녀들에게 들어간다고 불만입니다. 그보다 더 본질적인 문제는 기독교 신앙을 전수하기가 거의 불가능해지고 있다는 것입니다.

이것이 과연 남의 나라 이야기일 뿐입니까? 우리에게도 코앞에 닥친 문제가 아닙니까? 그래서 교회 신앙의 패러다임을 가정 중심으로 가져가야 한다는 생각을 더욱 하게 됩니다. 자녀의 신앙은 주일학교를 통해서도 심어지겠지만, 일차적으로는 부모의 사명입니다. 왜 우리 가정에 자녀를 주셨을까요? 왜 믿는 부모 아래 자녀를 두게 하셨습니까? 세상에 빼앗기지 말고, 하나님의 자녀로 양육하라는 것입니다.

노아의 삶이 어떻게 무너졌는지를 살펴보겠습니다.

노아가 농사를 시작하여 포도나무를 심었더니 포도주를 마시고 취하여
그 장막 안에서 벌거벗은지라_창 9:20-21

우선 노아는 포도주를 마셨습니다. 농사를 시작하면서 포도나
무를 심은 게 문제가 아닙니다. 포도를 수확하여 포도주를 담그
고, 포도주를 마신 것도 문제 될 게 없습니다. 문제는 무엇입니
까? 취했다는 것입니다. 취하여 벌거벗었다는 것이 문제입니다.

술이 문제가 아니라 술에 취한 사람이 문제입니다. 돈이 문제
가 아니라 돈을 대하는 사람의 태도가 문제입니다. 일만 악의 뿌
리는 돈이 아니라 돈을 사랑하는 것입니다(딤전 6:10). 권력이 문
제가 아니라 권력을 제 입맛에 맞게 자의적으로 행사하는 사람이
문제입니다. 이렇듯 언제나 사람이 문제입니다. 그 사람 안에 똬
리를 틀기 시작한 교만과 방종이 문제인 것입니다.

성경은 제도 개혁이나 혁명을 말하지 않습니다. 대신에 언제
나 구원을 말합니다. 언제나 사람을 먼저 말합니다. 사람과 사람
을 지으신 하나님과의 관계를 먼저 말합니다. 그러나 세상은 언
제나 제도와 체제를 먼저 말합니다. 듣기에 솔깃한 말들입니다.
그러나 결국 실패하고 맙니다. 왜 그렇습니까? 구원이 먼저이기
때문입니다. 제도 개혁이나 체제 변혁보다는 사람이 먼저이기 때
문입니다. 구원받는 일이 가장 시급하며 가장 중요한 일입니다.

구원이란 거듭남입니다. 물과 성령으로 거듭나야 합니다. 구원
은 조금 나아지는 변화가 아니라 새 생명으로 새로 시작하는 것

입니다. 위로부터 잉태된 영원한 생명으로 새로 시작하는 인생입니다. 예수님은 당시 유대 사회에서 이름난 종교인인 니고데모에게 거듭남에 관해 말씀해 주셨습니다. "사람이 거듭나지 아니하면 하나님의 나라를 볼 수 없느니라"(요 3:3). 성경은 거듭남에서부터 시작해야만 한다고 가르쳐 주는 유일한 책입니다.

노아는 어쩌다 실족하였는가

노아는 술에 취해 장막 안에서 벌거벗었습니다. 어떤 사람은 "장막 안"인데 벗는 게 무슨 대수인가 하고 물을 수 있습니다. "내 집에서 내가 옷을 입고 있건 벗고 있건 뭐가 문제입니까?" 그렇게 생각할 수도 있을 것입니다. 그러나 태초의 한 사건을 기억해 보십시오. 아담과 하와가 선악과를 먹고 눈이 밝아져 벗은 몸을 부끄러워하자 하나님이 가죽옷을 지어 입히셨습니다. 그들의 부끄러움을 덮어 주기 위해서입니다. 그러므로 옷을 입을 때 우리는 하나님의 은혜를 기억해야 합니다.

술에 취해 벌거벗는 행동에서 주목해야 할 것은 그것이 하나님을 잊은 증거가 된다는 사실입니다.

술 취하지 말라 이는 방탕한 것이니 오직 성령으로 충만함을 받으라

_엡 5:18

성경은 왜 "술 취하지 말라"고 말합니까? 방탕해지기 때문입니다. 방탕이란 마음이 산란해진 상태, 곧 음란한 마음 상태를 의미합니다. 하나님을 잊으면, 사람이 방탕해집니다. 취하려면 오직 성령에 취해야 합니다.

술 취함과 성령 충만은 겉보기에 비슷해 보이지만, 전혀 다릅니다. 자신의 의지를 내려놓고 어떤 힘에 이끌려 간다는 면에서 비슷합니다. 그런데 이끌려 가는 곳이 전혀 다릅니다. 정반대 방향입니다. 성령은 우리를 하나님께로 인도하지만, 술은 어디로 인도합니까?

> 낮에와 같이 단정히 행하고 방탕하거나 술 취하지 말며 음란하거나 호색하지 말며 다투거나 시기하지 말고 오직 주 예수 그리스도로 옷 입고 정욕을 위하여 육신의 일을 도모하지 말라_롬 13:13-14

술이 인도하는 곳은 방탕하고 음란하고 호색하고 다투고 시기하는 곳, 정욕을 위하여 육신의 일을 도모하는 곳입니다. 사실 술만이 아닙니다. 우리를 사로잡는 우상들도 마찬가지입니다.

따라서 "술 취하지 말라"는 말의 속뜻은 하나님의 형상을 지키라는 것입니다. 하나님의 형상을 따라 지어진 피조물로서 품격을 지키라는 뜻입니다. 성령 충만할 때 하나님의 형상을 회복하고, 지켜 낼 수 있습니다.

노아가 술에 취했더니 어떻게 됐습니까? 벌거벗었습니다. 수

치를 드러낸 것입니다. 어쩌다 그렇게 되었습니까? 그 순간, 하나님을 잊었기 때문입니다. 노아가 누구입니까? 언제나 하나님을 바라봤던 그입니다.

> 이것이 노아의 족보니라 노아는 의인이요 당대에 완전한 자라 그는 하나님과 동행하였으며 _창 6:9

노아는 "의인이요 당대에 완전한 자"였으며 하나님과 동행했던 사람입니다. 그랬던 그가 술에 취해 하나님을 잠시 잊게 되자 벌거벗었습니다. 600세가 넘은 나이였습니다. 그런데도 노아가 아무 흠도 없는 사람이라고 말할 수 있겠습니까? 그렇지 않습니다. 하나님이 보시기에 의로웠던 사람조차도 얼마든지 죄로 돌아갈 수 있습니다.

이것이 인간의 진실입니다. 우리 모두가 이 진실 앞에 서 있음을 잊어서는 안 됩니다. 이것을 알 때, 우리는 끝없이 겸손할 수밖에 없습니다. 인간은 뼛속까지 죄인입니다. 하나님은 아담에게 가죽옷을 지어 입혀 주셨듯이 우리의 허물과 죄를 덮어 주고 계십니다.

우리로 하여금 벌거벗게 만드는 것은 비단 술만이 아닙니다. 무엇에건 취하면 옷을 벗게 됩니다. 수치를 드러내게 된다는 뜻입니다. 일상 속에 늘 깨어 있지 않으면 한순간에 실족하고 말 것입니다.

사도 베드로도 실수가 잦았던 사람입니다. 그는 고백하듯이 이렇게 말합니다.

근신하라 깨어라 너희 대적 마귀가 우는 사자 같이 두루 다니며 삼킬 자를 찾나니_벧전 5:8

베드로는 예수님을 부인한 적이 있습니다. 그때 자신이 누구에게 당했는지를 그는 알고 있습니다. 마귀가 "우는 사자" 곧 배고픈 사자 같이 먹이를 찾습니다. 먹히는 것은 한순간입니다. 사도 바울도 그와 비슷한 경험을 했습니다. 아마도 그 자신이 이만하면 됐다고 생각했을 때 넘어졌을 것입니다. 그는 이렇게 말합니다.

그런즉 선 줄로 생각하는 자는 넘어질까 조심하라_고전 10:12

"의인이요 당대에 완전한 자"라 불리던 노아조차 넘어졌습니다. 그런데 노아가 술에 취해 하나님을 잊고, 하나님의 심판에 대한 두려움조차 잊어버린 것보다 더 심각한 문제가 있었습니다.

아버지의 실수에 대한 두 가지 반응

노아가 세 아들 앞에서 술에 취해 벌거벗는 실수를 했을 때 아버지의 실수를 대하는 아들들의 태도를 보십시오.

가나안의 아버지 함이 그의 아버지의 하체를 보고 밖으로 나가서 그의 두 형제에게 알리매 셈과 야벳이 옷을 가져다가 자기들의 어깨에 메고 뒷걸음쳐 들어가서 그들의 아버지의 하체를 덮었으며 그들이 얼굴을 돌이키고 그들의 아버지의 하체를 보지 아니하였더라_창 9:22-23

왜 "가나안의 아버지 함"이라고 밝혔을까요? 함과 함의 아들 가나안이 노아의 벌거벗은 모습을 함께 봤을 수도 있습니다. 아니라면 가나안이라는 이름을 기억해야 한다는 뜻일 것입니다. '가나안'은 '천하다, 낮다'는 뜻으로 가나안 지역은 산악 지대나 높은 지역이 아니라 낮은 지역, 즉 저지대를 가리킵니다. 가나안이란 이름은 먼 훗날까지 문제가 됩니다.

함이 아버지 노아의 벌거벗은 모습을 보았습니다. 그 수치스러운 모습을 보고 나서 어떻게 행동합니까? 형 셈과 동생 야벳에게 이 사실을 알렸습니다. '알리다'의 원래 뜻은 '눈에 띄다'이지만, 목격한 것을 다른 사람들에게 '알게 하다, 배신하다, 폭로하다'라는 뜻도 있습니다. 즉 함의 행동이 비난받을 만한 일이었음을 암시합니다.

그의 말을 들은 셈과 야벳의 행동을 보십시오. 두 형제가 옷을 가져다가 어깨에 메고 뒷걸음쳐서 들어가 아버지의 벗은 몸을 덮어 드렸습니다. 여기서 "옷"이란 아버지의 겉옷이나 몸을 감쌀 만한 담요였을 수도 있습니다. 셈과 야벳은 함에게서 아버지가 어떤 상태인지를 들었습니다. 그러나 그들은 아버지를 비난하지 않고, 벗은 몸을 덮어 드려야겠다고 생각한 것입니다. 장막 안으로 들어갈 때부터 아버지의 벗은 몸을 보지 않으려고 주의를 기울였습니다.

아버지가 아들 앞에서 실수했는데, 그것을 대하는 아들들의 태도가 이렇게나 다릅니다. 전형적으로 다른 두 가지 반응을 기록해 놓은 이유가 무엇입니까? 우리 일상에서 늘 벌어지곤 하는 일이기 때문입니다. 누군가가 실수하거나 실언하거나 실족할 때, 우리는 어떻게 반응합니까? 오늘날 대다수 미디어가 사람들의 실수를 전합니다. 직접 보거나 들은 것이 아닌데도 함부로 험담하곤 합니다.

하나님은 이런 태도에 관해 명확하게 말씀해 주십니다. 함과 가나안처럼 폭로하라고 하십니까? 아니면 셈과 야벳처럼 가려주라고 하십니까? 이 문제의 본질을 확인해야 합니다. 이것은 고의적인 범죄가 아닌 실수에 관한 것입니다. 다른 사람에게 해를 가한 것이 아니라 단순히 실수했고, 우연히 그 실수를 봤을 때 어떻게 해야 합니까? 이에 대한 답을 하기 전에, 그들의 상반된 행동에 대해 하나님이 어떤 조치를 하시는지 보십시오.

노아가 술이 깨어 그의 작은아들이 자기에게 행한 일을 알고 이에 이르
되 가나안은 저주를 받아 그의 형제의 종들의 종이 되기를 원하노라 하
고 또 이르되 셈의 하나님 여호와를 찬송하리로다 가나안은 셈의 종이
되고 하나님이 야벳을 창대하게 하사 셈의 장막에 거하게 하시고 가나안
은 그의 종이 되게 하시기를 원하노라 하였더라_창 9:24-27

노아가 술에서 깨어 함이 그에게 행한 일을 알았습니다. 술 취
하여 벌거벗었다가 잠이 들었다면, 깨어나도 무슨 일이 있었는지
기억나지 않아야 하지 않습니까? 그런데 알았습니다. "낮말은 새
가 듣고 밤말은 쥐가 듣는다"는 속담이 있지 않습니까? 남모르게
행동한 일이라도 결국 다 알려지기 마련입니다. 세상에 비밀은
없나니 하나도 없습니다.

가나안이 먼저 저주를 받습니다. 어떻게 손자를 제일 먼저 저
주할 수 있습니까? 미루어 짐작하건대, 가나안이 사건의 발단에
연루되어 있을 것으로 추측됩니다. 가나안은 "형제의 종들의 종"
이 될 것입니다. '왕 중의 왕'이 가장 높은 왕을 의미하고, '지혜자
중의 지혜자'가 가장 지혜로운 사람을 뜻하듯이 "종들의 종"이란
종 중에서도 가장 낮은 종을 가리킵니다. 가나안은 가장 비천한
종이 되라는 저주를 받았습니다.

얼핏 듣기에는 노아가 해도 너무한 것 아닌가 하는 생각이 들
수 있습니다. 사실, 원인 제공은 노아가 한 게 아닙니까? 그가 술
에 취해서 옷을 벗지만 않았어도 이런 일이 없었을 텐데, 어째서

가나안에게 모든 저주를 퍼부을 수가 있습니까?

허물을 가려 주는 자가 받을 복

성경은 두 가지를 가르쳐 줍니다. 첫째가 효의 근본입니다. 아버지가 실수할 수 있습니다. 그러나 아들은 그 실수를 문제 삼지 말아야 합니다. 아버지의 실수를 덮어 드리는 것이 효입니다. 부모의 실수를 떠벌리지 말라는 것입니다.

모세가 여호와께 받은 십계명을 보십시오. 하나님과의 관계에 관한 계명들에 이어 바로 나오는 것이 부모와 자녀의 관계에 관한 계명입니다.

네 부모를 공경하라 그리하면 네 하나님 여호와가 네게 준 땅에서 네 생명이 길리라_출 20:12

부모를 공경하는 일의 시작이 무엇입니까? 아버지의 벌거벗음을 알았을 때, 그 수치를 덮어 드리는 것입니다. 부모가 혼자 생활할 수 없게 되었을 때는 어떻게 해야 합니까? 당연히 보살펴 드려야 합니다. 그런데 훗날 율법을 잘 지킨다는 사람들이 어떻게 한 줄 압니까? 부모에게 드리기 싫으면, 하나님께 드렸다고 하면 그만이라고 합니다.

모세는 네 부모를 공경하라 하고 또 아버지나 어머니를 모욕하는 자는 죽임을 당하리라 하였거늘 너희는 이르되 사람이 아버지에게나 어머니에게나 말하기를 내가 드려 유익하게 할 것이 고르반 곧 하나님께 드림이 되었다고 하기만 하면 그만이라 하고 자기 아버지나 어머니에게 다시 아무것도 하여 드리기를 허락하지 아니하여 너희가 전한 전통으로 하나님의 말씀을 폐하며 또 이 같은 일을 많이 행하느니라 하시고_막 7:10-13

유대인들이 전통을 지킨다는 명목하에 하나님의 말씀을 어기는 일 중의 하나가 바로 하나님을 핑계로 부모를 버리는 것입니다. 부모란 어떤 존재입니까? 하나님과 사람의 관계, 사람과 사람의 관계, 그 둘을 잇는 존재입니다.

노아와 아들의 이야기에서 배워야 할 점이 무엇입니까? 수치가 드러났을 때, 가려 주어야 한다는 것입니다. 이것이 아버지를 사랑하는 법입니다. 자녀는 자라면서 어릴 때는 크게만 보였던 아버지가 실은 평범하다는 사실과 오히려 무기력하다는 것을 깨닫게 됩니다. 그럴지라도 하나님은 부모의 수치를 가려 주는 자녀를 축복하십니다.

그리고 가나안이 "종들의 종", 즉 가장 천한 종이 되라는 저주를 받은 것을 보면, 부모의 수치를 드러내는 것이야말로 가장 천박한 일이라는 사실을 알 수 있습니다. 부모를 수치스럽게 여기는 것은 세상에서 가장 못난 일이자 가장 수치스러운 일입니다. 아무리 부족해도 하나님이 주신 부모입니다. 그런 부모 아래서 자라게 하신 이유가 있지 않겠습니까?

자녀가 부모의 수치를 덮어 드리면, 어떤 복을 받습니까?

또 이르되 셈의 하나님 여호와를 찬송하리로다 가나안은 셈의 종이 되고 하나님이 야벳을 창대하게 하사 셈의 장막에 거하게 하시고 가나안은 그의 종이 되게 하시기를 원하노라 하였더라_창 9:26-27

노아가 셈을 축복합니다. "셈의 하나님 여호와를 찬송"한다는 말은 셈을 축복한다는 뜻입니다. 그리고 야벳도 축복하는데, 창대하게 되어 셈의 장막에 거하게 해 달라고 기도합니다. 셈과 야벳은 부끄러움을 당하지 않고, 오히려 가나안을 종으로 두게 될 것입니다. 아버지의 수치를 가려 드렸던 셈과 야벳을 하나님이 귀하게 보십니다. 하나님은 부모를 존귀하게 여기는 자녀를 존귀하게 여기십니다.

홍수 후에 노아가 삼백오십 년을 살았고 그의 나이가 구백오십 세가 되어 죽었더라_창 9:28-29

노아는 대홍수 후에 삼백오십 년을 더 살고 구백오십 세에 죽었습니다. 노아가 끝까지 장수하며 잘살았다는 이야기가 아닙니다. 이 이야기는 우리가 왜 예수 그리스도로 옷 입어야 하는지를 일깨워 줍니다. 우리의 수치를 과연 무엇으로 가릴 수 있는가에 관한 이야기입니다. 자신의 수치를 가릴 자격이 없는 우리의 허물을 덮어 주기 위해서 예수님은 모든 수치를 드러내셨습니다.

우리가 아직 죄인 되었을 때에 그리스도께서 우리를 위하여 죽으심으로 하나님께서 우리에 대한 자기의 사랑을 확증하셨느니라_롬 5:8

바울의 선언은 노아 이야기와 중첩됩니다. 우리가 벌거벗음으로써 수치를 드러낼 때, 그리스도께서 우리를 위하여 스스로 벌거벗고 자기 옷을 우리에게 입혀 주심으로써 하나님이 우리에 대한 한없는 사랑을 확증해 주셨습니다. 그래서 우리는 예수님이 해 주신 말씀들을 가슴에 새깁니다.

그때에 베드로가 나아와 이르되 주여 형제가 내게 죄를 범하면 몇 번이나 용서하여 주리이까 일곱 번까지 하오리이까 예수께서 이르시되 네게 이르노니 일곱 번뿐 아니라 일곱 번을 일흔 번까지라도 할지니라 _마 18:21-22

너희가 각각 마음으로부터 형제를 용서하지 아니하면 나의 하늘 아버지께서도 너희에게 이와 같이 하시리라_마 18:35

인간은 실수하기 위해 태어났고, 하나님은 용서하기 위해 존재하십니다. 이것을 달리 말하자면, 인간은 실수하는 것이 정상이고, 하나님의 사람은 용서하는 것이 정상입니다. 모든 믿는 자들에게 용서의 능력이 부어지기를 바라고, 용서하는 성품 덕분에 축복이 끊이지 않기를 바랍니다.

그렇다고 일부러 실수하라는 얘기가 아닙니다. 누군가가 뜻하지 않게 실수할 때, 그 허물을 너그럽게 가려 주기를 바랍니다. 그러면 하나님도 남의 허물을 가려 주는 자의 허물을 끝까지 덮어 주실 것입니다.

다윗이 그런 경험을 했습니다. 그는 허물을 용서받고, 허물이 덮어지는 게 복이라는 사실을 깨달았습니다. 우리도 그런 복의 통로가 되어야 하지 않겠습니까?.

허물의 사함을 받고 자신의 죄가 가려진 자는 복이 있도다_시 32:1

6. 제자의 길 vs. 영웅의 길

땅의 백성들이 나뉘다

=

창 10:1-32

성경의 족보 이야기를 들을 때면 기억해야 할 것이 있습니다. 족보는 사람 때문에 어떤 일이 생길 것인지를 예고합니다. 한 인간으로 인해 역사가 펼쳐지고, 한 인간으로 인해 역사의 물줄기가 달라지는 것을 볼 수 있습니다. 우리는 성경의 족보에 담긴 의도에 주목해야 합니다.

아담의 족보는 노아를 가리키고 있습니다. 일곱 번째 대에 에녹이 등장하고, 열 번째 대에 노아가 태어납니다. 그리고 노아로부터 역사가 새롭게 시작하여 족보에서 노아의 세 아들, 셈과 함과 야벳의 후손 이야기가 이어집니다.

노아의 아들 셈과 함과 야벳의 족보는 이러하니라 홍수 후에 그들이 아들들을 낳았으니 야벳의 아들은 고멜과 마곡과 마대와 야완과 두발과 메섹과 디라스요 고멜의 아들은 아스그나스와 리밧과 도갈마요 야완의 아들은 엘리사와 달시스와 깃딤과 도다님이라 여러 나라 백성으로 나뉘어서 각기 언어와 종족과 나라대로 바닷가의 땅에 머물렀더라_창 10:1-5

막내 야벳에게서부터 족보가 시작됩니다. 이유가 있습니다. 뒤에 나올 셈의 족보에 초점을 두고자 하기 때문입니다. 강조점은 대개 처음이나 끝에 등장하기 마련이지 않습니까? 야벳의 후손으로 열네 명의 이름이 기록되어 있습니다. 함의 후손은 삼십 명, 셈의 후손은 스물네 명으로 모두 칠십 명입니다. 숫자에 맞추느라 빠뜨린 이름도 있을 것입니다.

나중에 야곱의 자손이 애굽에 들어갈 때, 몇 명입니까? 그때도 칠십 명입니다. 이는 애굽에 들어가는 칠십 명이 인류를 구원하기 위한 발걸음을 떼었다는 것을 의미합니다. 야곱의 아들은 열두 명입니다. 그러나 애굽에 들어가는 후손의 수는 열둘에서 칠십으로 늘었습니다.

예수님의 제자도 열두 명인데, 이스라엘 전역으로 짝지어 보낼 때는 칠십 명을 보내십니다.

그 후에 주께서 따로 칠십 인을 세우사 친히 가시려는 각 동네와 각 지역으로 둘씩 앞서 보내시며_눅 10:1

"칠십 인"을 보냈다는 것은 모든 제자를 파송하셨다는 뜻입니다. 이는 열방을 구원하기에 넉넉하다는 메시지를 담고 있습니다.

우리는 성경에 나오는 숫자에 주목해야 할 필요가 있습니다. 히브리인의 수 개념을 보면, 3은 하늘의 수, 4는 땅의 수입니다. 3과 4를 합하면 7, 3과 4를 곱하면 12, 그러므로 7과 12는 둘 다 완전수입니다. 그리고 10도 완전수이고, 7 더하기 7인 14도 똑같습니다. 마태복음은 아담에서 예수님까지의 족보를 어떻게 기록합니까? 아담부터 아브라함까지가 열네 대, 다윗까지가 열네 대, 예수님까지가 열네 대입니다. 7에 10을 곱하거나 12에 10을 곱한 숫자는 전체를 포괄하는 의미에서 쓰이곤 했습니다.

70은 열방을 뜻합니다. 이스라엘의 산헤드린 공회원도 칠십 명이었고, 히브리 성경을 헬라어로 번역한 성경은 칠십인역입니다. 노아의 후손 칠십 명이 기록된 것도 열국을 염두에 둔 것입니다. 후손 칠십 명이 열국으로 흩어져 온 인류를 이루게 된다는 뜻입니다.

족보의 이름들을 살펴봐야 하는 이유

야벳의 자손은 여러 나라 백성으로 나뉘었습니다. 성경은 이 땅의 백성들이 나뉘었다고 기록합니다.

이들로부터 여러 나라 백성으로 나뉘어서 각기 언어와 종족과 나라대로

바닷가의 땅에 머물렀더라_창 10:5

어떻게 나뉘었습니까? "각기 언어와 종족"을 따라 나뉘었습니다. 여기서 종족 간에 언어가 달라졌다는 사실을 발견합니다. 원래 언어는 하나이지 않았습니까? 그런데 언제부터 언어가 나뉘었고, 왜 나누었을까요?

이들은 함의 자손이라 각기 족속과 언어와 지방과 나라대로였더라
_창 10:20

함의 자손도 "각기 족속과 언어"에 따라 나뉘었습니다. 셈의 자손은 어떻습니까?

이들은 셈의 자손이니 그 족속과 언어와 지방과 나라대로였더라_창 10:31

셈의 자손도 마찬가집니다. 노아의 후손들이 나뉘는 데 공통된 요소가 언어입니다. 바벨탑 사건 이전까지는 "언어가 하나요 말이 하나"(창 11:1)였으므로 "언어와 종족" 또는 "족속과 언어"에 따라 나뉘었다는 것으로 보아 바벨탑 이후에 그렇게 되었음을 알 수 있습니다. 언어가 나뉘게 된 바벨탑 사건은 11장에 기록돼 있습니다. 그러므로 사실 10장과 11장은 함께 살펴야 할 내용입니다. 하지만 바벨탑 사건은 잠시 젖혀 놓고, 먼저 함의 후손을 살

펴봅시다.

> 함의 아들은 구스와 미스라임과 붓과 가나안이요 구스의 아들은 스바와
> 하윌라와 삽다와 라아마와 삽드가요 라아마의 아들은 스바와 드단이며
> 구스가 또 니므롯을 낳았으니 그는 세상에 첫 용사라 그가 여호와 앞에
> 서 용감한 사냥꾼이 되었으므로 속담에 이르기를 아무는 여호와 앞에 니
> 므롯 같이 용감한 사냥꾼이로다 하더라_창 10:6-9

성경에서 이름만 나열한 구절을 보면 습관적으로 건너뛰는 사
람이 있습니다. 만약에 자기 이름이 있다면 건너뛰겠습니까? 물
론 성경에 우리 이름이 있을 리가 없습니다. 그러나 한 가지 기억
해야 할 것은 그 이름들이 있기에 지금의 우리가 있다는 사실입
니다.

성경의 족보와 우리 족보가 무슨 상관이 있느냐고 묻는 사람
이 있습니다. 그런데 상관있습니다. 이 족보는 우리 족보보다 훨
씬 앞선 원족보이기 때문입니다. 창세기 1장에서 11장까지의 역
사는 그냥 역사가 아닌 원역사(Original history)라 부릅니다. 역사에
앞선 역사라는 의미로 인간 역사의 시초를 알려 주는 역사를 뜻
합니다. 족보도 마찬가지입니다.

그러니 성경을 읽을 때, 자기 이름을 넣어서 읽는 것은 지혜로
운 방법입니다.

"'정민아' 너를 창조하신 여호와께서 지금 말씀하시느니라 '정

민아' 너를 지으신 이가 말씀하시느니라 너는 두려워하지 말라 내가 너를 구속하였고 내가 너를 지명하여 불렀나니 너는 내 것이라"(참조, 사 43:1).

얼마나 힘이 나고 위로가 됩니까! "'정민아,' 내가 너를 내 손바닥에 새겼고 너의 성벽이 항상 내 앞에 있나니"(참조, 사 49:16) 하고 읽으면, 얼마나 든든합니까. 유치한 것처럼 보여도, 우리는 하나님 앞에 갓난아이와 같은 존재일 뿐입니다.

갓난아기의 이름은 보통 누가 짓습니까? 아버지나 할아버지가 지어 주곤 합니다. 이름을 짓는다는 것은 하나의 작품을 완성하는 것과도 같습니다. 작가들이 대부분 작품을 완성하고 나서 마지막에 제목을 붙이지 않습니까?

하나님은 만물을 창조하시고 나서 이름 짓는 일을 아담에게 시키셨습니다. 왜 그 중요한 일을 아담에게 맡기셨겠습니까? 창조 사역을 아담과 함께 완성하시겠다는 뜻입니다. 이름 짓는 일이야말로 만물이 비로소 존재하게 되는, 창조에 버금가는 일인 것입니다.

김춘수 시인의 〈꽃〉은 존재와 이름의 관계를 명쾌하게 보여 줍니다. 왜 우리는 이름으로 불리기를 원합니까? 왜 우리는 이름을 짓기 전에는 어떤 존재건 "하나의 몸짓"에 지나지 않을까요? 우리는 서로에게 무엇이 되고 싶은 존재이고, 서로에게 "잊히지 않는 하나의 의미"가 되고 싶어 하기 때문입니다. 그러므로 이름은 있어도 되고, 없어도 되는 것이 아닙니다. 불러도 되고, 안 불러도 되는 것이 아닙니다. 사람은 이름으로 존재하고, 이름으로 기억됩니다.

성경에 기록된 사람들의 이름을 읽어야 하는 이유가 그것입니다. 성경은 하나님 이야기이자 동시에 사람 이야기입니다. 성경 속의 사람들을 통해 인간이 존재하고, 역사가 존재하고 결국 내가 존재한다는 사실을 기억하십시오.

니므롯의 길과 십자가의 길

구스가 또 니므롯을 낳았으니 그는 세상에 첫 용사라_창 10:8

함의 후손 중에 "니므롯"이라는 이름에 시선이 갑니다. 니므롯의 뜻은 '반역자'입니다. 누구에게 반역했겠습니까? 그가 "여호와 앞에서 용감한 사냥꾼"이 되었다고 하는데, 칠십인역 성경은 이 부분을 "여호와를 대적해서"라고 번역했습니다. 뜻을 명확히 하기 위한 번역입니다.

반역자 니므롯은 세상에 등장하는 "첫 용사"입니다. 원래 용사는 용감한 사람을 의미합니다. 다른 우리말 번역본들은 '영걸' 또는 '장사'로 번역했습니다. 어떤 번역이건 '힘 있는 자, 능력 있는 자'를 가리킵니다. 그러나 그 속뜻은 '배신과 반역'입니다. 니므롯은 하나님을 따르지 않고, 하나님께 등을 돌렸습니다. 그는 강

했고 폭력적인 사람이었습니다.

니므롯은 전제 군주와도 같은 존재였습니다. 인류 역사상 첫 번째 독재자라고 할 수 있습니다. 그는 하나님을 떠나 오로지 자신의 힘만으로 세상을 정복한 사람입니다. 마치 사냥꾼이 짐승을 사냥하듯 그렇게 사람을 죽였습니다. 사람을 한둘 죽이면 살인자 소리를 듣지만, 수천수만 명을 죽이면 영웅호걸이라는 소리를 듣습니다. 그는 아마도 숱한 전쟁을 일으켰을 것이고, 사람을 수도 없이 죽였을 것입니다. 그렇게 해서 그가 얻고자 한 것은 무엇이었을까요? 그는 더 많은 땅을 얻었고, 지배체제를 더욱 강고히 만들었습니다. 그는 자신의 이름이 온 세상에 널리 알려지기를 원했습니다.

그의 나라는 시날 땅의 바벨과 에렉과 악갓과 갈레에서 시작되었으며 그가 그 땅에서 앗수르로 나아가 니느웨와 르호보딜과 갈라와 및 니느웨와 갈라 사이의 레센을 건설하였으니 이는 큰 성읍이라_창 10:10-12

니므롯의 나라는 시날 땅의 바벨과 그 주변 도시들로부터 시작됩니다. 시날 땅은 어디입니까? 바벨탑이 자리할 땅입니다. 바벨은 바벨론의 중심 도시가 될 것입니다. 에렉, 악갓, 갈레는 바벨의 위성 도시와 같은 주거지들입니다. 니므롯이 이곳을 터전으로 삼았다는 것은 여기에 바벨탑이 세워지고, 니므롯이 바벨탑 건설을 주도했을 것이라는 증거입니다.

그는 나라의 지경을 앗수르까지 확장합니다. 니느웨는 앗수르의 수도입니다. 니느웨 주변에도 르호보딜과 갈라와 레센을 건설했습니다. 이런 위성 도시들을 거느린 니느웨는 얼마나 큰 성이겠습니까? 요나서에 등장하는 니느웨를 한번 보십시오.

> 요나가 여호와의 말씀대로 일어나서 니느웨로 가니라 니느웨는 사흘 동안 걸을 만큼 하나님 앞에 큰 성읍이더라_욘 3:3

발굴된 유적지를 근거로 추정해 보면, 도시 둘레가 약 96km였고, 동서 간의 거리가 30km에 달했다고 합니다. 성벽 위로 마차가 다닐 정도였습니다. 요나서를 보면, 당시 인구는 12만 명 정도였습니다. 도시의 규모를 보면, 니므롯의 막강한 힘을 보는 것 같지 않습니까? 그러나 이런 성읍을 건설하기 위해 그가 택한 것은 하나님을 등진 삶입니다.

니므롯이 갈망했던 영웅의 길과 예수님을 따랐던 제자의 길을 비교해 보십시오. 예수님이 빌립보 가이사랴 지방에서 제자들에게 물으셨습니다. "너희는 나를 누구라 하느냐"(마 16:15). 황제의 도시 한가운데서 물으신 것입니다. 우상들이 즐비한 세상의 중심에서 "너희가 따르고자 하는 왕은 대체 누구인가? 가이사인가 예수인가"를 물으신 것입니다.

우리에게도 물으십니다.

"너는 누구를 왕으로 생각하느냐?"

우리 왕은 누구입니까? 가이사입니까? 아니면 예수님입니까? 그것도 아니면 나 자신입니까? 내가 살고 싶은 나라는 어디입니까? 모든 편의와 부요함이 있는 제국입니까? 아니면 광야와 같은 천국입니까? 니므롯과 같은 인간 사냥꾼이 되어 날마다 타인의 생명을 희생시키고, 내 몸집을 점점 불려 가는 인생을 살고 싶은 것은 아닙니까? 아니면 날마다 더 높은 곳으로 올라가 자기 이름을 널리 알리고자 애쓰며 살고 있지는 않습니까? 우리는 모두 "나는 니므롯과 같은 영웅이 되고자 하는가? 아니면 날마다 자기를 부인하고 예수님을 좇는 제자가 되고자 하는가?"라는 질문 앞에 서야 합니다.

예수님을 따르는 길은 니므롯의 길과는 시작부터 정반대입니다. 예수님의 길은 이기러 가는 길이 아닙니다. 십자가의 길이요 가장 수치스러운 길입니다. 십자가를 짊어진다는 것은 패배하기로 결정했음을 뜻합니다.

재미있는 사실은, 비크리스천들도 크리스천의 출발점과 지향점이 자신들이 추구하는 성공이 아니라는 사실을 알고 있다는 점입니다. 또 내가 예수님을 좇는지 니므롯을 좇는지 자신조차 헷갈릴 때도 사탄은 정확히 알고 있다는 점입니다.

사도행전 19장에 보면, "유대의 한 제사장 스게와의 일곱 아들"(행 19:14) 이야기가 나옵니다. 바울을 흉내 내어 악귀를 쫓으려다가 망신당하는 내용입니다. 악귀가 "내가 예수도 알고 바울도 알거니와 너희는 누구냐"(행 19:15) 하고 꾸짖습니다. 이처럼 세상이 우리를 향해 "예수님이 누군지 알고, 진짜 크리스천이 누군지도 아는데, 너희는 대체 누구냐?" 하고 꾸짖을 수도 있습니다.

니므롯과 같은 영웅호걸의 크리스천이란 있을 수 없습니다. 니므롯 같은 교회도 없습니다. 교회는 십자가 위에서만 존재하기 때문입니다. 십자가는 건물 지붕 위에 세워지는 것이 아니라 각자의 발아래 이미 세워져 있습니다. 십자가는 이 땅에서 가장 처절한 실패의 자리를 의미합니다. 내가 서 있는 자리가 정말로 십자가의 자리라면, 그 자리를 친한 친구나 자녀에게 선뜻 권하거나 물려주고 싶겠습니까? 심각하게 망설여져야 정상입니다. 그저 소개하는 것으로 족할 뿐입니다. 왜냐하면 십자가의 길은 주님이 직접 부르시지 않으면 갈 수 없는 길이기 때문입니다. 하나님의 영광을 보지 않고는 걸을 수 없는 길입니다.

그러나 단 한 번만이라도 하나님의 영광을 본 사람은 이 땅의 영웅호걸의 길, 권력과 부를 차지한 니므롯의 길을 더는 부러워하거나 좇지 않게 됩니다. 무엇과도 비교할 수 없는 영광을 이미 보았기 때문입니다.

소명의 길은 꽃길이 아니다

창세기는 이스라엘이 출애굽 해서 광야 생활을 하는 동안에 모세가 기록한 책입니다. 당장 눈앞에 보이지는 않지만, 이스라엘 백성이 광야에서 나아가야 할 땅, 가나안과 가나안의 부족들에 관해 자세히 알려 줍니다.

그리고 대홍수 이후에 새로 시작된 역사 속에서 또다시 누가 하나님을 대적하기 시작했으며 그들의 후손은 어떻게 이동했는지, 그리고 그들이 어떤 나라를 세웠는지를 알려 줍니다. 동시에 누가 하나님의 이름을 부르면서 살아왔는지를 기록합니다.

미스라임은 루딤과 아나밈과 르하빔과 납두힘과 바드루심과 가슬루힘과 갑도림을 낳았더라 (가슬루힘에게서 블레셋이 나왔더라) 가나안은 장자 시돈과 헷을 낳고 또 여부스 족속과 아모리 족속과 기르가스 족속과 히위 족속과 알가 족속과 신 족속과 아르왓 족속과 스말 족속과 하맛 족속을 낳았더니 이후로 가나안 자손의 족속이 흩어져 나아갔더라 가나안의 경계는 시돈에서부터 그랄을 지나 가사까지와 소돔과 고모라와 아드마와 스보임을 지나 라사까지였더라 이들은 함의 자손이라 각기 족속과 언어와 지방과 나라대로였더라_창 10:13-20

미스라임이 낳은 가슬루힘에서 블레셋이 나왔습니다. 먼저, 블레셋 족속을 살펴봅시다. 블레셋은 '이민자, 이주자'라는 뜻입니다. 가슬루힘은 원래 애굽 지역으로부터 지중해 남동쪽 해안을 따라 거주한 족속입니다. 이들이 가나안 땅으로 옮겨 오면서 갑돌 섬과 그레데 섬에서 이주해 온 족속들과 섞이고, 세력을 확장하면서 블레셋 족속을 이룹니다. 히브리 족속과 계속해서 갈등을 빚게 될 족속입니다.

가나안과 시돈이라는 지명은 가나안과 그의 큰아들의 이름을 딴 것입니다. 계속해서 가나안의 아홉 부족의 이름이 나오는데, 그들의 경계 안에 소돔과 고모라가 있습니다. 모두 사해 남쪽에 위치한 도시들입니다. 결국, 함의 자손들이 바벨탑 사건뿐 아니라 소돔과 고모라의 멸망까지 초래한 것입니다.

하나님은 왜 이스라엘 백성들을 하나님을 대적하는 함의 자손들이 사는 땅으로 들어가라고 말씀하셨을까요? 에덴 같은 낙원으로 돌려보내면 안 됩니까? 하나님 자녀들에게 주어지는 땅은 그렇게 조용하거나 한가한 땅이 아닙니다. 오히려 하나님을 등지고, 하나님을 부정하며 대적하는 땅의 백성들에게로 보냄을 받습니다. 이것을 '소명'이라고 합니다.

부패하고 타락한 땅으로 가라는 명령이 곧 소명입니다. 때로 다 가졌다고 하나 아무것도 갖지 못한 사람들에게로 가는 것이 소명입니다. 이처럼 소명의 길은 꽃길이 아닙니다.

예수 그리스도의 족보에 들어갈 조건

이제 셈의 족보가 나옵니다.

셈은 에벨 온 자손의 조상이요 야벳의 형이라 그에게도 자녀가 출생하였으니 셈의 아들은 엘람과 앗수르와 아르박삿과 룻과 아람이요 아람의 아들은 우스와 훌과 게델과 마스며 아르박삿은 셀라를 낳고 셀라는 에벨을 낳았으며 에벨은 두 아들을 낳고 하나의 이름을 벨렉이라 하였으니 그때에 세상이 나뉘었음이요 벨렉의 아우의 이름은 욕단이며_창 10:21-25

에벨에 주목할 필요가 있습니다. 에벨은 벨렉과 욕단 두 아들을 낳았는데, 벨렉의 때에 세상이 나뉘었다고 말합니다. 벨렉은 '나뉨'이란 뜻입니다. 우리는 언어가 혼잡하게 된 이후에 족속이 나뉜 것을 압니다. 그러므로 벨렉의 때에 바벨탑 사건이 있었으리라는 것을 추측할 수 있습니다. 이것은 함의 자손 니므롯의 때와 셈의 자손 벨렉의 때가 같은 시간대라는 것을 뜻합니다.

그런데 창세기 10장의 족보는 셈의 자손 중 벨렉의 동생 욕단의 자손을 먼저 기록하고 있습니다.

욕단은 알모닷과 셀렙과 하살마웻과 예라와 하도람과 우살과 디글라와 오발과 아비마엘과 스바와 오빌과 하윌라와 요밥을 낳았으니 이들은 다 욕단의 아들이며 그들이 거주하는 곳은 메사에서부터 스발로 가는 길의 동쪽 산이었더라 이들은 셈의 자손이니 그 족속과 언어와 지방과 나라대로였더라 이들은 그 백성들의 족보에 따르면 노아 자손의 족속들이요 홍수 후에 이들에게서 그 땅의 백성들이 나뉘었더라_창 10:26-32

벨렉의 자손은 11장에 이어집니다. 에벨의 두 아들의 족보가 왜 이렇게 나뉘어 기록되었을까요? 욕단의 자손은 함의 자손이 가는 길로 갔다는 것을 의미합니다. 그래서 셈으로부터 에벨, 벨렉을 거쳐서 나홀, 데라, 아브람까지 십 대를 다시 기록하기 위해서입니다. 즉 아담부터 노아까지 십 대, 다시 노아의 아들 셈으로부터 아브람까지 십 대를 따로 정리하는 것은 하나님을 대적하는 후손들과는 다른 족보를 만들기 위함입니다.

왜 족보에서 눈을 떼어서는 안 됩니까? 하나님이 이 족보를 어떻게 만드셨고, 무슨 일을 하고자 하시는지를 알아야 성경의 전체 맥락이 이해되기 때문입니다. 셈과 벨렉을 통해 아브람을 부르시는 하나님은 이 족보를 통해 어떤 일을 계획하고 계십니까?

아브라함과 다윗의 자손 예수 그리스도의 계보라_마 1:1

예수 그리스도를 통한 구원입니다. 왜 가나안 땅으로 들어가라고 말씀하십니까? 구원 때문입니다. 하나님이 우리를 축복하실 때는 이유를 설명하지 않고 느닷없이 해 주십니다. 하지만 심판하실 때는 늘 경고하시고, 미리 알려 주십니다. 물로 심판하실 때는 노아를 부르셨고, 소돔과 고모라를 멸하실 때는 아브라함을 부르셨습니다.

아브라함이 가까이 나아가 이르되 주께서 의인을 악인과 함께 멸하려 하시나이까 그 성 중에 의인 오십 명이 있을지라도 주께서 그곳을 멸하시고 그 오십 의인을 위하여 용서하지 아니하시리이까_창 18:23-24

이처럼 하나님은 하나님의 사람들을 통해 하나님의 씨를 보전하여 그리스도의 족보를 다시 만드시고, 인류를 중보하게 하십니다. 왜 예수님을 그리스도로 믿습니까? 예수 그리스도 외에는 다른 구원의 길이 없기 때문입니다. 그리스도의 족보는 혈통으로 받는 것이 아니라 믿음으로 받는 것입니다. 구원은 누더기 같은 의로운 행위로 받는 것이 아니라 오직 믿음으로 받는 것이기에 복음과 믿음을 함께 전해야 합니다. 인간의 혈통을 따라 주어지는 것도 아니기 때문에 혈통으로 만든 족보에는 마음 쓸 필요가 없습니다.

신화와 끝없는 족보에 몰두하지 말게 하려 함이라 이런 것은 믿음 안에 있는 하나님의 경륜을 이룸보다 도리어 변론을 내는 것이라_딤전 1:4

그러나 어리석은 변론과 족보 이야기와 분쟁과 율법에 대한 다툼은 피하라 이것은 무익한 것이요 헛된 것이니라_딛 3:9

우리가 마음 써야 할 족보가 무엇인지 예수님이 말씀해 주십니다.

누구든지 하나님의 뜻대로 행하는 자가 내 형제요 자매요 어머니이니라 _막 3:35

모세의 혈통과 할례의 전통과 무관하게 그리스도의 족보에 들 수도 있고 빠질 수도 있는 것처럼, 교회에 적을 두었어도 하나님의 족보에 기록될 수도 있고 기록되지 않을 수도 있을 것입니다. 아브라함과 다윗과 예수 그리스도의 족보에 들어가는 것은 지극히 개인적인 일입니다. 오직 하나님 아버지의 뜻대로 행하는 사람이라야 그리스도의 족보에 들 수 있다고 예수님이 분명하게 일러 주셨습니다.

지금 말씀 안에 머물러 있습니까? 서로 사랑합니까? 삶의 열매가 있습니까? 내가 노아와 셈과 아브라함의 족보에 올라 있는지를 확인하려면, 자기 자신을 정직하게 돌아봐야 할 것입니다.

7. 바벨탑을 왜 쌓았는가?

스스로 높아지려는 태도

=

창 11:1-32

사람의 사람다움을 드러내는 여러 가지 시그널 중에 가장 두드러진 것이 무엇입니까? 바로 언어입니다. 우리는 중국인과 일본인을 어떻게 구분합니까? 그들이 쓰는 언어를 듣고 구분합니다. 또한 말하는 것을 들어보면 그가 어떤 사람인지를 알 수 있습니다. 생각을 말로 표현하기 때문입니다. 그 사람의 가치관이나 됨됨이를 알 수 있으니 언어를 통해서야 한 사람을 비로소 이해할 수 있습니다.

하나님은 이 땅에 존재하는 무수한 생물 가운데 인간에게만 언어능력을 주셨습니다. 인간을 말하는 존재로 지으신 것입니다. 왜 그러셨겠습니까? 소통하고 교제하기 위해서입니다. 하나님은 태초부터 인간과만 대화하셨습니다. 언어능력은 인간 됨을 구분 짓는 중요한 시그널입니다. 언어는 우리에게 주신 가장 큰 선물이요, 인간을 인간답게 하는 놀라운 하나님의 섭리를 이루어 가는 통로입니다.

저는 진화를 믿지 않습니다. 인간은 진화하지 않았습니다. 특히 언어가 진화의 산물이라면, 다른 동물 중에도 언어가 진화한 흔적이 있어야 하지 않겠습니까? 열 단어 쓰는 동물, 백 단어 쓰는 짐승, 천 단어 만 단어 쓰면서 진화하는 중간 과정의 동물이 있어야 할 텐데, 아무리 가르쳐도 동물은 언어를 이해하지 못합니다.

언어적인 능력에서만 보면, 오히려 인간은 진화하는 것이 아니라 퇴화하고 있는 것만 같습니다. 성경에 쓰인 단어의 수가 1만 9천 개가 넘는다고 합니다. 오늘날 인간이 2만에 가까운 단어를 모두 쓰고 있습니까? 절반도 쓰지 못하고 있습니다. 일상생활에서는 섬세하고 복잡하고 정교한 단어 대신에 축약된 단순한 단어나 심지어 이모티콘 같은 것들을 씁니다.

그런데 언어는 도대체 어디서 유래된 것입니까? 어떻게 모든 인간이 다 언어생활을 할 수 있습니까? 아담은 누구에게 말을 배운 것입니까? 그리고 어떻게 해서 수많은 생물의 이름을 지을 수 있었을까요? 도대체 언어는 누구에게 배운 것입니까? 언어는 하나님으로부터 비롯되었다는 것을 아는 것이 중요합니다.

사도 요한은 이렇게 선언합니다.

태초에 말씀이 계시니라 이 말씀이 하나님과 함께 계셨으니 이 말씀은

곧 하나님이시니라_요 1:1

말씀이신 하나님이 성육신하여 예수 그리스도께서 이 땅에 오셨습니다. 예수님은 또 우리 각 사람에게 성령을 보내 주겠다고 약속하셨습니다. 성령이 오시면 하나님의 말씀을 깨닫게 됩니다. 삼위일체 하나님은 서로 간의 의사소통에 아무 문제가 없으십니다. 태초에는 하나님과 인간도 소통에 아무런 문제가 없었습니다.

그런데 에덴동산에 죄가 들어오면서 하나님과의 관계가 단절되었고, 언어 소통에도 문제가 생겼습니다. 남을 탓하거나 자신을 감추는 데 언어가 쓰였습니다. 그래도 이때까지는 아직 언어가 하나였습니다.

다듬지 않은 돌과 벽돌

언어가 언제부터 무엇 때문에 이렇게 혼잡하게 되었을까요? 성경이 그 이유를 알려 줍니다.

온 땅의 언어가 하나요 말이 하나였더라_창 11:1

태초에는 "언어"와 "말"이 하나였습니다. 여기서 언어와 말로 번역된 히브리 단어는 각기 다른 단어입니다. 언어로 번역된 히브리어 '사파'는 원래 입술을 가리킵니다. 발성 기관의 하나인 입술을 가리키는 데서 의미가 확장하여 입술에서 내는 소리, 즉 언어를 뜻하게 되었습니다. 영어 성경은 흔히 랭귀지(language)로 번역합니다. 말로 번역된 히브리어 '다바르'는 '말, 일, 사건' 등을 뜻하는데, 말로 일이 시작되고, 말 때문에 사건이 벌어지기 때문입니다. 영어 성경에서는 워드(word)나 스피치(speech)로 번역됩니다. 즉 의사소통 도구로서의 "언어"와 대화로 오가는 "말"이 하나였다는 뜻입니다.

그런데 언제부턴가 언어가 달라졌고, 말이 통하지 않게 되었습니다. 성경은 인간의 언어가 어느 한 사건 때문에 혼잡하게 되어 서로 알아듣지 못하게 되었다고 말합니다. 바로 바벨탑 이야기입니다.

이에 그들이 동방으로 옮기다가 시날 평지를 만나 거기 거류하며 서로 말하되 자, 벽돌을 만들어 견고히 굽자 하고 이에 벽돌로 돌을 대신하며 역청으로 진흙을 대신하고 또 말하되 자, 성읍과 탑을 건설하여 그 탑 꼭대기를 하늘에 닿게 하여 우리 이름을 내고 온 지면에 흩어짐을 면하자 하였더니_창 11:2-4

노아의 후손 중에서도 함의 후손들이 거주지를 "시날 평지"로 옮겨 갑니다. 히브리어 '시날'은 '두 강 사이'라는 뜻으로 티그리스강과 유프라테스강 사이의 평지입니다. 지금은 이라크 땅인 이곳은 같은 뜻의 헬라어 '메소포타미아'로도 불렸습니다. "바벨과 에렉과 악갓과 갈레"(창 10:10) 같은 도시들이 자리 잡은 곳이기도 합니다. 그곳에서 니므롯은 성을 건축하고, 탑을 쌓기 시작했습니다.

반면 하나님의 제단은 어떻게 만들었습니까?

> 내게 토단을 쌓고 그 위에 네 양과 소로 네 번제와 화목제를 드리라 내가 내 이름을 기념하게 하는 모든 곳에서 네게 임하여 복을 주리라 네가 내 게 돌로 제단을 쌓거든 다듬은 돌로 쌓지 말라 네가 정으로 그것을 쪼면 부정하게 함이니라 너는 충계로 내 제단에 오르지 말라 네 하체가 그 위 에서 드러날까 함이니라_출 20:24-26

하나님의 말씀에 순종하여 흙을 쌓아 올리거나 돌을 쌓아 만들었습니다. 돌로 제단을 쌓을 때는 다듬지 않은 돌을 사용해야 했습니다. 거친 돌로 제단을 얼마나 높이 쌓을 수 있었겠습니까? 게다가 계단을 만들어서는 안 되었으니 높이 쌓을 이유도 없었습니다. 하나님은 인공적인 구조물을 원하지 않으십니다.

그러나 니므롯은 성이나 탑을 높이 쌓는 것이 목적이라 자연에서 돌을 가져다가 쌓는 대신에 벽돌을 구워 생산하고 진흙 대신에 역청을 사용했습니다. 위로 올라가려면 계단을 만들어야 합니다.

도시 건축은 일차적으로 기술을 기반으로, 동시에 권력의 기반 위에 이루어집니다. 높은 건물을 지으려면 고도의 기술이 필요합니다. 함의 후손들이 그러한 기술을 개발했으며, 또한 힘을 축적하여 지배력을 강화한 것입니다. 인류 문명사의 시작입니다.

왜 높은 탑을 쌓았는가?

그리스 역사가 헤로도토스(Herodotos)에 의하면 바벨탑은 너비와 높이가 각각 90m쯤 되었다고 합니다. 바벨탑을 쌓는 데 약 8천 5백만 개의 벽돌이 들었다고 하니 당시에 얼마나 큰 규모였을지 짐작할 수 있습니다. 알렉산더 대왕이 바벨탑을 재건하려고 만여 명의 인력을 동원해 두 달간 작업하다가 중단된 일도 있습니다. 1899년부터 바벨론의 왕궁터를 발굴하던 독일의 고고학자 콜데바이(Robert Koldewey)는 인근 지역 주민들이 어느 큰 도랑에서 벽돌을 채취해 가는 것을 보고 이상하게 여겨 조사해 봤다가 바벨탑 터를 발견했습니다.

바벨탑과 비슷한 건축물로 지구라트(ziggurat)가 있습니다. 고대 메소포타미아 지역에서 발견되는 건축물로 일종의 신전인데, 지금까지 발견된 것 중에 가장 잘 보존된 것이 우르의 지구라트로 기단(基壇)의 가로세로 길이가 각각 62.5m와 43m입니다.

그 옛날에 니므롯은 왜 그렇게 높은 탑을 쌓았을까요? 첫 번째 목적은 하늘에 닿겠다는 것입니다. 하늘은 하나님의 거소입니다. 하늘에 닿겠다는 것은 하나님처럼 높아지고 싶다는 욕망이고, 부지불식간에 하나님과 겨루어 보겠다는 혈기입니다. 죄인의 근본적인 속성입니다. 하나님처럼 되겠다는 생각이야말로 모든 죄의 뿌리입니다. 사탄이 아담과 하와를 타락시킨 것도 바로 "네가 하나님처럼 될 수 있다"는 속삭임이 아니었습니까?

스스로 높아지려는 태도, 이것은 타락과 교만의 전형적인 모습입니다. C. S. 루이스(C. S. Lewis)는 "최고의 악은 교만인데, 거기에 비하면 부정이나 탐욕이나 술 취함이나 그 모든 악은 벼룩과 같다. 교만은 다른 모든 악의 시작이다. 하나님께 대항하는 완벽한 상태다. 당신이 교만한 한 하나님을 알 수 없다. 교만한 인간은 항상 사물과 인간을 내려다보고 멸시한다. 당신이 사람을 멸시하고 내려다보는 동안은 당신보다 위에 있는 것을 절대로 볼 수 없다"고 말합니다.

두 번째 목적은 이름을 내는 것입니다. 하나님처럼 되었는데 사람들이 알아주지 않으면 우울하지 않겠습니까? 일인자가 되었는데, 사람들이 못 알아보면 헛고생한 느낌이 들지 않겠습니까? "이름을 내자. 내 이름을 내자." 성에 자기 이름을 붙이는 것은 하나님을 떠난 자들이 가장 먼저 한 일 중의 하나입니다.

가인이 동생 아벨을 죽이고, "여호와 앞을 떠나서 에덴 동쪽"(창 4:16)으로 옮겨 가서 처음 했던 일이 바로 성을 쌓고, 그 성의 이름을 에녹이라 부른 것입니다. 니므롯은 노아의 4대손이지만, 죄인이 하는 일은 가인의 자손이건 노아의 자손이건 똑같습니다.

함의 후손들은 기술을 개발하여 높은 탑을 쌓아 감히 하나님과 겨루고, 세상에 자기 이름을 내고자 했습니다. 인류가 자랑스럽게 생각하는 문명사가 대부분 이렇지 않습니까? 인간 사회의 발전은 도시화 과정과 불가분의 관계에 있음을 역사가 증명합니다. 그리고 이 일은 창세기 때부터 지금까지 계속되어 오고 있습니다.

세 번째 목적은 흩어지지 않는 것입니다. 그들은 "온 지면에 흩어짐을 면하자"고 의기투합했습니다. 뭉쳐서 살자는데, 뭐가 문제입니까? 태초에 하나님이 "생육하고 번성하여 땅에 충만하라"(창 1:28)고 말씀하셨기 때문입니다. 하나님은 우리가 온 땅에 충만하길 원하시지 한곳에 뭉쳐서 사는 것을 의도하지 않으셨습니다. 그러므로 성을 쌓는 목적 자체가 하나님의 명령에 반하는 일입니다.

그런데도 무엇 때문에 뭉치자고 합니까? 불안해서입니다. 죄인은 항상 불안해합니다. 존재적 불안, 근원적 불안은 하나님을 떠난 사람들의 특징입니다. 하나님을 멀리하면 멀리할수록, 하나님을 부인하면 부인할수록 이유를 알 수 없는 불안이 속에서 스멀스멀 올라옵니다. 그래서 불안감을 해소하기 위해 부와 명예와 권력을 소유하려고 애쓰고, 한번 손에 넣으면 그렇게 악착같이 쥐고 놓지 않으려고 버티는 것입니다.

사람들이 흩어지지 않도록 한데 끌어모은 대표적인 인물이 니므롯입니다. 그는 커다란 성을 짓고, 탑을 높이 쌓아서 사람들이 모여 살 도시를 만들었습니다. 사람들이 많이 모이면 어떤 일이 벌어집니까? 제도가 만들어지고, 모이면 모일수록 강력한 권력 구조가 등장하기 마련입니다. 하나의 제도 아래 사람들을 불러 모으는 것, 이것이 바로 권력 아니겠습니까? "용감한 사냥꾼"(창 10:9)으로 불리던 니므롯이 자기 휘하에 얼마나 많은 사람을 거느렸겠습니까? 그렇게 해서 여러 성읍이 모여서 나라가 되었습니다. 니므롯의 성, 니므롯의 탑, 니므롯의 도시, 그리고 니므롯의 나라입니다. 독재의 시작이고, 철권정치의 시작입니다.

함의 후손들은 하나님의 뜻과는 정반대의 길을 갔습니다. 하나님이 원하시는 방식을 저버리고, 하나님을 떠난 삶의 패턴을 만든 것입니다. 도시를 만들어 가는 과정, 이것이 가인의 후예, 함의 후손, 니므롯과 같은 이들이 살아가는 삶의 패턴임을 알아야 합니다. 그들의 목적은 하나님처럼 스스로 높아지는 것이고, 자신의 이름을 내는 것이고, 한데 뭉쳐서 세력화하는 것입니다. 우리는 니므롯의 나라에서 살고 있습니다. 이것을 분명히 인식해야 합니다.

언어를 혼잡하게 하신 이유

하나님은 인간이 엇나가는 것을 그냥 보고만 있지는 않으십니다.

여호와께서 사람들이 건설하는 그 성읍과 탑을 보려고 내려오셨더라
_창 11:5

하늘 끝까지 닿아 보겠다고 탑을 높이 쌓아 올리는 인간에게 하나님이 내려오셨습니다. 어떤 신들은 높은 곳에서 내려다보기만 합니다. 17~18세기 유럽 계몽주의 시대에는 창조주가 창조 후에는 인간사에 더 이상 개입하지 않고, 자연에 내재하는 합리적 법에 의해서만 우주를 다스린다고 여기는 이신론(deism)이 등장하기도 했습니다. 신이 내려다보기만 하건 방치하건 인간은 "지성이면 감천"이라는 믿음으로 신에게 잘 보이려고 죽을힘을 다해 빌고 또 빌곤 합니다.

그러나 하나님은 언제나 우리를 찾아오시는 분입니다. 높은 곳에서 바라보기만 하지 않으십니다. 우리가 하는 모든 일에 관심이 있으시고, 우리 삶을 주목하십니다. 우리가 하나님을 찾기도 전에 먼저 찾아오시는 분입니다.

> 여호와께서 이르시되 이 무리가 한 족속이요 언어도 하나이므로 이같이 시작하였으니 이후로는 그 하고자 하는 일을 막을 수 없으리로다 자, 우리가 내려가서 거기서 그들의 언어를 혼잡하게 하여 그들이 서로 알아듣지 못하게 하자 하시고 여호와께서 거기서 그들을 온 지면에 흩으셨으므로 그들이 그 도시를 건설하기를 그쳤더라_창 11:6-8

하나님이 그들의 문제를 진단하고 처방까지 내리십니다. "이 무리가 한 족속이요 언어도 하나"라서 이런 일을 시작했다는 것입니다. 하나님만큼 높아지고 싶어서 사람들을 끌어모아 교만의 탑을 세우고 있는 것입니다. 우리는 "뭉치면 살고, 흩어지면 죽는다"고 말하지만, 하나님은 오히려 흩어져야 살 것이라고 말씀하십니다.

인간이 하나 되어 어떤 일을 도모하면, 정말로 엄청난 일을 할 수 있습니다. 때로는 하나님도 내버려 두실 수밖에 없는 일을 하시는 경우가 있습니다. 어떻게 해서 이런 일이 가능합니까? 악한 의도가 소통이라는 통로를 따라 흘러간 결과입니다. 언어가 하나여서 좋은 일을 계획하고, 좋은 목적으로 하나 되면 얼마나 좋겠습니까? 그런데 죄인들이 하나 되면 문제가 심각해집니다. 악이 눈덩이처럼 불어납니다. 악한 의도가 원활하게 소통되면 악이 무서운 속도로 확산됩니다.

하나님은 언어를 악용하는 것을 멈추게 하기 위해 모종의 결정을 내리십니다. 원래 하나님이 주신 언어 능력은 창조적 능력입니다. 태초에 하나님이 천지를 창조하실 때 어떻게 하셨습니까? "빛이 있으라 하시니 빛이 있었고"(창 1:3). 말씀이 곧 사건이 되는 것입니다. 말씀이 곧 능력이기에 하나님은 말씀을 통해 일하십니다. 그러므로 인간이 언어 능력을 하나님 및 인간과 소통하는 데 정직하게 썼다면, 아무 문제가 없었을 것입니다. 문제는 죄가 들어왔다는 것입니다.

하나님은 흩어짐을 면하자고 도모한 인간의 언어를 혼잡하게 하셨습니다. 한창 작업 중이던 사람들끼리 갑자기 소통이 안 됩니다. 일할 사람을 더 보내 달라고 말했는데, 사람 대신 벽돌이 올라옵니다. 벽돌을 더 달라고 했더니 역청을 가져옵니다. 소통이 막히자 공사가 중단됩니다. 위로만 올라가던 사람들의 행렬이 다시 아래로 향합니다. 서로 말이 통하지 않게 되자 고개를 가로저으며 흩어지기 시작합니다. 그나마 소통이 가능한 자들끼리 모여 살 수밖에 없습니다.

> 그러므로 그 이름을 바벨이라 하니 이는 여호와께서 거기서 온 땅의 언어를 혼잡하게 하셨음이니라 여호와께서 거기서 그들을 온 지면에 흩으셨더라_창 11:9

바벨은 히브리어로 '혼돈'을 뜻합니다. 언어를 혼잡하게 하신 이 사건의 진의는 무엇입니까? 왜 하나님은 그들의 언어를 혼잡하게 하셨을까요? 하나 됨의 양면성 때문입니다. 하나님은 우리가 하나 되기를 원하십니다. 예수님도 십자가를 지시기 전에 "아버지여, 아버지께서 내 안에, 내가 아버지 안에 있는 것 같이 그들도 다 하나가 되어 우리 안에 있게"(요 17:21) 해 달라는 기도를 하셨습니다. 일명 대제사장의 기도입니다. 그러나 죄를 짓기 위해 하나 되는 것, 하나님을 대적하기 위해 하나 되는 것은 용납하지 않으십니다.

하나님을 대적하기 위해 하나 되는 것이야말로 심판을 재촉하는 일 아닙니까? 그래서 인간의 언어를 혼잡하게 하신 것입니다. 심판을 피하도록 은혜를 베풀어 주신 것입니다.

예를 들어 설명해 보겠습니다. 지역마다 각양각색의 식물이 자라는 것을 보면 창조주 하나님이 참으로 섬세하시다는 생각이 듭니다. 하나님이 왜 식물의 종을 다양하게 만드셨는지 압니까? 종의 다양성이야말로 대다수의 식물을 지키는 놀라운 비밀이기 때문입니다. 병충해가 한번 닥치면, 급속도로 퍼지곤 합니다. 그러나 품종이 다양하면, 한 품종이 피해를 봐도 다른 품종들은 살아남을 수 있습니다.

그런데 다양한 식물군의 씨앗을 독점하고는 수확성이 높은 씨앗만을 파는 회사들이 생겨났다고 합니다. 그들은 특정 지역에서 자라나는 종자들을 모두 없애 버리고, 어디서나 한 가지 씨앗을 사서 재배하도록 강제합니다. 그러다가 병충해가 닥치면, 속수무책으로 당할 수밖에 없습니다. 자칫하면 멸종할 수도 있는 엄청난 재앙을 예고하는 것입니다. 이런 일이 일어날까 봐 종의 다양성을 지키고자 눈물겹게 노력하는 사람들이 있습니다.

한 언어로 뭉친 인간들이 조직적으로 일사불란하게 죄를 짓다가 한꺼번에 멸망하는 일이 없도록, 하나님은 언어를 혼잡하게 하여 인간을 흩으셨습니다. 마치 다양한 품종을 통해서 하나의 종을 지켜 나가게 하신 것과 같은, 인간을 지키기 위한 하나님의 놀라운 계획이요 은혜인 것입니다. 흩으심은 이 세상을 지탱하고, 구원의 섭리를 이루어 가시는 방법입니다.

셈의 족보, 하나님의 계획

하나님은 바벨탑 대신 십자가를 통해 하나 되는 길을 열어 주실 것입니다. 셈의 족보는 이 일을 이루어 가시기 위한 하나님의 계획입니다.

> 셈의 족보는 이러하니라 셈은 백 세 곧 홍수 후 이 년에 아르박삿을 낳았고 아르박삿을 낳은 후에 오백 년을 지내며 자녀를 낳았으며 아르박삿은 삼십오 세에 셀라를 낳았고 셀라를 낳은 후에 사백삼 년을 지내며 자녀를 낳았으며 셀라는 삼십 세에 에벨을 낳았고 에벨을 낳은 후에 사백삼 년을 지내며 자녀를 낳았으며 에벨은 삼십사 세에 벨렉을 낳았고 벨렉을 낳은 후에 사백삼십 년을 지내며 자녀를 낳았으며 벨렉은 삼십 세에 르우를 낳았고 르우를 낳은 후에 이백구 년을 지내며 자녀를 낳았으며 르우는 삼십이 세에 스룩을 낳았고 스룩을 낳은 후에 이백칠 년을 지내며 자녀를 낳았으며 스룩은 삼십 세에 나홀을 낳았고 나홀을 낳은 후에 이백 년을 지내며 자녀를 낳았으며 나홀은 이십구 세에 데라를 낳았고 데라를 낳은 후에 백십구 년을 지내며 자녀를 낳았으며_창 11:10-25

여기서 우리는 사람의 수명이 점차 빠른 속도로 감소해 가고 있음을 발견합니다. 아담에서 노아까지는 수명이 대략 900세 정도였는데, 셈에서 에벨까지 그 수명이 500세로 줄었다가 벨렉 이후에는 200세로 급격히 줄었습니다. 그러고는 점차 120세까지 줄어듭니다. 모세는 "우리의 연수가 칠십이요 강건하면 팔십"(시

90:10)이라고 말했습니다.

왜 이렇게까지 줄었을까요? 대홍수로 대기층의 물 층이 깨어졌기 때문이라고 설명하는 사람이 있는가 하면, 인간의 노화를 촉진하는 활성산소를 막아 주는 비타민C가 체내에서 더 이상 생성되지 않게 되었기 때문이라고 말하는 사람도 있습니다. 중요한 것은, 하나님이 언어를 혼잡하게 하여 인간을 지면에 흩으신 것이 은혜인 것과 마찬가지로 수명이 줄어든 것 또한 은혜라는 사실입니다. 이것을 깨닫지 못하면 신앙의 질곡에서 벗어나지 못합니다.

오래 사는 것이 과연 복이겠습니까? 삶의 목적이 장수입니까? 불치병을 앓으면서 천 년을 산들 행복하겠습니까? 게다가 죄인이 오래 사는 것보다 더 끔찍한 일이 어디 있겠습니까? 악한 인간들이 천 년씩 살면서 자식을 많이 낳는 것보다 더 비극적인 일이 있겠습니까? "개똥밭에 굴러도 이승이 좋다"는 속담은 믿지 마십시오. 천국을 모르니 그런 말을 하는 것입니다. 그러므로 하나님이 인간의 수명을 적당히 줄여 주신 것을 감사히 여기길 바랍니다.

셈의 족보가 누구에게로 이어지는지 보십시오.

데라는 칠십 세에 아브람과 나홀과 하란을 낳았더라_창 11:26

결국, 이 족보는 아브람에게 초점이 맞추어져 있음을 알게 됩니다. 하나님은 장차 다윗의 후손, 예수 그리스도를 통해 인류를 구원하실 한 장소를 준비하고 계십니다. 바로 마가의 다락방입니다. 예수 그리스도의 십자가를 통해 구원받은 백성들이 이곳에서 성령으로 하나 되고, 새 방언을 받게 될 것입니다. 하나님은 인간이 사망의 권세로부터 풀려날 놀라운 은혜와 계획을 가지고 계시며 영생의 새 족보를 만들어 가십니다. 어지러운 세상 속에서 한 줄기 빛처럼 영생의 족보를 만들어 가시는 하나님을 바라보십시오.

> 데라의 족보는 이러하니라 데라는 아브람과 나홀과 하란을 낳고 하란은 롯을 낳았으며 하란은 그 아비 데라보다 먼저 고향 갈대아인의 우르에서 죽었더라 아브람과 나홀이 장가들었으니 아브람의 아내의 이름은 사래며 나홀의 아내의 이름은 밀가니 하란의 딸이요 하란은 밀가의 아버지이며 또 이스가의 아버지더라 사래는 임신하지 못하므로 자식이 없었더라 데라가 그 아들 아브람과 하란의 아들인 그의 손자 롯과 그의 며느리 아브람의 아내 사래를 데리고 갈대아인의 우르를 떠나 가나안 땅으로 가고자 하더니 하란에 이르러 거기 거류하였으며 데라는 나이가 이백오 세가 되어 하란에서 죽었더라 _창 11:27-32

족보의 초점이 아브람에게서 사래에게로 잠시 옮겨집니다. "사래는 임신하지 못하므로 자식이 없었더라"는 사실이 강조됩니다. 사래의 불임을 족보에 기록하다니 특이하지 않습니까? 당시에는 지금과 달리 불임이 여성에게는 가장 수치스러운 일이었습니다. 창세기는 3천 5백 년 전에 기록된 책입니다. 아브람과 사래의 이름이 성경의 첫 책, 창세기 11장에 기록된 족보에 처음 등장한 이유가 무엇인지 궁금하지 않습니까?

하나님의 족보는 하나님이 직접 만드신다는 것을 보여 주기 위함입니다. 인간의 방법으로는 더 이상 임신이 안 되는 이 여인을 통해서 하나님이 자녀들의 족보를 친히 이어 가시겠다는 것입니다. 이것이 하나님이 족보를 만드시는 방식입니다.

인간이 할 수 없을 것 같은 일을 스스로 해내고 말겠다는 것이 함의 족보라면, 하나님의 족보는 하나님께 매달림으로써 불가능이 가능으로 바뀜을 경험하는 믿음의 사람들입니다. 하나님은 이들을 통해 끝까지 구원의 역사를 이루어 가십니다.

그러므로 하나님의 역사는 능치 못함이 없는 줄로 믿고, 하나님 앞에서 겸손하십시오. 우리 인생에 불임과도 같은 시간, 아무것도 할 수 없다는 좌절감에 빠지는 시간조차도 하나님은 새 일을 행하는 기회로 삼으실 수 있음을 기억하기 바랍니다. 사래와 같은 여인을 통해서도 하나님이 족보를 이어 가신다면, 아무것도 할 능력이 없어서 이제는 엎드려서 주님의 이름만 부를 수밖에 없는 사람일지라도 하나님은 그를 통해 능히 새 일을 이루실 수 있음을 믿기 바랍니다.

세상을 두려워하지 마십시오. 세상을 부러워하며 어설프게 흉내 내지 마십시오. 하나님은 은혜가 충만하신 분입니다. 세상 한

복판에서 부족함이 없으신 하나님과 동행하면서 각자 자신이 있는 그 자리에서 하나의 교회가 되십시오. 이것이 하나님이 우리를 흩으시는 이유입니다. 캄캄한 세상에서 빛나는 별이 되십시오. 그리하여 칼과 창으로 나아오는 골리앗을 향해 "만군의 여호와의 이름"(삼상 17:45)을 외치며 달려가게 되기를 축복합니다. 이것이 하나님의 역사를 이루어 가는 길입니다.

3부

단절,

믿음의 첫 단추

8. 왜 믿음의 길을 가야 하는가?

부르심을 따라 떠나다

-

창 12:1-9

    태초에 하나님이 에덴동산에서 아담을 부르셨습니다. "아담아, 네가 어디 있느냐?" 하나님이 찾아오셨는데 아담이 숨습니다. 죄를 지으면 사람도 피하고, 하나님도 피하는 법입니다. 죄를 지은 아담과 하와가 에덴에서 쫓겨났고, 그들이 동쪽으로 가면서 인간이 불어나기 시작했습니다. 인간이 불어나면서 죄가 더 빨리 불어났습니다. 결국, 홍수 심판을 만나기에 이릅니다. 그러나 홍수 심판에서 살아남은 노아의 후손들도 죄에서는 별 차이가 없었습니다.

    노아의 둘째 아들 함의 후손들이 급속도로 팽창합니다. 어느날, 이들이 바벨탑을 쌓기 시작했습니다. '하늘에 닿아 하나님처럼 높아지고야 말겠다, 세상에 내 이름을 내겠다, 흩어지지 않고 뭉쳐야겠다'는 의지를 보였습니다. 하나님은 하늘에서 굽어살펴시다 내려오셔서서 이들의 언어를 혼잡하게 하셨습니다. 인간을 다시 심판하여 멸하지 않으려고 택하신 길입니다. 구원의 한 방편이었던 것입니다.

어느 식당에 갔더니 전직 대통령이 다녀간 사진을 자랑스럽게 걸어놓았습니다. 왜 걸었습니까? 그 식당 주인에게는 그의 방문이 일생일대의 '굿 뉴스'였기 때문입니다. 믿음의 사람들에게는 그것보다 더 좋은 뉴스가 있습니다. 하나님이 찾아오셨다는 것입니다. 하나님이 인간을 찾아오셨습니다.

하나님은 인간이 스스로 높아지며 자기 이름을 내겠다고 하는 틈에 있는 한 사람을 택하셔서 친히 이 일을 이루어 가기로 결정하십니다. 바벨탑을 쌓았던 바로 그 땅에 살고 있는 한 사람을 찾아가 그를 부르시고, 부르심에 응답한 한 인생을 믿음의 길로 인도하십니다. 이것은 모든 인간을 구원하시는 하나님의 전형적인 이야기입니다.

왜 아브람을 택하셨는가?

창세기 11장과 12장은 확연한 분기점을 이루게 됩니다. 마치 전체를 조명하고 있다가 어느 한 사람에게 카메라가 줌 인(zoom in)해서 들어가는 느낌을 받게 됩니다. 인류 전체가 가고 있는 방향과 물줄기를 돌리기 위해, 하나님이 한 사람을 택하여 이야기를 다시 시작하시는 것이 12장부터 펼쳐지는 창세기의 역사입니다.

여호와께서 아브람에게 이르시되 너는 너의 고향과 친척과 아버지의 집
을 떠나 내가 네게 보여 줄 땅으로 가라_창 12:1

하나님은 아브람이라는 사람을 통해서 새 일을 행하고자 하십
니다. 아브람이 살았던 곳은 갈대아 우르로 평범하지만 화려한
도시였습니다. 바로 그곳에 바벨탑이 있었습니다. 함의 후손들이
바벨탑을 쌓았던 바로 그 현장에서 "아브람"을 불러내신 것입니
다. 하나님이 그를 통해서 어떻게 새로운 믿음의 행진, 새로운 믿
음의 역사, 새로운 구원의 역사를 이루어 가시는지를 보게 될 것
입니다.

왜 하필 아브람입니까? 일생 결혼도 하지 않고, 믿음의 수양
을 하기라도 했습니까? 아닙니다. 그는 갈대아 우르에서 살아가
는 지극히 평범한 소상공인이었습니다. 하나님이 그를 왜 택하셨
는지는 알 수 없습니다. 왜 나는 여기 서 있고, 저 사람은 저기 서
있습니까? 모릅니다. 이것은 하나님의 일방적인 선택, 즉 하나님
의 주권입니다. 하나님이 믿음의 사건을 이루어 가시는 것을 믿
음의 눈으로 바라보지 않으면, 도저히 해석이 안 되는 이야기가
많습니다.

아브람의 부르심에 관해 생각하다가 문득 열두 제자가 떠올랐
습니다. 예수님은 왜 그들을 부르셨을까요? 다 같은 어부요 세리

인데, 왜 어떤 사람은 제자로 부르심을 받았을까요? 그들에게는 '과연 이게 삶의 전부인가, 더 나은 삶은 없는가' 하는 마음의 갈급함이 있었습니다. 아브람의 마음도 그러했을 것입니다. 그는 갈대아 우르라는 당시 문명의 중심지에 살았습니다. 없는 게 없이 다 있는 곳이지만, 그의 마음속에는 '이런 삶이 과연 전부인가? 이렇게 살다가 내 인생이 끝나나?' 하는 의문과 회의가 있었을 것입니다. 어쩌면 거기서 벗어나고 싶다는 간절한 욕망이 일기도 했을 것입니다. 그래서 마치 예수님이 열두 제자를 불렀을 때, 그들이 자석에 이끌리듯 따랐던 것처럼 하나님이 아브람을 찾아오셨을 때 그는 하나님의 음성을 알아듣고, 이해할 수 없는 제안에 선뜻 반응한 것으로 보입니다.

만약에 장사가 너무 잘돼서 하나님이 오셔도 마주할 시간이 없는 사람이었다면, 이야기가 달라졌을 것입니다. 하나님이 아브람을 찾아가신 깊은 속내는 알 수 없지만, 하나님이 일상 가운데서 살아가는 한 사람을 찾아가신다는 것을 아는 것이 중요합니다. 일상 중에 평범하게 살아도 충분합니다. 삶의 자리에서 하나님을 갈망하면, 하나님은 찾아오시는 분이기 때문입니다.

하나님이 아브람을 찾아오셨습니다. 우리는 손님이 올 때, 흔히 손을 봅니다. 무슨 선물을 가져왔나 하고 한눈에 확인합니다. 그런데 아브람을 찾아오신 하나님의 손이 비어 있습니다. 손에 아무것도 들고 오지 않으셨습니다. 그리고 명령하십니다. "아브람아, 너는 너의 고향과 친척과 아버지의 집을 떠나 내가 네게 보

여 줄 땅으로 가라." 어떤 사람이 빈손으로 찾아와서 다짜고짜 고
향을 떠나라고 말한 것이나 다름없습니다.

고향을 떠나라니요? 아버지와 친척들이 다 모여 사는 이 도시
를 떠나라니요? 갈대아 우르가 어떤 곳인지 압니까? 명품 상점들
이 즐비하고, 이름난 병원, 좋은 학교, 돈과 권력과 명성이 다 있
는 곳입니다. 쾌락을 위한 모든 것이 갖추어져 있는 곳입니다. 그
런데 이곳을 떠나라니 말이 됩니까? 어디 가서 뭘 해서 먹고살라
는 것입니까? 귀를 의심할 수밖에 없습니다. 심지어 "내가 네게
보여 줄 땅"으로 가라니요? 만약에 꼭 가야 간다면, 먼저 보여 주
어야 마땅하지 않습니까? 어떻게 목적지도 모른 채 떠나라고 하
십니까?

물론, 아브람은 이런 생각들을 입 밖에 쏟아놓지는 않았습니
다. 그의 머릿속에서 순식간에 스쳐 지나갔을 법한 생각들입니
다. 하나님이 그의 생각을 모르시겠습니까? 하나님은 사람의 생
각을 들으시고, 속을 들여다보시는 분입니다. 그렇다면 하나님은
그에게 무엇을 요구하시는 것입니까?

믿음을 요구하십니다. 믿음은 확신이나 신념과는 다릅니다. 신
념은 나로부터 비롯되는 생각이지만, 믿음은 상대방으로부터 시
작되는 생각입니다. 그리고 믿음은 설명되지 않습니다. 설명된
다면, 그것은 확신이 될 것입니다. 우리가 사는 세상은 신념을 줄
수 있습니다. 눈에 보이는 모든 것이 확신을 줄 수 있습니다. 그
러나 믿음은 내가 인지할 수 있는 것으로부터 시작되는 게 아니

라 지각할 수 없는 것으로부터 시작됩니다. 오히려 내가 확신할 수 있는 근거로부터 떠나야만 믿음이 시작됩니다. 하나님은 아브람을 믿음으로 초청하고 계십니다.

하나님이 아브람을 부르신 이유는 갈대아 우르에서 세워 온 바벨탑 문화, 인간이 쌓아 가는 문명의 역사의 물줄기를 완전히 바꾸고자 하시는 데 있습니다. 이처럼 믿음이란 신념으로 살아가는 인간들을 제쳐 두고, 하나님으로부터 시작되는 새로운 믿음의 이야기를 써 내려가는 것입니다. 그래서 이것은 아브람의 이야기가 아니라 하나님의 이야기입니다.

단절, 믿음의 첫 단추

믿음의 시작은 한마디로 떠나는 것입니다. 이곳에서 저곳으로 옮겨 가는 것입니다. 우리말로는 "떠나"와 "가라"로 번역되었지만, 히브리어 성경을 보면 '가라'라는 뜻의 한 단어입니다.

하나님이 아브람을 믿음의 사람으로 만들어 가시는 첫걸음은 이곳에서 저곳으로 옮겨 가는 일이었습니다. 어디서 어디로 옮깁니까? 익숙한 곳에서 익숙하지 않은 곳으로 옮깁니다. 내가 다 아는 곳에서 전혀 모르는 곳으로 옮기는 일입니다. 이것이 믿음의 여정의 시작입니다. 그러므로 확실하다고 생각하는 모든 것을 손에서 내려놓고, 불확실한 것을 스스로 택하는 것이 바로 믿음의 결정입니다. 하나님은 이렇게 첫발을 내딛는 사람 안에 믿음을 만드는 일을 시작하십니다.

왜 하나님은 믿음의 사람을 예외 없이 광야로 부르십니까? 도시는 내가 무엇인가 할 수 있고, 기댈 수 있고, 사람들에게 부탁할 수 있고, 도움을 청할 수 있는 곳이기 때문입니다. 광야는 내가 아무것도 할 수 없고, 사방을 둘러보아도 기대거나 도움을 청할 사람을 한 명도 찾아볼 수 없는 곳입니다. 그래서 하나님의 학교를 '광야 학교'라 부르기도 합니다. 이 학교의 입학 자격은 오직 하납니다. "고향과 친척과 아버지의 집"을 떠나는 것입니다. 뒤돌아보지 않고 가는 것입니다.

그런데 왜 목적지를 보여 주지 않은 채 가라고 하십니까? 알면 갈 수가 없기 때문입니다. 제가 쉰셋에 신학교를 갔고, 쉰일곱에 목사 안수를 받아서 십몇 년째 설교하고 있습니다. 만약에 하나님이 저더러 다시 쉰셋 나이로 돌아가라고 하시면 제가 갈 것 같습니까? 못 갑니다. 얼마나 고생스러운지를 아는데, 왜 갑니까? 이스라엘 백성들이 광야에서 40년간 전전할 것을 알았다면, 출애굽 했겠습니까? 안 합니다. 못 합니다. 그래서 안 보여 주십니다. 그냥 가라고 하십니다. 보여 줄 테니까 가라고 하시지, 보여 주고 나서 가라고 하시지 않습니다. 안 갈 게 빤한데, 어떻게 보여 줍니까?

왜 아브람에게 떠나라고 하십니까? 바른 믿음의 첫걸음은 단절이기 때문입니다. 과거와 단절해야 합니다. 과거와 끊어지지 않고서는 미래로 나아가지 못합니다. 익숙한 것들과 결별하지 않고서는 새 일을 하지 못합니다. 새 생명은 탯줄을 끊는 일로부터 시작됩니다. 믿음은 탯줄을 끊듯이 지금 연결된 현실로부터 끊어내는 것, 지금의 나와 단절되는 일입니다. '가라'는 명령은 '네가 의지하고 사는 모든 것으로부터 벗어나라'는 말씀입니다. 얼마나 힘들겠습니까? 죽을 것같이 힘들 것입니다. 때로는 죽는 것보다도 더 힘든 일입니다. 편히 앉아 지내던 의자 하나 바꾸는 것도 쉽지 않고, 익숙한 음식 하나 끊으려고 해도 안 끊어지는데 그동안 누려 왔던 모든 기득권, 삶의 환경, 이때까지 이루어 놓은 모든 것을 두고 떠날 수 있겠습니까? 익숙한 모든 것과 단절되는 것은 마치 절벽에서 뛰어내리는 느낌일 것입니다.

믿음은 그 길을 떠나는 것입니다. 뒤돌아보지 않고 떠나야 합니다. 여전히 익숙한 것에 머물러 있는 사람들이 보기에는 정신 나간 결정 같을 것입니다. 뭔가 잘못된 것을 믿는 것 같이 보일 것입니다. 그런 주위의 시선에 끌려 뒤를 돌아보아서는 끝까지 못 갑니다.

예수님도 믿음으로 길을 떠날 때는 미련을 갖지 말라고 말씀하셨습니다.

예수께서 이르시되 손에 쟁기를 잡고 뒤를 돌아보는 자는 하나님의 나라에 합당하지 아니하니라 하시니라_눅 9:62

인간의 구원이란 보이는 것에서부터 보이지 않는 미래로 가는 길입니다. 이것이 바로 하나님이 믿음의 족보에 편입시키는 방법입니다. 그러니만큼 인간의 결정으로는 할 수 없는 일입니다. 내 생각으로 할 수 있는 일은 하나님의 일이 아닙니다. 단절은 하나님이 한 인간을 불러서 믿음을 빚어 가시는 방법의 하나입니다. 이후로 전개될 모든 구원의 역사는 이런 패턴으로 일어나게 될 것입니다.

복이 된다는 것의 의미

아브람이 뒤돌아보지 않고, 칼로 베듯 과거를 잘라 버리고 결연하게 믿음의 길을 가면 무슨 일이 생깁니까? 비록 하나님이 아무것도 보여 주시지 않고 가라고는 하시지만, 그 길이 어떤 길인지는 먼저 알려 주십니다.

하나님은 아브람에게 세 가지를 약속하십니다. 알고 보니 하나님은 빈손으로 오시지 않았습니다. 약속의 말씀을 들고 오셨습니다.

> 내가 너로 큰 민족을 이루고 네게 복을 주어 네 이름을 창대하게 하리니 너는 복이 될지라_창 12:2

먼저, '네가 큰 민족을 이루게 될 것'이라고 약속하십니다. 당시 아브람의 가장 큰 고민은 아이가 없는 것이었습니다. 아내 사래가 불임입니다. 사래와의 사이에서 아들을 낳는 것은 포기한 지가 오래됐습니다. 하인 중에서 한 사람을 양자로 삼는 생각을 이미 여러 번 했습니다. 그런데 하나님은 아브람이 "큰 민족"을 이룰 것이라고 말씀하십니다. 아들 하나만 얻으면 소원이 없을 것 같은데, 후손이 셀 수 없이 많아진다고 말씀하시는 것입니다.

둘째, '네게 복을 주어 네 이름이 어마어마하게 유명해질 것'이라고 약속하십니다. 가게 하나만 잘됐으면 좋겠는데, 이름이 창대하게 되다니요? 이름이 어떻게 창대해진다는 것입니까? 아브람은 그냥 갈대아 우르에서 상가 회장이나 하면 족하다고 했을지도 모릅니다. 그러나 하나님은 이런 정도의 꿈을 가진 사람에게 그의 이름이 엄청나게 유명해질 것이라고 말씀하십니다.

실제로 아브라함의 이름이 어디까지 유명해집니까? 온 인류의 절반이 자기야말로 아브라함의 후손이라고 주장하고 있지 않습니까? 무슬림이건 유대교인이건 크리스천이건 다 믿음의 조상은 아브라함이라고 말합니다. 하나님이 약속하신 대로입니다. 이 약속을 아브람이 알아들었을까요? 알 수가 없습니다. 이해가 안 되는 약속입니다. 물론, 아브람은 이런 생각도 입 밖에 내지는 않았습니다.

마지막 세 번째, 하나님이 아브람에게 하신 제안의 결론입니다. '너는 복이 될 것이다!' 인간이 바벨탑을 쌓는 이유가 무엇입니까? 전부 복 때문 아닙니까? 복에 목말라서 큰 회사를 만들고, 복에 목말라서 큰 나라와 민족을 만듭니다. 강력한 지배 구조, 대제국 건설, 이 모든 것이 자기 이름을 크게 내고, 마치 하늘에 닿듯 하나님처럼 되고자 하는 욕망 때문에 생겨난 일입니다. 그런데 하나님이 아브람에게 너 자신이 복이 될 것이라고 말씀하십니다. 이것이 하나님의 해결 방식입니다.

"네가 복을 원하느냐? 복을 받고 싶으냐? 네가 큰 민족을 이루고, 너는 큰 인물이 될 것이다. 내가 마지막으로 엄청난 약속을 하마. 네가 복이 될 것이다."

하나님의 약속 중 가장 놀라운 약속입니다.

그렇다면 복이 된다는 것은 무슨 뜻입니까? 더 이상 복을 구하지 않는 존재가 된다는 것입니다. 더 이상 복에 목마른 사람이 되지 않는다는 것입니다. 얼마나 엄청난 약속입니까? 아브람이 이 말뜻을 알아들었을까요? 아마도 제대로 몰랐을 것입니다.

세 가지 약속 모두 무슨 뜻인지 못 알아들었을 것입니다. 그러나 이 약속을 하시는 분이 누구인지는 알았습니다. 하나님이 자기를 찾아오셨다는 사실을 알았습니다. 하나님이 자기에게 말씀하신 것을 들었습니다. 그는 눈앞에 보이는 모든 확실한 것과 보이지 않는 불확실한 약속 사이에서 하나님의 약속을 택합니다.

너를 축복하는 자에게는 내가 복을 내리고 너를 저주하는 자에게는 내가 저주하리니 땅의 모든 족속이 너로 말미암아 복을 얻을 것이라 하신지라_창 12:3

하나님은 "너는 복이 될지라"가 무슨 뜻인지를 부연 설명해 주십니다. "너를 축복하는 자에게는 복을 내리고, 너를 저주하는 자는 저주할 것이며 땅의 모든 사람이 네 덕분에 복을 받게 될 것이다"라고 말씀하십니다. 이게 무슨 뜻입니까? 아브람은 이제 자신의 미래를 궁금해할 필요가 없다는 뜻입니다. 복과 저주 사이에서 전전긍긍하며 살아가는 삶의 방식을 자유롭게 하시겠다는 것입니다. 하나님을 모르는 세상 사람들이 알아들을 수 있는 말로 하자면, 앞으로는 점 보러 다닐 필요 없다는 말씀입니다.

또 더 이상 인간관계에 묶일 필요가 없다는 말씀입니다. 인간관계에 묶여 살아가는 우리를 풀어 주시겠다는 것입니다. 우리 자신이 복이 되는 순간, 우리는 더 이상 다른 사람들로부터 인정받으려고 애쓸 필요가 없게 됩니다. 이런 것들로부터 풀려나는게 자유의 본질입니다. 진정한 자유인이 될 때, 우리는 얼마나 창의적이고 아름다운 삶을 살게 되겠습니까?

이렇듯 누구한테서 이득을 얻고, 누구 때문에 손해를 입을 것인가에 늘 묶여 사는 것으로부터 풀려남으로써 더 이상 미래를 불안해하거나 궁금해하지 않아도 되는 인생을 살게 될 것입니다. 이것이 자신이 복이 되는 것의 진정한 의미입니다.

하나님을 떠난 함의 자손들이 바벨탑을 쌓았습니다. 니므롯은 스스로 자기 이름을 내겠다고 난리였습니다. 사람을 모을 수 있는 만큼 모아서 강력한 권력 구조를 만들어 절대로 흩어지지 않겠다고 굳은 결의를 다지기도 했습니다. 그러나 하나님은 바벨탑을 무너뜨리셨고, 그들의 언어를 혼잡하게 만드셨습니다.

이제 하나님이 하나님의 방법을 선보이십니다. '니므롯이 하는 방식대로 살면, 사람들이 다치고 죽는다. 그러나 내가 하는 대로 하면, 사람들이 안전해지고 모두 살아나게 될 것'이라고 말씀하십니다. 하나님이 아브람에게 하신 약속은 '내가 네게 보여 줄 땅으로 가면, 세상 사람들이 원하는 것을 얻기 위해 서로 다투고 싸우는 것과는 정반대의 방법을 네게 보여 주마'라는 의미입니다.

믿음의 현실

아브람이 하나님의 음성을 듣고, 들은 대로 길을 떠나 하나님이 보여 주실 땅을 향해 갑니다. 아직 보지 못했지만, 떠납니다. 믿음의 여정이 시작된 것입니다. 아브람을 통해 시작되는 믿음은 그에게서 비롯된 믿음이 아닙니다. 하나님으로부터 비롯된 믿음입니다. 그러므로 지금 당장 내게 믿음이 없다고 걱정하지 마십시오. 하나님은 우리에게 믿음을 주시는 일부터 시작하십니다.

> 너희는 그 은혜에 의하여 믿음으로 말미암아 구원을 받았으니 이것은 너희에게서 난 것이 아니요 하나님의 선물이라 행위에서 난 것이 아니니 이는 누구든지 자랑하지 못하게 함이라_엡 2:8-9

'믿음, 은혜, 구원'은 다 우리 행위에서 나는 것이 아닙니다. 모두 하나님의 말씀에서 비롯됩니다. 인간이 자랑할 근거가 없게 하기 위함입니다.

> 이에 아브람이 여호와의 말씀을 따라갔고 롯도 그와 함께 갔으며 아브람이 하란을 떠날 때에 칠십오 세였더라_창 12:4

아브람이 말씀을 따라 떠납니다. 그런데 혼자 가지 않습니다. 말씀과 함께 가고, 조카 롯도 함께 떠납니다. 롯은 아브람이 가니까 따라갑니다. 가는 것과 따라가는 것의 차이는 결코 작지 않습니다. 아브람은 하나님의 말씀을 듣고 말씀대로 움직이지만, 롯은 삼촌 아브람이 떠난다는 소식을 듣고 함께 떠난 것뿐입니다.

이때 아브람의 나이가 75세입니다. 지금 기준으로는 노인이지만, 당시는 지금보다 오래 살았습니다. 아브람은 175세를 삽니다. 그렇다면 75세는 백세 시대 기준으로는 40대 초반에 불과합니다. 인생이 활짝 꽃피던 시기입니다. 그런 때에 정든 "고향과 친척과 아버지의 집"을 떠난 것입니다. 인생의 절정기에 떠난 것이야말로 아브람이 잘한 일입니다.

당시에 가야 할 곳을 알지 못한 채 떠난다는 것은 거의 죽음을 각오한 일이었습니다. 여행 환경이 오늘날 같지 않아서 안전한 길이 한 곳도 없었습니다. 가다가 무슨 일을 겪을지 모릅니다. 게다가 아버지 데라를 모셔야 했고, 조카 롯까지 챙겨야 합니다.

아브람의 아버지 데라는 하란 땅에서 머물기를 원했습니다.

하란은 메소포타미아 북부에 있던 상업 도시이자 무역 도시였습니다. 그들이 떠나온 갈대아 우르와 비슷한 환경의 도시였습니다. 이때 데라의 나이가 145세였습니다. 그러니 나이 많은 데라는 그곳을 떠나고 싶지 않았을 것입니다. 여행하다 보면, 머물러 쉬고 싶은 곳이 있습니다. 그런데 그곳에 주저앉으면 목적지에는 못 갑니다. 아브람에게 여행길에서 처음 부딪힌 고비였을 것입니다. 갈대아 우르에서 모시고 나온 아버지와 헤어지는 심정이 어땠겠습니까? 무척 무거웠을 것입니다. 그러나 다행히도 아브람이 하란을 떠나고 나서도 데라는 60년을 더 삽니다(창 11:32).

아브람은 하란을 떠나 하나님이 보여 주실 땅을 향해 계속 나아갑니다. 하란을 떠나는 것은 어려운 결정이었습니다. 하지만 하란이 궁극적인 목적지가 아님을 알았습니다. 하나님이 "바로 이 땅이다"라고 말씀하시지 않았기 때문입니다. 이때의 떠남은 믿음의 여정에서 너무나 중요한 결정이었습니다. 그는 하나님의 말씀을 듣고 움직입니다.

하나님의 말씀을 듣고 가는 사람은 흔들리지 않습니다. 그러나 사람을 따라가는 사람은 반드시 시험에 들게 돼 있습니다. 중간에 탈락하거나 어려움을 겪습니다.

아브람이 그의 아내 사래와 조카 롯과 하란에서 모은 모든 소유와 얻은 사람들을 이끌고 가나안 땅으로 가려고 떠나서 마침내 가나안 땅에 들어갔더라 아브람이 그 땅을 지나 세겜 땅 모레 상수리나무에 이르니 그때

에 가나안 사람이 그 땅에 거주하였더라_창 12:5-6

아브람이 하란을 떠나 마침내 가나안 땅에 도착했습니다. 아브람의 목적지는 어디입니까? 하나님이 보여 주실 땅입니다. 하란이 목적지라고 보여 주셨습니까? 안 보여 주셨습니다. 그래서 미련 없이 하란을 떠났습니다. 우르에서부터 하란까지 1,000km가 넘습니다. 하란에서 남쪽으로 이동하여 드디어 가나안 땅에 들어왔는데, 하란에서 가나안까지가 640km 이상입니다. 당시에는 한 달 가까이 걸리는 거리입니다. 얼마나 위험하고 힘든 여정이었는지 모릅니다.

아브람이 세겜 지역 모레 땅에 도착했습니다. 빈 땅입니까? 아닙니다. 가나안 사람들이 살고 있습니다. 믿음의 현실이란 이런 것입니다. 하나님의 말씀 붙들고 왔는데, 와 보니 아무것도 없습니다. '내가 제대로 온 건가?' 하는 불안감과 좌절감과 일종의 회의감이 들 무렵에 하나님이 다시 한번 그에게 나타나십니다.

여호와께서 아브람에게 나타나 이르시되 내가 이 땅을 네 자손에게 주리라 하신지라 자기에게 나타나신 여호와께 그가 그곳에서 제단을 쌓고 _창 12:7

우리 믿음이 흔들릴 때, 하나님이 말씀으로 다가와 말씀으로 붙들어 주십니다. 하나님이 주겠다고 약속하신 땅이 무주공산 같아서 그냥 깃발만 꽂으면 되는 게 아닙니다. 하나님은 그 땅을 주시는 방법을 때로 우리의 결단과 의지에 맡겨놓으십니다. 이것이 믿음을 안고 떠나는 우리의 현실입니다.

막상 가 보니 아무것도 손에 쥘 게 없습니다. 그러니 하나님을 원망하는 마음이 얼마나 들겠습니까? "하나님, 믿음의 길이란 게 고작 이런 것입니까? 내 자손에게 이 땅을 주겠다고 나를 여기까지 오게 하신 것입니까?" 하고 원망할 법도 한데, 이때 아브람은 남다른 선택을 합니다. 하나님의 말씀을 기억하고, 붙들기 시작한 것입니다. 그 증거가 바로 제단을 쌓는 것입니다. 바로 이 부분이 11장과 12장의 이야기가 갈라지는 분기점입니다.

아브람이 자기에게 나타나신 하나님께 제단을 쌓고 예배를 드립니다. 창세기에서 제단이라는 단어가 두 번째로 등장합니다. 8장에서 대홍수 후에 노아가 제단을 쌓고, 하나님께 번제를 드린 바 있습니다. 이제 아브람이 하나님께 제단을 쌓습니다. 하나님이 부르셔서 부르심을 따라 떠났던 아브람이 하나님이 약속하신 곳에 이르러서 가장 먼저 한 일은 제단을 쌓는 것이었습니다.

아브람이 제단을 쌓은 일은 니므롯과 그 후손들이 바벨탑을 쌓은 것과는 전혀 다른 일입니다. 정확히 상반된 일입니다. 무엇인가를 쌓는다는 점에서는 같아 보이지만, 그 목적이 다릅니다. 바벨탑은 왜 쌓았습니까? 자기 자신을 위해서였습니다. 자기 이름을 높이기 위해 쌓았습니다. 그와 달리 제단은 왜 쌓습니까? 하나님을 위해, 하나님의 이름을 위해 쌓습니다.

믿음이란 하나님을 위해 제단을 쌓는 일이고, 신념이란 자신을 위해 탑을 쌓는 일입니다. 제단에는 반드시 제물이 있어야만 합니다. 제물은 희생입니다. 곧 나의 헌신, 나의 생명을 기꺼이 드려야 합니다. 반면에 바벨탑은 남의 생명을 이용하고, 착취합니다. 믿음이란 바벨탑을 쌓고 싶은 우리의 욕망과 탐욕을 꺾고, 하나님을 인정하는 것입니다. 그리고 그 하나님의 이름을 부르며 예배드리는 제단을 쌓는 삶으로 바꿔 놓는 것입니다.

예수님이 우리에게 오셔서 보여 주실 땅에 관해 말씀해 주셨습니다. 희어져 추수할 때가 된 밭입니다(요 4:35). 그 밭이 땅끝까지 펼쳐져 있음을 알려 주십니다. 그러므로 "땅끝까지 이르러 내 증인이"(행 1:8) 되라고 말씀하십니다. 하나님은 눈을 크게 뜨고, "네 입을 크게 열라"(시 81:10)고 말씀하십니다. 열방을 유업으로 주겠다고 하십니다.

아브람은 하나님의 말씀을 따라 여기까지 왔습니다. 우리도 그 말씀을 따라가야 합니다. 사람을 따라가면 갈등만 겪을 뿐입니다. 자기 생각을 따라가면 후회만 합니다. 말씀을 따라가야 흔들리지 않습니다.

거기서 벧엘 동쪽 산으로 옮겨 장막을 치니 서쪽은 벧엘이요 동쪽은 아이라 그가 그곳에서 여호와께 제단을 쌓고 여호와의 이름을 부르더니 점점 남방으로 옮겨 갔더라_창 12:8-9

아브람이 자리를 옮겨 벧엘과 아이 사이에 장막을 칩니다. 거기서도 다시 한번 제단을 쌓습니다. 크기가 바벨탑처럼 기단이 가로세로 90m나 되었겠습니까? 아닙니다. 작고 소박한 제단입니다. 지나가는 사람들의 눈에 잘 띄지도 않을 만한 크기입니다. 하나님이 보여 주실 땅으로 가라고 하셔서 이 땅에 온 아브람이 할 수 있는 일이란 고작 자그마한 제단을 쌓고, 여호와의 이름을 부르는 것뿐입니다. 이것을 위해서 그 먼 길을 오게 하신 것입니까? 믿음의 길이란 이런 것입니까? 그렇습니다. 이것이 믿음의 길입니다.

아브람은 점점 남방으로 옮겨 갑니다. 왜 옮겨 갑니까? 한곳에서 정착할 수 없는 삶의 환경이었기 때문입니다. 믿음을 따라가는 데 사람들이 환영합니까? 내가 제단을 쌓는 삶을 살면, 바벨탑을 쌓는 삶을 살던 사람들이 한순간에 우리를 환영하며 좋겠습니까? 그렇지 않습니다. 적대 관계로 여기고, 눈총을 주거나 핍박하거나 할 것입니다. 그래서 한곳에서 머물러 살기가 힘듭니다. 결국, 그곳 사람들의 텃세에 밀려 점점 남방으로 옮겨 간 것입니다.

믿음의 길을 잘 알고 가기를 바랍니다. 하나님이 목적지를 보여 주지 않은 채 데려가시는 것에 안심하십시오. 보여 주면 안 갈 것이기 때문입니다. 세상이 좋다고 하는 방식이 아닌, 하나님이 좋다고 하는 방식이 옳기 때문입니다. 우리가 믿음의 길을 가는 이유는 이 땅의 삶은 잠시뿐이기 때문입니다. 이 땅에서 나그네로 사십시오, 여기 머무르려고 하지 마십시오. 믿음의 길은 영원을 향한 길이기 때문입니다. 이것이 하나님이 아브람을 부르신 목적입니다. 가볍게 살다가 가볍게 떠날 수 있는 우리가 되기를 축복합니다.

9. 믿음은 흔들리며 피는 꽃

믿음이 기근을 만나다

=

창 12:10-20

아브람이 하나님의 말씀을 따라 가나안 땅에 도착했습니다. 하나님의 약속 하나만을 붙들고 갈대아 우르를 떠났습니다. 아버지 데라와 함께 하란에 주저앉고 싶은 유혹을 떨치고, 다시 일어나 떠나서 마침내 가나안 세겜 땅에 도착하여 첫 제단을 쌓고 예배를 드렸습니다. 하나님이 보여 주신 땅, 약속하신 바로 그 땅입니다. 그러나 그 땅의 누구도 아브람을 환영하지 않았습니다. 믿음의 현실은 언제나 냉혹합니다. 그가 가나안 땅에서 맞닥뜨린 현실은 배고픔이었습니다.

그 땅에 기근이 들었으므로 아브람이 애굽에 거류하려고 그리로 내려갔으니 이는 그 땅에 기근이 심하였음이라_창 12:10

누구도 쉽게 떠날 수 없는 믿음의 길을 담대하게 떠나서 하나님이 가라는 곳까지 갔는데, 그곳에서 기다리고 있는 것이 무엇입니까? 전능하신 하나님, 영존하시는 하나님, 천지를 지으시고 사람을 지으신 창조주 하나님의 명령을 따라 순종하며 왔는데, 막상 와 보니 기근이 기다리고 있습니다.

이해가 됩니까? 전능하신 하나님이 오라고 하셨으니, 왔으면 모든 것이 잘 풀려야 하는 것 아닙니까? 그래야 믿음의 길을 따라가는 보람이 있지 않겠습니까? 대체 무엇 때문에 아브람을 부르셔서 이곳에서 기근을 만나게 하신단 말입니까? 그 혼자만 왔더라면 견딜 만했을지도 모릅니다. 하지만 그에게는 가족이 있었고, 그들의 생명이 달려 있는 문제입니다. 하나님을 모르고, 믿지 않았을 때도 잘 먹고 잘살았는데, 왜 제대로 믿어 보겠다는 사람에게 이런 일이 닥치는 것입니까? 왜 이런 어려움을 만나야 합니까?

그래야만 내가 안전하다

하나님을 안 믿을 때도 그럭저럭 잘살았는데, 하나님을 믿기 시작하면서부터 먹고사는 일이 힘들어지는 경우가 있습니다. 왜 이런 일이 생깁니까? 답은 분명합니다. 하나님을 믿기로 결정했기 때문입니다. 더 이상 바벨탑을 쌓지 않고, 이제부터 제단을 쌓겠다고 마음먹었기 때문입니다. 하나님께 제단을 쌓고, 하나님을 의지한다고 선포했기 때문입니다. 믿음으로 살 것을 선포하고, 더 이상 자기 자신과 세상이 아닌 하나님을 의지하겠다고 결심했기 때문입니다.

하나님은 이 믿음이 진짜인지 가짜인지 확인해 보겠다고 하십니다. 이것이 믿음의 첫 번째 시련이요 첫 번째 관문입니다. 진실로 나의 믿음이 무엇인지를 드러내 보이는 시험입니다. 시험은 대부분 먹고사는 일로 시작됩니다.

자기 믿음이 어떠한지를 알 수 있는 가장 쉬운 길은 배고픔을 겪는 것입니다. 예수님도 이 땅에서 공생애를 시작하시기 전에 이 시험을 치르셔야만 했습니다. 40일을 금식하신 예수님에게 마귀가 메시아가 굶주린다는 것이 말이 되느냐고 유혹합니다. 그 능력이면 돌로 떡을 만들어 먹을 수도 있으니 당장 허기를 면하라고 재촉합니다. 이때 예수님의 답변은 무엇입니까? "사람이 떡으로만 사는 것이 아니요 여호와의 입에서 나오는 모든 말씀으로 산다"(신 8:3)입니다. 사람은 떡이 아닌 하나님의 말씀으로 삽니다. 우리 믿음은 여기서부터 출발해야 합니다.

갈대아 우르의 삶과 하나님이 인도하신 가나안의 삶은 어떻게 대비됩니까? 사람이 떡으로 사느냐, 떡이 아닌 말씀으로 사느냐의 갈림길입니다. 먹을 것이 있고, 돈이 있을 때는 대답하기가 쉽습니다. 나는 떡으로 살지 않고, 돈으로 살지 않는다고 말해도 당장 먹고살 게 있기 때문입니다. 그러나 정말로 돈이 떨어졌을 때는 선뜻 대답하기가 어렵습니다. 하나님의 말씀으로 산다고 말하기가 어렵습니다. 이때 믿음의 뿌리가 드러납니다. 막상 돈 없는 현실에 부딪히니 그동안 하나님의 말씀보다는 돈으로 살았던 신앙이었음을 깨닫습니다.

아브람은 위기에 처했습니다. 가나안 땅에서는 손 하나 내밀 사람이 없습니다. 도움을 청할 이웃도 없습니다. 하나님만 바라보고 왔는데, 갑자기 하나님이 사라지신 것만 같습니다. 버려진 듯한 느낌이었을 것입니다. 눈을 들어도 하나님은 보이지 않고, 배고픈 현실만 보입니다. 게다가 책임져야 할 가족이 있습니다. 가족을 굶겨 죽일 수는 없지 않습니까?

이때 아브람이 결단을 내립니다. 기근을 면하기 위해 약속의 땅을 떠나 다시 풍요의 땅으로 가는 것입니다. 그는 가족들을 데리고 애굽으로 내려갑니다.

그가 애굽에 가까이 이르렀을 때에 그의 아내 사래에게 말하되 내가 알기에 그대는 아리따운 여인이라 애굽 사람이 그대를 볼 때에 이르기를 이는 그의 아내라 하여 나는 죽이고 그대는 살리리니 원하건대 그대는 나의 누이라 하라 그러면 내가 그대로 말미암아 안전하고 내 목숨이 그대로 말미암아 보존되리라 하니라_창 12:11-13

먹고살 수 있는 땅 애굽으로 가려면, 약속의 땅에서 내려가야 합니다. 갈대아 우르에서부터 약속의 땅으로 힘겹게 올라왔는데, 다시 내려가야 합니다. 이처럼 신앙의 여정에는 부침이 있습니다. 올라갈 때가 있으면, 내려갈 때가 있습니다. 하나님을 따르는 길도 항상 올라가는 것만은 아닙니다. 오르막길과 내리막길이 있습니다. 오르락내리락하며 가는 것이 믿음의 길이니 내리막길을 만났다고 해서 너무 자책하지 않기를 바랍니다.

아브람은 애굽으로 내려가야만 살길이 열릴 것으로 생각합니다. 경험을 바탕으로 한 상식적이며 합리적인 생각입니다. 먹을 게 없는 데서 머물러 있는 것은 무모하며 비상식적이고 비합리적입니다. 먹을 게 없으면, 먹을 것을 찾아 떠나는 것이 당연합니다. 그러나 소위 경험적이며 상식적이고 합리적인 길은 대부분 믿음의 길과 정반대 방향입니다.

아브람의 믿음은 기근 앞에서 논리에 굴복하고 말았습니다. 믿음의 판단이 상식의 판단에 굴복했습니다. 그는 애굽으로 내려갑니다. 살기 위한 선택입니다. 믿음의 길을 나섰지만, 두려움이 찾아오니 옛 삶의 방식으로 다시 돌아가는 것입니다. 그는 한때 믿음의 결단을 내린 바 있지만, 냉엄한 현실 앞에서 상식의 판단으로 선회하고 맙니다.

그는 지금 살기 위해 애굽 땅으로 가고 있습니다. 그런데 애굽 땅이 가까워질수록 두려움이 몰려옵니다. 죽음의 그림자가 눈앞에 어른거리는 것 같습니다. 아무래도 아내 사래 때문에 죽을 것만 같습니다. 사래가 아름다워서 결혼했는데, 지금은 그녀의 미모가 화근입니다. '애굽 사람들이 사래를 차지하려고 나를 죽이면 어떡하지?' 근거 있는 두려움입니다. 이 또한 경험적이며 상식적이고 합리적인 두려움입니다.

당시 애굽 땅이건 어디건 아름다운 여인을 얻는 방법은 두 가지였습니다. 싸워서 빼앗든지 아니면 돈을 주고 사서 데려오든지였습니다. 전쟁은 합법적으로 아름다운 여인을 빼앗아오는 기회였습니다. 특히 전쟁에 승리하여 적국의 왕비나 공주를 취하는 것은 명예로운 일이었습니다. 아니면 지참금을 주고 데려오는 방법이 있습니다. 여인이 아름다우면 아름다울수록 큰돈을 지불했는데, 아름다운 여인의 보호자, 즉 아버지나 오빠가 이 돈을 받았습니다. 액수를 먼저 요구할 수 있었고, 액수가 마음에 들지 않으면 거절할 수도 있었습니다.

아브람은 사래를 자칫 아내로 소개했다가 목숨을 잃고 빼앗길 수 있으니 차라리 사래를 누이라고 소개하는 편이 낫겠다고 생각했습니다. 애굽 사람들이 지참금을 들고 와도 거절하면 그만이라고 생각한 것입니다.

꼼수가 먹히지 않다

아브람이 복잡한 계산을 하는 이유가 무엇입니까? 살길을 찾아야 하기 때문입니다. 당연합니다. 누가 죽을 길을 찾습니까? 살기 위해 애굽으로 내려왔고, 살기 위해 사래를 누이로 속이기로 마음먹은 것입니다. 더군다나 실제로 사래는 그의 이복 누이였습니다. 그러니 근거 없는 거짓말도 아니라고 자위합니다. 하지만 지금 사래는 누구입니까? 그의 아내입니다. 그러니 아내가 아니라 누이라고 속이는 것은 분명한 거짓말입니다.

믿음의 길에서 벗어나 살길을 찾았지만, 쉽지 않은 길입니다. 게다가 일이란 게 한번 꼬이면 점점 더 꼬이는 법입니다. 그는 자신의 아이디어를 사래에게 설명하고 동의를 얻어야만 합니다. "당신을 누이라고 속여야 내가 '안전'하다"고(창 12:13) 설득합니다. "안전"의 히브리어 뜻은 '잘되다'입니다. 즉 성공할 수 있다는 뜻입니다. 다시 말해서, 애굽 땅에서는 정직하게 살아 봤자 잘 안 되고, 성공할 수 없다는 생각을 드러낸 것입니다.

믿음으로 살기를 결단하고 떠난 인생이지만, 믿음을 잠시 접어두면 인간적인 염려가 밀려들기 마련입니다. 그러면 잘되는 길, 성공하는 길을 찾아 세상에서 살아가던 방식대로 돌아가게 됩니다. 이것이 우리 믿음의 현주소이며 믿음의 사람들이 맞닥뜨릴 수밖에 없는 갈림길입니다.

아브람의 아이디어가 뭐 그리 대단히 나쁜 생각입니까? 그의 생각이나 이 시대 사람들의 생각이나 무슨 차이가 있습니까? 우리도 나와 가족의 생명을 부지하기 위해, 내가 잘되기 위해 살길을 찾아 적당히 둘러대며 거짓말도 하고, 하는 수 없이 임기응변으로 넘기기도 하지 않습니까? 뭐가 다릅니까? 다르지 않습니다. 고대인과 현대인이 다르다고 생각하기 쉽습니다. 대한민국 사람과 아프리카 사람이 다르다고 생각하기 쉽습니다. 아닙니다. 시대나 지역을 막론하고 사람의 생각은 별 차이가 없습니다.

아프리카 중부 내지에서 초등학교를 운영하는 선교사의 이야기를 듣고 웃은 적이 있습니다. 그곳 학부모나 서울 강남의 학부모나 교육열은 똑같다는 것입니다. 자녀를 키우는 어머니의 마음이 여기라고 다르고 아프리카라고 다르겠습니까?

아브람의 이야기는 옛날이야기인 동시에 현시대 이야기이기도 합니다. 믿음의 조상 이야기인 동시에 믿음의 후손 이야기이기도 합니다. 다 잘살자고, 잘되자고 믿는 것인데, 믿음의 길에 들어서고 보니 자기 생각대로 되지 않습니다. 상상하고 기대했던 것과 다른 길을 만납니다. 자꾸 어긋나는 것만 같습니다. 잘못 가고 있는 것일까요? 아닙니다. 제대로 가고 있습니다. 가는 길이 험하고 힘들면, 제대로 가고 있다는 증거입니다. 죽을 것같이 고통스럽다면 제대로 된 길을 걷고 있는 것입니다.

아브람이 애굽에 이르렀을 때에 애굽 사람들이 그 여인이 심히 아리따움을 보았고 바로의 고관들도 그를 보고 바로 앞에서 칭찬하므로 그 여인을 바로의 궁으로 이끌어 들인지라_창 12:14-15

아브람이 애굽에 이르자 걱정했던 대로 그곳 사람들이 사래에게 주목합니다. 도대체 사래가 몇 살인데, 애굽 사람들이 탐냅니까? 그때 사래의 나이가 65세였습니다. 이 나이에 가능한 이야기입니까? 사래는 127세에 죽습니다. 당시 수명을 기준으로 계산하면, 65세는 중년쯤 되는 나이입니다. 그리고 그녀는 아이를 낳아 본 적이 없습니다. 함족은 피부색이 검은데, 사래는 흰 피부의 셈족입니다. 피부가 흰 금발의 원숙한 미인을 보고 감탄하는 심경이었을 것입니다. 가나안에서 왔다는 사람의 누이가 절세미인이라는 소문이 사방으로 퍼졌습니다.

애굽 왕궁에 있는 고위 공직자들 귀에도 이 소식이 들렸습니다. 그중에는 아브람에게 누이동생의 지참금으로 얼마를 주면 좋을지 일찌감치 의사를 타진해 온 사람도 있을 수 있습니다. 하지만 아브람은 아무리 큰 금액을 제시받아도 모두 거절했을 것입니다. 그러다 보니 고관들이 쑥덕대다가 바로의 귀에까지 사래의 소문이 들어가고 말았습니다.

가이사는 로마 황제를 가리키고, 아비멜렉은 블레셋 왕을 가리키듯이 바로는 애굽 왕을 가리킵니다. 왕 앞에서 고관들이 사래의 미모 이야기나 한다고 그들을 수준 낮게 보지 마십시오. 중동 어느 나라에서는 각료 회의 때 한국 드라마 〈대장금〉 이야기를 나누다가 시간을 다 보냈다는 말이 있지 않습니까? 결국, 바로가 사래를 데려오기로 마음먹었습니다. 애굽 왕의 뜻을 누가 꺾을 수 있겠습니까?

거짓말이 낳은 결과

바로가 막대한 지참금을 주고 사래를 데려갑니다.

이에 바로가 그로 말미암아 아브람을 후대하므로 아브람이 양과 소와 노
비와 암수 나귀와 낙타를 얻었더라 _창 12:16

아브람은 "양과 소"와 "암수 나귀와 낙타"를 선물로 받았습니
다. 남녀 노비까지 생겼습니다. 갑자기 거부가 된 것입니다. 사래
가 그냥 누이이기만 했다면, 그녀를 애굽 왕실에 시집보냈으니
기뻐서 춤출 일입니다. 가나안에 있었으면 굶어 죽었을 텐데, 애
굽에 와서 한순간에 부자가 되었으니 얼마나 잘되었습니까? 애
굽행은 아브람이 일생 중에 가장 잘한 선택일 것입니다.

그런데 실상은 어떻습니까? 아브람은 모든 것을 얻고도 기뻐
할 수가 없습니다. 거짓말 한마디에 일이 뒤죽박죽되고 말았습니
다. 아브람이 머리를 짜내어 지혜롭다고 생각한 그 방법 때문에
아내 사래를 빼앗기게 되었습니다. 밤에 잠이 오기나 했겠습니
까? 밤새 탄식했을 것입니다.

왜 모든 사람이 축복이라고 생각하는 것을 그는 축복으로 받
아들일 수 없습니까? 가장 소중한 사람을 빼앗겼기 때문입니다.
바꿀 수 없는 것과 바꾼 셈이기 때문입니다. 갈대아 우르에서 하
란과 세겜을 거쳐 온 길들이 주마등처럼 스쳐 지나갔을 것입니
다. '내가 지금 왜 여기 있지? 어쩌다가 사래와 헤어지게 됐지?
눈앞에 있는 이게 다 뭐지?' 거짓말한 것을 후회하지 않았겠습니
까? 애굽 땅에 온 것을 후회하지 않았겠습니까?

설마설마하다가 이렇게 된 것입니다. 자기 힘으로는 도저히

어떻게 해볼 도리가 없고, 무슨 수를 써도 돌이킬 수 없는 어려움에 빠진 것입니다. 아마도 아브람은 다시 하나님께 엎드렸을 것입니다. 그리고 애굽 땅에 내려올 때, 하나님께 여쭤보지 않고 혼자 결정한 것을 회개하지 않았을까요?

우리는 어떻습니까? 나로서는 최선의 결정을 내렸는데, 결과가 엉뚱하게 나와서 눈물로 뒤범벅이 된 채 하나님께 엎드린 적이 없습니까? 정말로 나쁜 의도가 아니었는데도, 사람들에게는 오해받고 비난받아서 떠나야 했던 적은 없습니까? 자녀들을 잘 가르쳐 보겠다고 이민까지 왔는데, 공부는 고사하고 아이들을 세상에 빼앗긴 채 아픈 가슴을 쓸어내리는 부모가 어디 한둘이겠습니까?

믿음으로 떠난 길에 왜 이런 일이 생깁니까? 하나님의 생각과 내 생각이 뒤섞이면 이런 일들이 당연히 벌어지곤 합니다. 요즘 말로 소위 '밀당'이 시작된 것입니다. 밀당이란 밀고 당기는 줄다리기를 비유한 표현입니다. 낚시꾼은 낚싯바늘에 걸린 물고기를 끌어 올리기 전에 낚싯줄을 풀었다 감았다 하는 싸움을 얼마간 합니다. 물고기의 힘을 빼는 것입니다. 낚시꾼이 이기겠습니까, 물고기가 이기겠습니까? 나는 하나님을 내 편으로 끌어당기고, 하나님은 나를 하나님 편으로 끌어당깁니다. 하나님이 이기시겠습니까, 내가 이기겠습니까? 낚시꾼이 낚싯바늘에 걸린 고기를 포기하지 않듯이, 하나님도 아브람을 포기하지 않으십니다. 아브람이 이제 막 믿음의 걸음을 걷기 시작했는데, 그를 포기하시겠습니까?

하나님은 아브람을 찾아가셨을 때부터 그를 믿음의 사람으로 세우기로 작정하셨습니다. 그의 후손을 통해 새로운 믿음의 계보를 만들기로 결정하셨습니다. 아브람에게 믿음을 어떻게 심어 주시겠습니까? 자녀가 믿음의 자녀로 자라게 하기 위해서는 자녀를 어떻게 대해야 할까요? 해 달라는 대로 다 해 주는 것이 좋습니까? 평생 어려움이 없도록 돌보겠습니까? 아니면 혼자 믿음으로 두려움에 맞서 한 걸음씩 나아가도록 돕겠습니까? 혼자 걷다가 넘어지면, 그때마다 붙들어 주면서 그 걸음을 인도하지 않겠습니까?

여호와께서 아브람의 아내 사래의 일로 바로와 그 집에 큰 재앙을 내리신지라_창 12:17

사태가 더 악화하기 전에 하나님이 개입하십니다. 바로와 그 집에 재앙을 내리신 것입니다. 무슨 재앙인지는 알 수 없습니다. 다만 한 가지 분명한 것은 사래와의 혼인을 준비하는 과정에서 큰일을 만났다는 것입니다. 그러자 바로가 얼핏 깨닫습니다. 이 여자와 결혼했다가는 무슨 일이 벌어지겠구나 하고 덜컥 겁이 났을 수도 있습니다. 바로는 그날 밤에 아브람을 불러 다그칩니다.

바로가 아브람을 불러서 이르되 네가 어찌하여 나에게 이렇게 행하였느

냐 네가 어찌하여 그를 네 아내라고 내게 말하지 아니하였느냐_창 12:18

이런저런 걸 따지다가 사래가 실은 아브람의 누이가 아니라 아내라는 사실이 드러난 것입니다. 여기서 우리는 두 가지를 보게 됩니다. 첫째, 하나님의 사람이 거짓말을 했더니 바로가 재앙을 겪는 것입니다. 바로가 거짓말했습니까? 아브라함이 했습니다. 하나님의 사람이 믿음대로 살지 않으면, 믿음 없는 사람들에게 재앙이 닥친다는 것입니다. 교회가 교회답지 못하면, 한국 사회가 어떻게 되는지 보지 않았습니까? 하나님이 구원의 통로로 삼으신 교회가 복음의 본질을 잃어버리면, 사회가 총체적으로 부패하고 맙니다. 이것이 이 이야기가 주는 메시지입니다.

믿음으로 사는 사람들이 정직해야 할 이유가 여기에 있습니다. 이 땅을 진실로 축복하며 살아야 할 이유입니다. 내가 복이라는 말은 내가 기준이란 뜻입니다. 내가 기준을 놓치면 다른 사람들이 페널티를 받는, 어처구니없는 일이 벌어집니다. 믿음의 사람들이 믿음을 저버린 탓에 믿음 없는 사람들이 겪는 고난을 기억하십시오.

은혜, 특권이자 책임

두 번째로 보게 되는 것은 이것입니다. 바로가 아브람을 불러서 "네가 어찌하여 그를 네 아내라고 내게 말하지 아니하였느냐"

고 힐난합니다. 믿음의 사람이 믿음 없는 사람에게서 야단을 맞습니다. 비크리스천들이 크리스천들을 욕하기 시작한 것입니다. 우리가 믿음을 떠나면 하나님을 모르는 사람들이 고난을 겪을 뿐만 아니라 우리가 그들로부터 비난을 받게 됩니다. 오늘날 교회가 사회로부터 조롱받는 게 우연일까요? 우리는 잘하는데, 괜히 욕을 먹는 것 같습니까?

> 네가 어찌 그를 누이라 하여 내가 그를 데려다가 아내를 삼게 하였느냐 네 아내가 여기 있으니 이제 데려가라 하고 바로가 사람들에게 그의 일을 명하매 그들이 그와 함께 그의 아내와 그의 모든 소유를 보내었더라
> _창 12:19-20

한 가지 놓치지 말아야 할 것이 있습니다. 믿는 사람들은 변명할 자격이 없습니다. 하나님이 믿는 사람들을 이미 복되게 하셨기 때문입니다. 믿는 사람을 복의 기준으로 삼으셨기 때문입니다. 믿는 사람이 자신이 살아가는 방식을 통해 하나님의 복을 흘려보내야 하기 때문입니다. 이것이 하나님이 우리에게 주신 하나님의 권세입니다. 이 권세는 권리이자 의무입니다. 하나님의 권세로 사는 것은 권리이고, 하나님의 권세를 드러내야 하는 것은 책임입니다. 그러므로 하나님의 말씀대로 살지 않는다면, 어떤 경우건 변명의 여지가 없습니다. 변명하는 순간 권세는 권세로서의 가치를 잃어버립니다.

위싱턴 특파원 시절에 일이 너무 힘들었습니다. 특히 13시간의 시차가 힘들었습니다. 서울에서 낮에 전화를 걸면, 위싱턴은 한밤중이거나 꼭두새벽입니다. 그때는 휴대전화가 없던 시절이라 전화벨이 울리면 한두 번 만에 받아야 그나마 가족들이 잠을 잘 수 있었습니다. 매일 밤 신경이 곤두서고 짜증이 났습니다. 서울에서 전화를 거는 사람은 시차에 관한 생각이 없거나, 있어도 모든 일이 한국 시각 중심으로 돌아가기 때문에 특파원의 사정을 헤아릴 겨를이 없습니다. 이런 사정은 신문사보다 방송사 특파원들이 더 심했습니다. 어느 날, 특파원들 사이에 이런 얘기가 나와서 다들 푸념을 늘어놓는데, 뜻밖의 이야기를 듣고 정신이 번쩍 들었습니다.

한 특파원이 너무 힘들어서 서울 본사의 간부에게 하소연하며 불평을 늘어놓았던 것입니다. 그런데 상사가 딱 한 마디로 답을 하더라는 것입니다.

"힘들어? 그러면 한국에 들어와. 내일이라도 당장 들어와. 위싱턴에 나가고 싶어 하는 기자들, 여기에 줄 서 있어."

권세를 원하는 사람들이 줄을 섰습니다. 인기나 명예를 원하는 사람이 줄을 섰습니다. 그러나 인간의 권세는 권리와 책임입니다. 인간으로 태어난 것은 권리이고, 인간으로 사는 것은 책임입니다. 인간처럼 살 수 있는 권리가 있지만, 동시에 짐승처럼 살지 않아야 할 책임이 있는 것입니다.

그런데 믿음의 사람이 된다는 것은 또 다른 차원입니다. 하나님을 믿는다는 것은 이제 하나님을 닮은 사람이 될 수 있는 특권을 받는 것입니다. 동시에 책임이 주어지는 것입니다. 변명은 곧 책임의 포기를 의미합니다. 동시에 권리의 포기를 뜻합니다. 크리스천이 된다는 것은 특권인 동시에 책임입니다. 크리스천이 겪어야 할 고난을 회피하는 것은 곧 책임의 포기입니다. 하나님의 뜻에 순종해야 할 책임을 포기하는 것입니다. 동시에 하나님의 은혜를 포기하는 것이기도 합니다.

구원받은 백성은 누구나 그런 특권과 책임을 부여받습니다. 은혜는 이 두 가지를 다 포함합니다. 크리스천은 은혜받은 자인 동시에 복음 맡은 자라는 뜻입니다. 복음 전하는 일만 하지 않으면, 크리스천 노릇을 할 만하다고 하겠습니까? 십자가만 없으면 교회에 다닐 만할 것 같습니까? 희생이나 헌신이 없는데, 진짜 크리스천이라고 할 수 있습니까?

우리는 값싼 은혜를 원합니다. 고통 없는 축복과 고난 없는 은혜를 원합니다. 그것은 책임 없는 권리를 달라는 것과도 같습니다. 복음은 분명 은혜입니다. 구원은 분명 은혜입니다. 이 은혜는 상상할 수 없는 특권입니다. 사형수가 특별 사면으로 석방된 것과도 같습니다. 그래서 자유인이 되는 특권을 받았다면, 어떻게 살아야 합니까? 막살아도 됩니까? 석방되자마자 사형 선고를 받았던 바로 그 죄를 또 지어도 됩니까? 특별 사면되었다는 것은 다시는 똑같은 죄를 짓지 말아야 할 책임이 주어졌다는 것을 의미합니다.

구원파의 문제가 무엇입니까? 한번 받은 구원은 취소되지 않는다고 주장하는 것이 문제입니다. 그들은 우리가 무슨 짓을 해도 구원이 보장된다고 주장합니다. 그런 구원은 처음부터 구원이 아닙니다. 그런 은혜는 처음부터 하나님의 은혜가 아닙니다. 버릇없이 제멋대로 자라도록 막 키우는 부모의 사랑이 진짜 사랑입니까?

하나님은 아브람을 사랑하시기에 그에게 믿음을 가르치십니다. 믿음으로 산다는 것이 무엇인지를 가르치기 시작하신 것입니다. 믿음의 사람이 믿음 없는 사람과 함께 살 때, 어떻게 살아야 하는지를 가르쳐 주고 계십니다.

아내 사래를 누이로 속이는 어처구니없는 잘못을 저지른 아브람을 하나님은 왜 구해 주십니까? 그에게 약속하셨기 때문입니다. 그로 하여금 큰 민족을 이루도록 하겠다고 약속하셨기 때문입니다. 그의 이름을 창대하게 하리라고 약속하셨기 때문입니다. 아브람이 복이 될 것이라고 말씀하셨기 때문입니다. 신실하신 하나님은 인간의 허물 때문에 그 약속을 번복하시지 않습니다. 인간의 신실하지 못함 때문에 하나님의 성품인 신실하심을 먼저 포기하시는 일은 없습니다.

우리가 왜 하나님의 약속을 붙들어야 합니까? 하나님은 신실하시기 때문입니다. 하나님은 능력이 있으시기 때문입니다. 스스로 괜찮은 생각이라고 굳게 믿고 시작했어도, 자기 생각을 붙들면 스스로 놓은 덫에 걸리거나 스스로 판 웅덩이에 빠지게 됩니다. 생각이 복잡할수록 하나님의 생각에 관심을 기울여야 합니다. 하나님의 말씀을 경청하고, 하나님의 약속을 붙들어야 합니다.

바로가 사래를 돌려보냅니다. 그러나 아브람에게 주었던 것은 하나도 되돌려받지 않습니다. 어떤 사람은 이 부분에 은혜를 받을지 모르겠습니다. 어쨌건 아브람과 사래는 고생했지만, 그 덕분에 얻은 것이 많다고 부러워할지도 모릅니다. 그 정도 재산이 생긴다면 그깟 고생이야 감수하고 말겠다고 생각할지도 모릅니다. 그러나 조심하십시오. 아브람의 길은 이제 시작에 불과합니다.

우리는 아브람의 생애를 이미 들어서 알고 있습니다. 아브람보다 하나님에 관해 더 많이 들었고, 더 많은 은혜를 받았고, 더 큰 특권을 누렸습니다. 그러므로 더 큰 실수를 하더라도 괜찮을 것이라는 생각은 하지 마십시오. 더 큰 책임을 피할 생각도 하지 마십시오.

지금 아브람은 어떤 사람입니까? 신앙인입니까, 아닙니까? 정확히 말하자면 아직은 절반의 신앙인입니다. 반(半)크리스천입니다. 안티크리스천(Anti-Christian)이란 게 아니라 온전한 크리스천(Full-Christian)이 아닌 절반만 크리스천(Half-Christian)이란 뜻입니다. 신앙의 첫발을 떼긴 했지만, 제대로 걷지 못한 채 갈지(之)자로 걷는 믿음입니다.

하나님은 아브람의 신앙을 빚고 계십니다. 우리는 그를 따라

가면서 우리 신앙이 어떤지 확인하게 됩니다. 혹시 스스로 크리스천이라고 주장하지만, 실제로는 절반만 크리스천이거나 혹은 아직 첫발도 떼지 못한 크리스천은 아닌지 자신을 살펴봐야 합니다.

하나님의 이름, 예수 그리스도의 이름에 합당하게 사는 것이 우리 소명입니다. '크리스천 빙자 사기죄'라는 말도 안 되는 죄로 불신자들에게 비난받지 않도록 하십시오. 주차장에서건 식당에서건 일터에서건 어디서건 비난받을 만한 일은 하지 말아야 합니다. 손해 보지 않기 위해 죽을힘을 다하는 세상에서 손해 보기로 결정해야 합니다. 사람한테서 손해 본 것은 하나님이 채워 주심을 믿고 살아야 합니다. 온전한 크리스천의 삶을 꼭 경험해 보기를 바랍니다.

10. 갈등을 어떻게 해결할 것인가

믿음으로 갈등을 풀다

=

창 13:1-18

아브람이 애굽에서 다시 가나안 땅으로 올라갑니다. 애굽에서 아내 사래를 잃을 뻔했지만, 다행히 아내를 되찾았고 오히려 재산도 늘었습니다. 그러나 애굽 땅이 내 땅이 아니라는 사실을 경험한 혹독한 시간이었습니다. 애굽은 하나님이 약속하신 땅이 아니며 바로에게 아내를 빼앗길 수도 있는 땅입니다. 아브람의 생명을 한순간에 거두어 갈 수도 있는 무시무시한 땅이었습니다. 그는 복이란 자기 선택에 달린 것이 아니라 하나님이 그를 찾아와 불러 주신 데 있고, 하나님과 동행하는 데 있다는 것을 깨달았습니다.

그는 이 일을 통해 하나님이 그의 인생에 어떻게 개입하고 계신지를 경험했습니다. 애굽으로 내려간 것은 그의 선택이었지만, 가나안 땅에 다다랐던 것은 그의 선택이 아니었음을 다시금 깨달은 것입니다. 아브람은 자신이 어디에 거주해야 하는지를 확인하고, 발걸음을 돌이킵니다.

> 아브람이 애굽에서 그와 그의 아내와 모든 소유와 롯과 함께 네게브로 올라가니 아브람에게 가축과 은과 금이 풍부하였더라 그가 네게브에서부터 길을 떠나 벧엘에 이르며 벧엘과 아이 사이 곧 전에 장막 쳤던 곳에 이르니 그가 처음으로 제단을 쌓은 곳이라 그가 거기서 여호와의 이름을 불렀더라_창 13:1-4

아브람이 벧엘로 돌아왔습니다. 벧엘은 '하나님의 집'이란 뜻입니다. 그에 비하면, 애굽은 바로의 집입니다. 누구 집에 사느냐가 내가 누구인지를 결정하고, 내 삶을 결정합니다. 하나님의 집에 사느냐 아니면 하나님을 대적하는 자의 집에 사느냐에 따라 미래가 달라집니다. 교회는 하나님의 집입니다. 건물 얘기가 아닙니다. 두세 사람이라도 하나님의 이름으로 모인 사람들이 교회입니다(참조, 마 18:20). 이런 공동체를 경험하는 것이 하나님 나라 백성의 삶이고, 공동체와 함께 사는 것이 하나님의 집에 사는 것입니다.

바로가 다스리는 곳에서 돌아온 아브람은 벧엘과 아이 사이에 있는, 가나안 땅으로 올라왔을 때 처음으로 장막을 쳤던 곳에서 다시 여호와의 이름을 부릅니다. 처음으로 제단을 쌓았던 곳, 여호와의 이름을 처음 불렀던 곳입니다. 그곳에 다시 돌아온 아브람에게 감격이 없었겠습니까? 눈물이 없었겠습니까? 자칫하면 목숨을 잃고, 아내도 잃을 뻔했던 여행이 아닙니까? 아브람이 여호와의 이름을 부를 때, 그의 눈에서는 눈물이 주체 못 할 정도로 흘렀을 것입니다. 그리고 감사해하며 다시는 제단을 버리지 않겠노라고 굳게 맹세하며 서원했을 것입니다.

믿음 안에서 생긴 갈등

아브람은 하나님의 집에 다시 돌아왔다는 안도감에 젖었고, 마치 집 나갔던 아들이 돌아온 듯 평온함을 누리게 되었습니다. 그는 전에 장막을 쳤던 곳에 다시 장막을 치고, 제단을 쌓습니다. 그곳에서 예배드릴 때 얼마나 감격스러웠을까요? 이 땅에 다시 돌아오게 해 주신 하나님께 감사했을 것입니다.

우리는 자신이 살 집을 택해야 합니다. 우리는 세상 속에서 살지만, 세상에 속하지 않은 자들입니다. 세상에 속하지 않은 자로서 사는 것은 곧 바로의 집에서 살지 않기로 결정하는 것과도 같습니다.

아브람이 가나안에 돌아왔으니 이제부터 아무 문제가 없겠습니까? 순풍에 돛을 단 듯 모든 일이 순조롭겠습니까? 아닙니다. 다시 풍랑이 일어납니다. 또다시 문제가 발생합니다. 믿음의 항해는 적도 부근의 무풍지대를 지나는 것이 아닙니다. 마치 사자가 포효하는 것처럼 성난 파도가 밀려오는 위도 40도 선을 통과

해야 하고, 배가 삐걱거리다 못해 깨어질 것만 같은 거대한 풍랑의 위도 50도 선도 지나가야 합니다.

기근을 면한 아브람이 이번에는 관계의 어려움에 맞닥뜨립니다. 믿음의 길에서 뜻밖의 갈등, 이전에는 경험해 보지 못한 갈등을 경험하게 됩니다.

> 아브람의 일행 롯도 양과 소와 장막이 있으므로 그 땅이 그들이 동거하기에 넉넉하지 못하였으니 이는 그들의 소유가 많아서 동거할 수 없었음이니라_창 13:5-6

아브람과 롯은 삼촌과 조카의 관계입니다. 아브람은 아버지를 일찍 여읜 롯을 데리고 갈대아 우르를 떠났고, 하란에서 가나안까지 함께 왔다가 먹고살기가 힘들어서 애굽 땅에 같이 내려갔다가 큰일을 겪고 겨우 함께 돌아왔습니다. 그 과정에서 롯에게도 재산이 생겼습니다. 양과 소와 장막을 갖게 되었습니다. 장막이 있다는 것은 거두어야 할 식솔들이 있다는 뜻입니다. 그러다 보니 전에는 미처 겪어 보지 못했던 갈등 상황에 부닥치게 되었습니다. 아브람과 롯이 함께 거하기에는 땅이 충분하지 않았던 것입니다. 장막을 치기에도 어려울 만큼 땅이 비좁은 것은 아니었을 것입니다. 문제는 두 사람이 거느린 가축 떼를 충분히 먹일 만한 초지가 부족하다는 것이었습니다.

여기서 눈여겨볼 것은 아브람과 롯의 재산 규모가 같지 않다는 점입니다. 아브람은 가축과 은과 금이 많았습니다. 그러나 조카 롯은 그 정도는 아닙니다. 당연히 재산 규모가 다를 수밖에 없습니다. 롯이 재물에 무관심한 사람이었겠습니까? 그렇지 않습니다. 비교로부터 자유로운 사람은 없습니다. 비교 대상은 늘 가장 가까이 있는 사람입니다. 부부가 서로 비교하는 것이 정상입니까, 비교하지 않아야 정상입니까? 부모 자녀 간에는 서로 비교하는 것이 정상입니까, 비교하지 않는 것이 정상입니까? 형제간에는 또 어떻습니까? 안타깝게도 가까이 있으면, 눈에 띄는 모든 것을 비교하는 것이 일반적인 심리입니다.

가장 심각한 갈등은 가장 가까이 있는 사람들 사이에서 일어납니다. 그게 인간이고, 그게 세상입니다. 구원받지 못한 백성, 자기 안에 하나님의 말씀이 없고, 하나님의 꿈과 비전이 없는 백성은 어떤 관계든 같이 있으면 싸우게 되어 있습니다. 하나님이 우리 안에 계시지 않으면, 할아버지와 손자도 갈등을 빚습니다.

아브람과 롯이 삼촌과 조카라서 갈등이 일어나는 것이 아닙니다. 곁에 있어서, 바로 눈앞에 있어서 일어납니다. 날마다 불어나는 재산이 눈에 보여서 생기는 갈등입니다. 아브람을 따라다니던 롯은 점점 그를 삼촌이 아닌 경쟁자로 인식하기 시작합니다.

자세한 설명은 없지만, 사실 롯이 소유한 양이나 소는 다 삼촌 아브람 덕에 생긴 것 아니겠습니까? 롯이 삼촌을 멀리 떠나 다른 곳에 가서 스스로 벌어서 마련한 것이 아니지 않습니까? 그런데 어느 날부턴가 롯은 삼촌 '덕분에' 이만큼 생겼다가 아니라 삼촌

'때문에' 이것밖에 모으지 못했다는 생각이 들기 시작합니다. 심지어 나이 든 삼촌이 저토록 많은 재산을 갖게 된 것은 다 나같이 젊은 사람이 곁을 떠나지 않고 지켜 주었기 때문이라고 생각했는지도 모릅니다. 삼촌 아브람에 대한 롯의 불만이 커지면서 어떤 일이 벌어질까요?

이쯤 되면 롯의 얼굴빛이 달라지고, 말투가 달라졌을 것입니다. 기저귀 차고 다닐 때부터 알고 지내 온 조카인데, 언제부턴가 이상하게 행동하는 것입니다. 서로 점점 불편해집니다. 이 두 사람의 관계 변화를 누가 가장 먼저 눈치채겠습니까?

> 그러므로 아브람의 가축의 목자와 롯의 가축의 목자가 서로 다투고 또 가나안 사람과 브리스 사람도 그 땅에 거주하였는지라_창 13:7

바로 아브람과 롯의 일을 돕고 있는 그들의 하인들이 기막히게 눈치채고 맙니다. 그래서 아직까지 아브람과 롯은 서로 얼굴을 붉히고 다툰 적이 없지만, 아브람의 가축을 돌보는 목자들과 롯의 가축을 키우는 목자들이 다투기 시작합니다. 표면적으로는 롯이 아브람에게 여전히 공손한 말씨와 태도를 보였을 수 있습니다. 그러나 이심전심으로 롯의 불만이 고스란히 그의 목자들에게 전해졌고, 아무래도 예전 같지 않은 롯을 향한 아브람의 불편한 마음도 그의 목자들에게 전해졌을 것입니다. 그 결과, 양쪽 목자들 사이에 갈등이 싹트다 못해 어느 때부터인가 갈등이 수면으로 떠오른 것입니다.

목자들의 다툼의 뿌리는 무엇입니까? 아브람과 롯이 여전히 서로 사랑하고 아끼는 관계라면 아랫사람들이 감히 다투지 못합니다. 하지만 눈치 빠른 목자들이 아브람과 롯의 불편한 관계를 간파하고, 틈만 나면 서로에게 불만을 터뜨립니다.

문제는 이 땅이 아브람과 롯만 사는 땅이 아니라는 점입니다. 누가 또 살고 있습니까? 가나안 사람과 브리스 사람들이 원래 살고 있던 땅입니다. 그들은 무엇을 하고 있을까요? 목자들의 다툼을 다 지켜보고 있습니다. 아브람과 롯, 삼촌과 조카가 하는 행동을 다 보고 있습니다.

그들 입장에서 한번 생각해 보십시오. 어느 날, 갈대아 우르에서 하란을 거쳐 왔다는 낯선 사람들이 나타났습니다. 어떤 사람들인지 실눈을 뜨고 지켜보고 있는데, 제단을 쌓더니 전에는 본 적이 없는 행동을 합니다. 그러다가 기근이 닥치니 언제 왔느냐는 듯 사라졌습니다. 들리는 얘기로는 애굽으로 내려갔다는 것입니다. 그런데 이번에는 가축 떼를 이끌고 다시 나타났습니다. 많은 가축을 몰고 나타난 것부터가 아주 신경이 거슬립니다. 그렇잖아도 가축들 먹일 초지가 부족한데, 이방인들이 풀밭을 헤집어 놓으니 영 불편합니다. 이제는 눈에 불을 켜고 그들을 감시하듯 지켜보기 시작합니다. 하루는 목자들이 둘로 나뉘어 싸우는 것이 눈에 들어옵니다.

"자기들끼리 왜 저렇게 싸우지? 무엇 때문에 싸우는 거야?"

귀를 쫑긋하고 들어보니 초지 때문에 다투고 있습니다. '이 사람들이 제정신인가? 이게 누구 땅인데, 남의 땅에 와서는 왜 자기 것처럼 싸우나? 정신 나간 녀석들이군' 하고 생각하지 않겠습니까?

익숙한 이야기 아닙니까? 오늘날 교회 이야기 아닙니까? 어느 날, 예배를 드린다는 사람들이 동네에 나타납니다. 아침저녁으로 예배드린다고 해서 실눈을 뜨고 지켜보는데, 여간 소란스럽지 않습니다. 사람이 점점 불어나는 것이 눈에 거슬립니다. 그런데 어느 날부턴가 자기들끼리 갈라져서 싸우기 시작합니다. 누가 누구를 고소했다는 얘기도 들리고, 재판이 열린다는 얘기도 들립니다.

'도대체 이 사람들은 뭐야? 가끔 찾아와서 하나님이 어쩌고 예수님이 어쩌고 하면서 당신도 교회에 와 보라고 하더니 왜 자기들끼리 싸우는 거야?'

믿지 않는 사람들이 교회가 다투는 모습을 보고 무슨 생각을 하겠습니까?

당시 가나안 사람이나 브리스 사람들은 제단을 쌓지 않았습니다. 그들은 싸워도 성을 쌓거나 땅을 넓히느라 싸웠습니다. 그래도 친족끼리 싸우는 일은 없었습니다. 오히려 친족이 힘을 합쳐서 그들을 넘보는 다른 부족들과 싸웠을 뿐입니다. 그런 사람들 틈에서 소위 믿음의 사람들은 어떻게 살아야 하겠습니까? 믿음의 사람들 안에서 생긴 갈등을 도대체 어떻게 풀어야 합니까? 믿지 않는 사람들도 하지 않는 싸움을 언제까지 계속해야 합니까?

세상과 다른 해결 방식

아브람이 믿음의 사람으로서 이 갈등을 어떻게 해결하는지 보십시오.

아브람이 롯에게 이르되 우리는 한 친족이라 나나 너나 내 목자나 네 목자나 서로 다투게 하지 말자 네 앞에 온 땅이 있지 아니하냐 나를 떠나가라 네가 좌하면 나는 우하고 네가 우하면 나는 좌하리라_창 13:8-9

아브람은 조카 롯이 사과하러 올 때까지 기다리지 않고, 그에게 먼저 말을 건넵니다. 이미 갈등이 불거지고 말았지만, 더 이상은 문제를 안고 가지 않겠다는 것입니다.

세상에서는 윗사람이 아랫사람을 먼저 찾아가는 일이 없습니다. 먼저 연락하는 일도 드문데, 앞서 사과한다는 것은 있을 수 없는 일입니다. 그러나 믿음으로 사는 사람들은 반대로 행합니다. 믿음이 굳건한 사람이 믿음이 연약한 사람을 찾아가고, 큰 믿음을 가진 사람이 작은 믿음을 가진 사람을 찾아갑니다. 세상 기준으로 보면, 자존심 상하는 일일 수 있습니다. 마음이 불편한 걸음일 수 있습니다.

그러나 작은 믿음은 자존심을 키우지만, 큰 믿음은 자존심을 작게 만들기에 가능한 일입니다. 믿음이 커진다는 것은 내가 작아진다는 뜻이고, 내가 덜 중요해진다는 뜻입니다. 그러므로 자존심을 내려놓을 수 있습니다.

내가 먼저 찾아가는 결단이 곧 믿음입니다. 아브람은 갈대아 우르를 떠났고, 하란도 떠났습니다. 그러나 그가 끝내 떠나지 못한 것이 어디입니까? 자기 자신입니다. 내가 나를 못 떠납니다. 어디를 가도 내가 내게 붙들립니다. 믿음이란 무엇입니까? 떠나는 것입니다. 기득권을 떠나는 것입니다. 무엇이 기득권입니까? 나 자신이 곧 기득권입니다. 아브람은 권리와 능력은 자기 자신에게 있는 것이 아니라 하나님께 있음을 배우는 중입니다.

아브람이 롯을 먼저 찾아가 말을 겁니다.

"너와 내가 누구더냐? 우리는 한 친족이니 너와 나는 남이 아니라는 사실을 기억하자. 즉 너와 나는 싸워야 할 대상이 아니고, 더더군다나 적은 아니지 않느냐?"

이것이 문제 해결의 출발점입니다.

아브람은 애굽 땅에서 큰 경험을 했습니다. 자기가 해결할 수 없는 문제를 하나님이 해결해 주시는 것을 보았습니다. 자기 생각과 판단으로 가나안을 떠났지만, 결국 하나님이 원하시는 길로 되돌아가게 됨을 경험했습니다. 그러나 조카 롯은 하나님을 직접 만난 적이 없는 사람입니다. 하나님의 음성을 들은 적도 없고, 하나님이 친히 보여 주겠다고 하신 믿음의 땅을 본 적도 없습니다. 그는 줄곧 아브람을 따라왔을 뿐입니다.

그렇다면 이 갈등은 누구로부터 비롯된 것입니까? 아브람 자신으로부터 비롯된 것입니다. 조카를 데리고 다닌 것에서 시작된 문제입니다. 그는 윗사람으로서의 자존심을 내려놓고, 먼저 롯을 찾아가 문제를 풀려고 시도합니다.

그렇다고 해서 아브람이 "아랫사람들의 싸움은 우리 관계에서 비롯된 문제임을 인정하고, 우리가 피를 나눈 골육지간임을 잊지 말자. 그러니 사이좋게 지내자" 하고 잠시 눈시울을 붉힌 뒤 롯을 끌어안고 기도하고 헤어졌을까요? 성경은 그렇게 기록하지 않습니다. 아브람은 현실을 직시합니다. 그는 문제 해결의 원칙을 밝힙니다. 갈등 해결의 전제는 우리가 누구인지를 확인하는 일이지만, 해결의 현실은 대안이 있어야 한다는 것입니다. 젊은 조카의 감정을 잠시 누그러뜨린다고 해서 이 문제가 근원적으로 해결될 수는 없다는 것을 알았습니다.

두 사람은 화해할 수 있지만, 양쪽 목자들의 갈등 문제는 그렇게 단순하지 않습니다. 주인에게서 받는 일당이 다르고, 지위가 다릅니다. 일종의 대기업과 중소기업의 차이입니다. 이것이 현실입니다. 아브람은 관계의 본질을 회복하는 것도 중요하지만, 현실적으로 불만을 해소할 구체적인 해결 방안 또한 중요하다는 것을 알았습니다.

그래서 아브람이 롯에게 제안합니다.

"네 앞에 넓은 땅이 펼쳐져 있다. 우리가 헤어질 때가 되었구나. 이제 나를 떠나가거라."

이 제안은 즉흥적인 것이 아닙니다. 아브람은 오랫동안 깊이 생각했을 것입니다. 그리고 믿음의 해결 방식이란 어떤 것인지를 고민하고 고민한 끝에 내린 결론입니다.

여기서 "나를 떠나가라"는 말은 갈등을 풀고 좋게 헤어지자는 뜻입니다. 마지막까지 갈등하면서 헤어지지는 말자는 것입니다. 이것이 바로 믿음으로 해결하는 것입니다. 갈등을 풀지도 못하고, 떠나지도 못한 채 지내는 관계가 많습니다. 또 떠나더라도 갈등을 안고 쫓아내거나 쫓겨납니다. 믿음 없이 사는 사람들은 대부분 그렇게 헤어집니다. 싸우고 헤어지고, 욕하면서 떠나갑니다. 그러나 믿음으로 갈등을 푸는 방식은 우리가 한 가족, 한 성도임을 먼저 확인하고 기쁘게 헤어지는 것입니다.

그들을 내내 지켜보던 가나안 사람과 브리스 사람들이 어떻게 하면 그들을 비웃지 않겠습니까? 어떻게 갈등을 해소해야 역시 믿는 사람들은 우리와 다르구나 하고 여기겠습니까? 결론부터 말하자면, 권력으로 해결하지 않고 사랑으로 해결하는 것입니다. 즉 자기 이익부터 챙기는 방식이 아닌 기꺼이 손해 보는 방식으로 갈등을 해결하는 것입니다. 아브람이 이런 해결 방식을 한마디로 표현합니다.

"네가 좌하면 나는 우하고 네가 우하면 나는 좌하리라."

아브람의 제안은 두고두고 모든 믿음의 사람들을 일깨우는 제안입니다. 이 지혜는 곧 하나님의 지혜입니다.

비전과 현실의 차이

아브라함(아브람)은 비전의 사람이고, 롯은 현실적인 사람입니다. 롯의 눈에는 당장 눈앞에 놓인 초지 몇 평과 아브람이 가지고 있는 은과 금밖에 보이지 않습니다. 그의 눈에는 삼촌의 재산이 갈수록 더 많아 보이기만 합니다. 그 때문에 자기가 손해 보는 것만 같습니다. 다 자기 덕분에 삼촌이 재산을 이만큼이나 모은 것 같은데, 나는 왜 이것밖에 가지지 못하나 하는 마음에 불만이 쌓여 갔습니다. 그런 마음을 가진 롯에게 아브람이 세상적인 해결책을 제시한다면 어떻게 되겠습니까?

대개는 삼촌이 조카를 불러다 놓고 야단을 칠 것입니다. "네가 기저귀 찼을 때부터 내가 너를 돌봤잖니. 내가 평생 데리고 다니면서 너를 키웠는데, 그걸 모르느냐? 네가 지금 장막 하나라도 가진 게 다 누구 덕택인 줄 알아?" 이렇게 꾸짖고 기를 꺾는 방법이 있는가 하면, 계산적으로 해결하는 방법도 있을 것입니다. "네 수익이 얼마야? 내가 네 연봉 보장해 줄 테니 이제 그만 내 밑으로 와서 일이나 해라." 어쩌면 롯이 솔깃해했을지도 모릅니다. 아브람이 조금 더 교활했다면, "내가 지금 아들이 있길 하니 딸이 있길 하니? 네가 내 재산을 관리만 잘하면, 언젠가는 다 네 것이 되지 않겠니?" 하고 구슬렸을 수도 있습니다. 그랬다면 롯이 그의 말에 백기를 들고 투항했을지도 모릅니다.

비록 교활한 방법이라도 갈등을 방치하는 것보다는 낫습니다. 해결을 시도하는 것 자체가 갈등이 없는 것처럼 겉으로는 웃고 속으로 욕하며 돌아서는 것보다 열 배는 더 낫습니다. 갈등을 제대로 해소하지 않으면, 불씨를 늘 안고 사는 셈이기 때문입니다. 불씨가 인화성 물질을 만나면 금세 불이 붙거나 폭발하고 맙니다. 어떻게 보면, 갈등을 안고도 해결하지 못하는 믿음의 사람들보다는 교활한 세상 사람들이 더 지혜롭습니다.

하나님의 문제 해결 방법은 무엇입니까? 꿈과 비전을 나누는 것입니다. 그러니 우리는 관계가 좋을 때 흩어져야 합니다. 헤어질 때는 좋은 관계에서 헤어져야 합니다. 마음의 앙금을 남기지 않고 흩어져야 합니다. 믿음으로 산다는 것이 무엇입니까? 가진 것에 연연하지 않는 것 아닙니까? 자신의 소유나 기득권에 안주하지 않는 것입니다. 이것들로부터 담대하게 떠나는 것입니다. 그렇게 해서 좋은 관계로 흩어지면, 하나님이 비전을 주십니다.

하나님의 비전이 있으십니까? "묵시가 없으면 백성이 방자히 행한다"(잠 29:18)고 했습니다. 한마디로 제멋대로 산다는 뜻입니다. 비전은 어디서 옵니까? 말씀에서 옵니다. 즉 말씀에서 비롯된 비전을 따르는 사람이 복이 있다는 것입니다. 비전은 내 욕심이나 내 지식이나 재능에서 오지 않습니다. 비전과 계시는 하나님의 말씀으로부터 옵니다.

아브람이 롯에게 "네가 좌하면 나는 우하고 네가 우하면 나는 좌하리라"라는 제안을 할 수 있는 것은 그가 받은 하나님의 약속, 하나님의 비전이 있기 때문입니다. 롯은 비전의 말씀을 직접 들은 바가 없습니다.

비전이 없으면, 눈앞에 보이는 것이 전부라 늘 두렵습니다. 손에 쥔 것을 놓으면 죽을 것만 같습니다. 손해 보면 다 잃을 것 같습니다. 그러나 아브람은 눈앞에 있는 현실이 전부가 아님을 이제 압니다. 눈에 보이지 않는 하나님이 함께하시는 것이 눈앞에 보이는 모든 것보다 더 안전하다는 것을 경험했습니다. 그는 하나님을 알아 가고 있습니다. 그는 하나님의 비전 안에서 성장하고 있습니다. 비전이 있으면 손해 보는 것이 두렵지 않습니다. 내가 커지면 환경이 작아 보이고, 내가 작으면 환경이 커 보이기 마련입니다.

이에 롯이 눈을 들어 요단 지역을 바라본즉 소알까지 온 땅에 물이 넉넉하니 여호와께서 소돔과 고모라를 멸하시기 전이었으므로 여호와의 동산 같고 애굽 땅과 같았더라 그러므로 롯이 요단 온 지역을 택하고 동으로 옮기니 그들이 서로 떠난지라 아브람은 가나안 땅에 거주하였고 롯은 그 지역의 도시들에 머무르며 그 장막을 옮겨 소돔까지 이르렀더라 소돔 사람은 여호와 앞에 악하며 큰 죄인이었더라_창 13:10-13

아브람은 이미 좋은 것을 택했습니다. 그는 이미 좋으신 하나님과 함께 거하고 있습니다. 롯은 눈을 들어 자기 눈에 보이는 것, 자기 눈에 좋아 보이는 것을 택합니다. 그는 아브람과의 갈등은 초지가 부족해서였고, 물이 부족했던 탓이라고 생각합니다. 그래서 물이 넉넉하면 모든 문제를 해결할 수 있으리라고 생각합니다. 그는 요단 지역을 바라봅니다. 그의 눈에는 그곳이 말로만 듣던 에덴동산처럼 푸르러 보였습니다. 얼마 전에 다녀온 애굽 땅과도 같다는 생각이 듭니다. 그는 서슴없이 "요단 온 지역"을 택했습니다.

이 세대를 본받지 않는 선택

롯이 애굽에서 경험한 것은 무엇입니까? 애굽의 부와 문화와 쾌락입니다. 애굽 땅은 나일강을 젖줄로 삼아 비옥하기 그지없습니다. 그에게는 자신이 선택한 "요단 온 지역"이 "소알까지 온 땅에 물이 넉넉"하여 마치 애굽 땅을 보는 것만 같습니다. 성경은 소돔과 고모라를 멸하시기 전이라는 사실을 미리 밝혀 둡니다. 멸망하기 전의 문명이란 대체 어떤 것인지를 말해 주는 것입니다. 파멸을 앞둔 도시는 어떤 곳입니까? 화려하고 부요하며 쾌락이 넘치는 곳입니다. 부족함이 없어 보이는, 한마디로 애굽 같은 곳입니다.

왜 롯의 눈에는 요단 지역이 애굽 같아 보였을까요? 그의 비전이 애굽이었기 때문입니다. 어쩌면 그는 삼촌이 애굽 땅을 떠나자고 한 것이 못마땅했을지도 모릅니다. 아마도 애굽에 정착하고 싶었을 것입니다. 다시 장막으로 돌아가야 한다는 것이 영 내키지 않았을 것입니다. 그는 이번 기회에 애굽 땅 같은 곳에서 새로운 삶을 시작해 보겠다고 마음먹은 것입니다. 결국, 롯은 하나님의 비전 대신에 세상의 부를 택했습니다.

부하려 하는 자들은 시험과 올무와 여러 가지 어리석고 해로운 욕심에 떨어지나니 곧 사람으로 파멸과 멸망에 빠지게 하는 것이라 돈을 사랑함 이 일만 악의 뿌리가 되나니 이것을 탐내는 자들은 미혹을 받아 믿음에 서 떠나 많은 근심으로써 자기를 찔렀도다_딤전 6:9-10

롯의 일생일대의 실수입니다. 그가 떠난 것은 아브람이 아니 라 하나님의 비전입니다. 그가 택한 것은 애굽 땅과 같은 소돔입 니다. 소돔은 죄악의 도시입니다. 소돔 사람은 하나님 보시기에 악한 사람들입니다. 하나님을 떠나 하나님께 대적하는 사람들이 기 때문입니다.

롯이 아브람을 떠난 후에 여호와께서 아브람에게 이르시되 너는 눈을 들 어 너 있는 곳에서 북쪽과 남쪽 그리고 동쪽과 서쪽을 바라보라 보이는 땅을 내가 너와 네 자손에게 주리니 영원히 이르리라 내가 네 자손이 땅 의 티끌 같게 하리니 사람이 땅의 티끌을 능히 셀 수 있을진대 네 자손도 세리라 너는 일어나 그 땅을 종과 횡으로 두루 다녀 보라 내가 그것을 네 게 주리라_창 13:14-17

아브람이 롯을 떠나보냈습니다. 갈등을 풀었고, 문제가 해결됐 습니다. 그러자 누가 나타나십니까? 믿음으로 갈등을 해결하자 하나님이 다시 찾아오셨습니다.

아브람은 가나안 땅에 머물렀습니다. 그런데 하나님이 눈을 들어 동서남북을 바라보라고 말씀하시고, 눈앞의 모든 땅을 주겠다고 약속하십니다. "네 자손이 땅의 티끌"같이 많아지리라고 재차 약속하십니다. 그가 두루 다니는 땅을 주겠다고 말씀하십니다. 전에 약속하신 것을 좀 더 구체적으로 밝혀 주신 것입니다.

이 땅은 하나님이 주신 약속의 땅입니다. 롯이 택한 기름진 땅에 비하면 척박하기만 합니다. 물이 넉넉한 요단 지역에 비하면 늘 물이 부족한 땅입니다. 이 땅은 메소포타미아 지역에 있던 갈대아 우르나 하란에 비하면 모든 것이 소박합니다. 잠시 다녀왔던 애굽에 비하면 모든 것이 빈약한 땅입니다. 그러나 하나님이 함께하시는 땅입니다. 하나님이 주겠다고 약속하신 땅입니다.

롯이 택한 소알, 소돔 땅은 롯의 것이 될 수 없습니다. 그가 장막을 걷어 내고 도시 생활을 시작하지만, 그곳은 물이 넉넉하기보다는 죄악이 차고 넘치는 땅입니다.

이에 아브람이 장막을 옮겨 헤브론에 있는 마므레 상수리 수풀에 이르러 거주하며 거기서 여호와를 위하여 제단을 쌓았더라_창 13:18

아브람도 장막을 옮깁니다. 헤브론 산지에 있는 마므레 상수리 숲에 이릅니다. 척박한 땅이고 적막한 곳입니다. 조카 롯과 헤어진 그는 적적함을 느꼈을 것입니다. 신앙은 스스로 외로움을

197

선택하는 삶입니다. 그가 이제 다시 시작할 때마다 하나님의 제단을 쌓습니다. 하나님의 사람이 하는 첫 번째 일은 언제나 예배를 드리는 일입니다.

참된 예배란 어떤 예배이고, 영적인 예배란 어떤 예배입니까?

그러므로 형제들아 내가 하나님의 모든 자비하심으로 너희를 권하노니 너희 몸을 하나님이 기뻐하시는 거룩한 산 제물로 드리라 이는 너희가 드릴 영적 예배니라 너희는 이 세대를 본받지 말고 오직 마음을 새롭게 함으로 변화를 받아 하나님의 선하시고 기뻐하시고 온전하신 뜻이 무엇인지 분별하도록 하라_롬 12:1-2

세상을 따라가는 것이 살길이라고 생각합니까? 그것은 롯의 선택이요 롯의 길입니다. 화려해 보이지만, 그 끝은 파멸이요 죽음인 길입니다. 하나님을 따라가는 길이 살길이라고 생각합니까? 바로 그것이 아브람의 선택이요 아브람의 길입니다. 척박해 보이지만 평강의 길이요 생명의 길입니다.

예수님이 오셔서 이 두 갈래 길을 한마디로 정리해 주셨습니다. 넓은 길과 좁은 길, 넓은 문과 좁은 문입니다(참조, 마 7:13). 갈림길에는 늘 갈등이 있습니다. 믿음을 지키는 길에도 늘 갈등이 있습니다. 그러나 갈등을 믿음으로 풀 때, 비로소 하나님이 보이고, 하나님의 말씀이 들립니다. 하나님이 동행하심을 확인하게 됩니다.

하나님의 사람이 된다는 것은 세상이 말하는 복과는 전혀 다른 기준을 갖는다는 것입니다. 이것이 아브람을 선택하신 이유입니다. 아브람, 즉 아브라함이 곧 복입니다. 하나님을 아는 것이 복입니다. 하나님의 말씀이 내게 임하는 것이 복입니다. 하나님의 비전이 내게 잉태된 것이 복입니다.

이 복을 놓치면, 우리가 무슨 복을 추구하겠습니까? 세상을 부러워해서는 절대로 세상을 이기지 못한다는 사실을 기억하십시오. 세상을 부러워하지 않아야 세상을 변화시킬 수 있습니다. 세상을 부러워하여 갖고 싶은 것을 다 가진다면, 세상 사람과 다를 것이 없지 않습니까? 어쩌면 세상 사람보다도 더 못한 존재가 될 수도 있습니다.

"이 세대를 본받지 말고 오직 마음을 새롭게 함으로 변화를" 받는 것은 하나님의 선하시고 기뻐하시고 온전하신 뜻을 분별하고 따르는 선택이자 영생의 선택입니다. 외로워 보이지만 이 선택을 따라 하나님과 함께 영생의 길을 걸으십시오. 비록 겉으로는 화려하지 않고 넉넉하지 않고 편안해 보이지 않아도 자유함이 있고 기쁨이 있고 평안이 있는 길입니다. 이 길을 뚜벅뚜벅 걸어가기를 축복합니다. 이 세대가 말하는 복에 휘둘리지 않기를 축복합니다. 세상의 복을 뛰어넘는 복을 누리기를 축복합니다.

11. 무엇을 기준으로 결정하는가

위기를 극복하는 믿음

=

창 14:1-24

아브람이 조카 롯에게 "네가 좌하면 나는 우하고 네가 우하면 나는 좌하리라"(창 13:9)고 말하고, 그를 떠나보냈습니다. 어려운 결정이었을 법하지만, 손해 보기로 하니 오히려 쉬운 결정이 되었습니다. 롯은 소돔 땅을 향해 갔습니다. 물이 넉넉하여 에덴동산 같았고 풍요로운 애굽 땅 같이 보이는 곳이었습니다.

그러나 그 땅에서 무슨 일이 기다리고 있었을까요? 가면 잘살 것 같아서 찾아간 곳에도 문제가 도사리고 있습니다. 내 눈에 좋은 곳이면 좋은 곳일수록 막상 가 보면 생각하지도 않았던 크고 복잡한 문제가 기다리고 있기 마련입니다.

당시에 시날 왕 아므라벨과 엘라살 왕 아리옥과 엘람 왕 그돌라오멜과 고임 왕 디달이 소돔 왕 베라와 고모라 왕 비르사와 아드마 왕 시납과 스보임 왕 세메벨과 벨라 곧 소알 왕과 싸우니라 이들이 다 싯딤 골짜기 곧 지금의 염해에 모였더라 _창 14:1-3

전쟁이 롯을 기다리고 있었습니다. 풍요로운 삶을 위해서 그 땅에 갔더니 전쟁이 시작된 것입니다. 마치 아브람이 하나님의 지시와 인도를 따라 가나안 땅에 들어갔더니 기근이 기다리고 있었던 것과 마찬가지입니다.

아홉 왕, 북방의 네 왕과 남방의 다섯 왕이 전쟁을 일으킵니다. 당시 규모를 생각하면, '중동 대전'이라고 할 수 있습니다. 전쟁을 위해 양측이 모인 곳이 싯딤 골짜기인데, 지금의 사해 일대입니다. 어쩌다가 전쟁이 벌어졌을까요? 남쪽의 다섯 왕이 북쪽의 어떤 왕에게 더 이상 굴복하지 않기로 결정했기 때문입니다. 북부 연합군과 남부 동맹군으로 나뉘어서 맞섰습니다. 숫자만 놓고 보면 4대 5입니다. 그러나 전세는 숫자에 좌우되지 않습니다.

힘의 질서가 깨지다

전쟁의 중심에 엘람의 그돌라오멜이라는 왕이 있습니다. 이 왕과 다른 왕들의 다툼에서 전쟁이 시작됩니다.

이들이 십이 년 동안 그돌라오멜을 섬기다가 제십삼 년에 배반한지라 _창 14:4

지난 12년간 이 지역은 최소한 현상 유지를 해 왔습니다. 정치학 용어로는 스테튜스 큐오(Status Quo)를 유지해 온 것입니다. 스테튜스 큐오란 정체 상태를 뜻합니다. 그동안은 왜 전쟁이 없었을까요? 남부의 다섯 왕이 북쪽의 그돌라오멜을 섬겨 왔기 때문입니다. 그돌라오멜의 힘을 인정하고, 그 힘에 복종해 왔다는 뜻입니다. 그런데 13년째에 들어서자 다섯 왕이 그돌라오멜을 배반하기로 합니다. 지금까지의 관계와 질서를 더는 인정하지 않겠다는 것입니다. 그돌라오멜에게 더 이상 굴복하지 않을뿐더러 조공도 바치지 않겠다는 것입니다. 왜 이런 변화가 일어났습니까? 처음부터 원했던 관계가 아니었기 때문입니다. 남부의 다섯 왕은 어떻게 하면 이 관계를 바꿀 것인가 숨죽여 기회를 기다려 왔습니다.

이제 그때가 되었다고 판단한 다섯 왕은 힘을 모아서 배반하기로 합니다. 그런데 배반이라는 말은 쉽게 쓸 수 있는 말이 아닙니다. 이쪽에서 보면 배반이고, 저쪽에서 보면 응징이기 때문입니다. 카이사르(Caesar)와 브루투스(Brutus)의 관계를 보십시오. 브루투스가 로마의 민주주의를 위해 칼을 들자 충격을 받은 카이사르가 "브루투스 너마저…" 하고 말을 잇지 못하지 않았습니까? 양아들의 배신입니다. 박정희 대통령은 가장 신임하여 권력을 공유했던 중앙정보부장 김재규에 의해 죽음을 맞았습니다. 반기를 든 자들은 자신을 배신자로 생각하지 않았습니다. 그들은 대의를 위해서는 소리(小利)를, 즉 소소한 이해관계를 버려야 한다고 믿었습니다.

배신은 사실 우리 주변에 흔히 일어나는 일이라 굳이 다른 예를 더 들 것도 없습니다. 그러나 여기서 주목해야 할 것은 양쪽의 입장이 정반대라는 사실입니다. 한쪽은 내가 네게 어떻게 대해 주었는데 네가 이럴 수가 있느냐고 탄식하고 분노합니다. 다른 한쪽은 자신이 얼마나 참고 견디며 섬겨 왔는지 억울해하고 분노합니다. 세상은 늘 이렇게 상반된 주장으로 차고 넘칩니다. 부부 사이도, 부모와 자녀 사이도, 친구와 친구 사이도, 집단과 집단 사이도 그렇습니다. 정당과 정당 사이나 국가와 국가 사이도 마찬가지입니다.

그중에서 국가와 국가 간의 관계가 가장 정직한 편입니다. 국제 관계는 언제나 변함없이 힘의 논리, 힘의 정치입니다. 늘 강대국 중심입니다. 그러나 강대국의 힘이 약화되고, 힘의 중심이 다른 나라로 이동하기 시작하면, 전쟁의 위기가 고조됩니다. 특히 지배와 피지배의 관계를 유지해 왔다면, 그 관계를 청산하려는 파열음이 계속해서 들리기 마련입니다. 한쪽은 배은망덕하다며 배신이라고 말하겠지만, 다른 한쪽은 박해와 억압의 고통을 겪어 왔노라고 항변할 것입니다.

이 땅의 평화는 힘의 질서로 유지됩니다. 팍스 로마나(Pax Romana)는 로마제국의 힘이 다른 세력을 용납하지 않았음을 뜻하고, 팍스 브리타니카(Pax Britannica)나 팍스 아메리카나(Pax Americana)는 영국이나 미국이 일정 기간 압도적인 힘을 행사했다는 걸 의미합니다. 그러나 힘의 지각 변동이 일어나면, 어느 순간 균열이 일어나고 기존 질서는 붕괴되고 맙니다. 우리는 이 균열을 전쟁으로 경험합니다. 전쟁은 더 이상 용인하거나 타협할 수 없는 선을 넘어서는 순간인 것입니다.

우리가 평화라고 생각하는 환경과 질서 속에서 전쟁을 통해 질서를 바꾸고자 하는 힘의 작용이 늘 끊임없이 꿈틀거리고 있음을 간과해서는 안 됩니다.

롯이 사로잡히다

그돌라오멜을 섬기던 남부에서 그를 배반했기 때문에 전쟁이 시작됩니다. 당시에는 세계 대전이라고 할 만큼 큰 전쟁이었습니다.

제십사 년에 그돌라오멜과 그와 함께 한 왕들이 나와서 아스드롯 가르나임에서 르바 족속을, 함에서 수스 족속을, 사웨 기랴다임에서 엠 족속을 치고 호리 족속을 그 산 세일에서 쳐서 광야 근방 엘바란까지 이르렀으며 그들이 돌이켜 엔미스밧 곧 가데스에 이르러 아말렉 족속의 온 땅과 하사손다말에 사는 아모리 족속을 친지라_창 14:5-7

일대가 그야말로 쑥대밭으로 변합니다. 르바 족속, 수스 족속, 엠 족속, 호리 족속, 아모리 족속 등이 일진광풍(一陣狂風)에 휘말려 생활의 근거를 다 파괴당합니다. 전쟁이 일어나면 맞서는 양대 세력 주변에 있는 모든 지역이 초토화되곤 합니다. 밀고 내려오는 힘과 밀고 올라가는 힘이 역동적으로 부딪치는 가운데 지역 전체가 폐허로 변하는 것입니다. 양쪽 동맹군에 가입하지 않았더라도 한바탕 부는 사나운 바람에 결국 모두 쓰러지고 맙니다.

롯의 꿈이 어디 있습니까? 롯은 그 땅에 가면 잘살 줄 알았습니다. 삼촌 아브람에게 보란 듯이 큰 재산을 일굴 줄 알았습니다. 그런데 오히려 생활의 근간이 송두리째 뽑혀 나가는 것을 경험해야 했습니다. 전쟁은 인간이 경험할 수 있는 가장 끔찍한 참상입니다.

소돔 왕과 고모라 왕과 아드마 왕과 스보임 왕과 벨라 곧 소알 왕이 나와서 싯딤 골짜기에서 그들과 전쟁을 하기 위하여 진을 쳤더니 엘람 왕 그돌라오멜과 고임 왕 디달과 시날 왕 아므라벨과 엘라살 왕 아리옥 네 왕이 곧 그 다섯 왕과 맞서니라 싯딤 골짜기에는 역청 구덩이가 많은지라 소돔 왕과 고모라 왕이 달아날 때에 그들이 거기 빠지고 그 나머지는 산으로 도망하매 네 왕이 소돔과 고모라의 모든 재물과 양식을 빼앗아 가고 소돔에 거주하는 아브람의 조카 롯도 사로잡고 그 재물까지 노략하여 갔더라_창 14:8-12

소돔과 고모라가 주축이 된 다섯 왕의 동맹은 제대로 싸워 보지도 못한 채 패퇴하고 맙니다. 싯딤 골짜기에 역청 구덩이가 많

205

은 게 문제였습니다. 끈적한 역청이 가득한 구덩이에 한번 빠지면 옴짝달싹 못 하게 되기 때문입니다. 유리한 지형이라고 선택했던 전장에서 오히려 그들이 당하고 만 것입니다.

자기가 가장 잘 안다고 여기는 것에 걸려 넘어지는 일은 흔합니다. 사람은 자기가 잘한다고 자만하는 것에 발목을 잡히곤 합니다. 남부 동맹군은 그곳 지리를 잘 안다고 자신했지만 오히려 역청 구덩이에 빠지고 말았고, 살아남은 사람은 산으로 도망쳐야 했습니다. 적은 훨씬 더 힘든 여정을 거쳐 왔는데도 결국, 남부 동맹군은 모든 것을 빼앗기고 말았습니다. 그들이 지고 말았습니다.

건곤일척(乾坤一擲)의 전쟁에는 모든 것을 걸어야 하는 법입니다. 죽고 사는 갈림길이니 어설프게 결정해서는 안 됩니다. 그러니 그들은 얼마나 많은 계산을 했겠습니까? 나름대로 승산이 있다고 생각해서 전쟁을 벌인 것 아니겠습니까? 그러나 결과는 어떻습니까? 모든 것을 잃었습니다.

그런데 이 전쟁 기사의 핵심은 무엇입니까? 전쟁 통에 롯이 사로잡혀 갔다는 것입니다. 롯은 그동안 힘을 다해 모은 재산을 전부 빼앗겼고, 그의 계획과 야망은 한순간에 산산이 부서졌습니다. 심지어 목숨까지 잃게 생겼습니다. 이는 롯이 겪게 된 현실일 뿐 아니라 모든 인생이 겪을 수 있는 현실입니다.

아브람이 내린 결단의 기준

아브람이 지금까지 걸어온 신앙의 길을 되짚어 보십시오. 첫째, 그는 갈대아 우르를 떠났습니다. 갈대아, 곧 바벨론의 질서를 떠난 것입니다. 둘째, 약속의 땅 가나안에 기껏 다다랐지만, 기근을 만나는 바람에 애굽으로 피신해야 했습니다. 그는 그곳에서 다시 세상 질서에 희생될 뻔했습니다. 셋째, 가나안에 돌아온 뒤 조카 롯과 헤어집니다. 아브람은 비로소 하나님의 질서를 굳게 선택했고, 반면에 롯은 세상 질서를 다시금 선택합니다.

그 결과가 바로 지금 롯이 맞닥뜨린 현실입니다. 그는 모든 것을 잃고 사로잡혔습니다. 이때 아브람은 어떻게 해야 합니까? 세상 질서에 희생된 조카를 어떻게 바라봅니까?

도망한 자가 와서 히브리 사람 아브람에게 알리니 그때에 아브람이 아모리 족속 마므레의 상수리 수풀 근처에 거주하였더라 마므레는 에스골의 형제요 또 아넬의 형제라 이들은 아브람과 동맹한 사람들이더라

_창 14:13

아브람은 이 전쟁의 소용돌이에서 어느 정도 벗어난 곳에 있습니다. 전쟁은 요단 동편에서 일어났는데, 그는 요단 서편에 있습니다. 사실, 강 건너 불구경하듯이 전쟁을 지켜봐도 됩니다. 신경 쓰지 않으면 그만입니다. 큰 전쟁이 벌어지긴 했지만, 당시 지형으로는 강 동쪽에서 벌어진 전쟁에 서쪽에 있는 사람이 뛰어들

거나 할 이유가 없었습니다.

아브람은 아브람대로 마므레, 에스골과 같은 부족들과 동맹을 맺어서 나름대로 좋은 관계를 맺고 있었습니다. 그는 하나님께 부름을 받아 가나안 땅에 와서는 다른 부족들과 어떤 관계를 맺으며 살아가야 할지를 보여 주고 있습니다. 갈등 가운데로 들어가지도 않고 불화를 빚지도 않으며 좋은 관계를 유지하고 있는 것입니다.

만약에 조카 롯이 사로잡혀 가지만 않았다면, 아브람은 이 전쟁을 끝까지 외면했을 것입니다. 그돌라오멜이 이기건 지건 아브람에겐 별 상관이 없었습니다. 문제는 조카가 전쟁터 한복판에 있다는 것입니다.

아브람이 그의 조카가 사로잡혔음을 듣고 집에서 길리고 훈련된 자 삼백 십팔 명을 거느리고 단까지 쫓아가서 그와 그의 가신들이 나뉘어 밤에 그들을 쳐부수고 다메섹 왼편 호바까지 쫓아가 모든 빼앗겼던 재물과 자기의 조카 롯과 그의 재물과 또 부녀와 친척을 다 찾아왔더라_창 14:14-16

아브람은 롯을 구하기로 결단하고, 자기 집을 지키려고 훈련시켰던 318명을 이끌고 나섭니다. 그리고 마므레에서 단까지 뒤쫓아가 야습을 감행합니다. 낮에 싸울 수 있는 전력이 아니었기 때문입니다. 밤에 습격한다고 해도 전원이 죽음을 각오해야만 치를 수 있는 전투였습니다. 이와 비슷한 전투가 사사기 7장에도 나옵니다. 기드온의 300 용사가 미디안 대군을 격퇴한 전투입니다. 그들도 야습으로 승리를 거두었습니다.

아브람이 롯을 위해 내린 결정은 믿음의 여정에서 가장 곤혹스러운 결정 중의 하나일 것입니다. 그러므로 그가 내린 이 결정을 찬찬히 살펴볼 필요가 있습니다. 아브람은 어떻게 해서 이와 같이 어려운 결정을 내린 것일까요?

첫째, 그는 중요한 결정을 내릴 때 과거의 사사로운 감정에 얽매이지 않았습니다. 롯은 삼촌 아브람을 결코 귀하게 대하지 않았습니다. 사실 존대하지도 않았고, 버릇없이 굴다가 떠났습니다. 그의 입장에서 보면, 롯은 배신자에 불과합니다. 그래서 생각하기에 따라서는 롯이 스스로 선택한 것의 대가를 톡톡히 치르는 것으로 보고 외면할 수도 있었습니다. 그러나 아브람은 그런 생각으로 롯을 바라보지 않고, 오히려 그를 불쌍히 여겼습니다.

둘째, 아브람은 자신에게 유익한가 아닌가를 기준으로 결정하지 않았습니다. 이 큰 전쟁에 그가 어떤 모양으로건 연루된다는 것은 참으로 위험하고 무익한 결정입니다. 롯을 사로잡아간 그돌라오멜의 연합군은 무질서하거나 무능한 군사들이 아니었습니다. 남부 동맹군에 승리한 군사들입니다. 그들과 싸우기 위해 맞닥뜨린다는 것은 어쩌면 죽음을 자초하는 일일 수도 있습니다. 그러므로 자기 유익만을 따진다면 오래 생각할 것도 없습니다. 전쟁에 뛰어들어서는 안 됩니다.

그러나 아브람은 무엇을 기준으로 삼았습니까? 그의 기준은 롯의 생명을 구하는 것이 마땅한가 아닌가였습니다. 그는 이 결정이 한 생명을 바라보는 하나님의 뜻에 맞는 결정인지 아닌지에 집중한 것입니다.

셋째, 아브람은 자기 힘으로 이 일을 할 수 있는가 없는가를 계산하지 않았습니다. 그는 이 일을 해야 하는가 아니면 하지 말아야 하는가를 기준으로 생각했습니다. 합리적으로 계산하자면, 그의 힘으로는 롯을 되찾아올 수 없습니다. 그돌라오멜 진영과 맞서서는 안 됩니다. 도저히 승산이 없는 싸움이기 때문입니다. 자기 한 몸 지키기도 쉽지 않은 싸움입니다. 그러나 아브람은 무모해 보이는 일에 도전합니다. 왜 도전합니까? 믿음이 있기 때문입니다. 그는 지금 믿음의 결정을 내린 것입니다.

다윗도 그와 같은 결정을 내린 적이 있습니다. 골리앗이 얼마나 강한 자인지 계산해 보고 달려가지 않았습니다. 나와 함께하는 하나님이 얼마나 위대하신 분인지를 기억하고 달려갔습니다. 믿음이란 무엇입니까? 행동하는 것입니다. 물러나 주저앉아 있는 것이 아니라, 피하고 숨는 것이 아니라 달려나가 맞닥뜨리는 것입니다. 믿음은 곧 떠나는 행동이고, 맞서는 행동이고, 때를 따라 싸우는 행동입니다.

소년 다윗은 사울 왕이 주는 칼과 갑옷을 취하지 않았습니다. 거구인 골리앗이 칼과 창에 갑옷과 투구로 무장했는데도, 다윗은 맨몸에 맨손으로 나아갑니다. 고작 물맷돌 다섯 개를 손에 쥔 것이 전부입니다. 무슨 수로 싸우겠다는 것입니까? 다윗에게는 이 싸움이 믿음의 싸움이었습니다.

아브람과 함께 움직인 사람들은 정규군이 아닙니다. 318명이 훈련을 받았다고는 해도 유격훈련 같은 것을 받았겠습니까? 수시로 전쟁을 치르면서 경험을 쌓았겠습니까? 훈련의 강도를 보면, 비교할 수 없는 전력일 것입니다. 그런데도 아브람은 이 무모한 전투를 하기로 결정합니다. 다윗과 같은 결정을 내린 것입니다. 그에게 이 싸움은 믿음의 싸움이었기 때문입니다. 아브람은 전쟁이 하나님께 속한 것임을 알았습니다.

하나님께 속한 전쟁이란 어떤 것입니까? 오직 믿음으로 나가는 결단과 행동으로 치르는 싸움입니다. 믿음이 있어야 싸웁니다. 믿는 대상이 다를 뿐입니다. 세상 사람들은 대부분 자기 자신의 능력을 믿습니다. 그러나 믿음의 사람은 오직 전능하신 하나님을 믿습니다. 하나님이 누구이신지를 아는 믿음입니다.

그러면 하나님의 이름을 부르는 자들끼리 벌이는 싸움에서는 누가 이기겠습니까? 하나님 편에 온전하게 서 있는가가 승리의 변수입니다. 둘 다 하나님 편에 서 있다고 말은 하지만, 하나님을 진정으로 따른다면 애초에 싸움을 걸지도 않았을 테니 어느 한쪽은 믿음을 위장한 셈입니다.

아브람은 가신을 둘로 나누어 밤에 그돌라오멜 군대를 급습하여 롯을 구해 냅니다. 굳이 설명하자면, 군대가 승리에 취해서 깊이 잠들었다가 아브람의 급습을 받고 궤멸했을 것입니다. 아니면 주력 부대가 아닌 소수 부대와 싸움을 치른 것일 수도 있습니다.

아브람은 롯을 구했을 뿐만 아니라 롯의 재산까지도 되찾아 왔습니다. 막대한 전리품을 노획합니다. 아브람은 자신이 어떻게 승리할 수 있었는지, 어떻게 롯을 구했으며 어떻게 많은 전리품을 노획할 수 있었는지를 누구보다도 잘 알았습니다. 바로에게서 아내 사래를 되찾아 주신 하나님을 경험했기 때문입니다. 그는 바로의 손을 묶으시는 하나님을 경험했고, 또다시 그돌라오멜의 군대를 묶으시는 하나님의 손을 경험했습니다.

믿음의 길은 안락하지 않습니다. 평탄하지도 않습니다. 믿음의 길은 어떤 길입니까? 하나님과 동행하는 길입니다. 그래서 주저앉거나 물러서지 않고, 두려움 없이 행동하며 나아가는 길입니다. 아브람은 행동하기로 결단했습니다. 계산이 맞아서가 아니라 믿음 하나로 돌격한 것입니다. 나머지 일은 하나님이 하셨습니다.

아브람은 자신이 싸워 이긴 것이 아니라는 사실을 알았습니다. 그는 하나님이 롯도 사랑하신다는 것을 알았기에 롯을 구해 주실 것을 믿었습니다. 롯이 사랑받을 만해서가 아니라 하나님이 사랑이시기에 롯 또한 사랑하신다는 것을 알았던 것입니다.

아브람이 롯을 구한 뒤에 그를 나무랐겠습니까? 왜 나를 떠나 이런 화를 당하느냐고 질책했겠습니까? 아닙니다. 그는 롯을 안아 주며 잠시 눈시울을 붉힐 뿐 아무 말도 하지 않았을 것입니다. 또한 이제 그만 삼촌에게로 돌아오라고 설득하지도 않았습니다.

롯은 결국 소돔으로 돌아갔습니다. 그러면 아브람은 헛일한 것일까요? 괜히 목숨을 걸고 롯을 구해 준 것입니까? 아브람은 롯에게 아무것도 따지거나 요구하지 않았습니다. 그는 자기 곁의 사람들을 축복하는 것으로 만족했습니다.

믿음의 결단이 이룬 열매

아브람이 그돌라오멜과 그와 함께 한 왕들을 쳐부수고 돌아올 때에 소돔 왕이 사웨 골짜기 곧 왕의 골짜기로 나와 그를 영접하였고 살렘 왕 멜기세덱이 떡과 포도주를 가지고 나왔으니 그는 지극히 높으신 하나님의 제사장이었더라_창 14:17-18

아브람이 도저히 있을 수 없는 전과를 거두고 돌아옵니다. 그가 전쟁에 뛰어든 바람에 큰 이득을 본 사람은 소돔 왕입니다. 다 잃었다가 회생의 기회를 붙잡을 수 있었습니다. 그는 "사웨 골짜기"라는 곳까지 나와 아브람을 영접합니다.

그곳에 살렘 왕 멜기세덱도 나왔습니다. 멜기세덱 왕이 떡과 포도주를 갖고 왔습니다. 살렘은 예루살렘을 가리킵니다. 구약에서 멜기세덱이란 이름의 왕은 이전에도 이후에도 등장하지 않습니다. "지극히 높으신 하나님의 제사장"으로 소개된 멜기세덱 왕에 대한 언급은 이후 다윗이 지은 시편에 한 번, 그리고 신약의 히브리서뿐입니다.

여호와는 맹세하고 변하지 아니하시리라 이르시기를 너는 멜기세덱의
서열을 따라 영원한 제사장이라 하셨도다_시 110:4

다윗이 "여호와께서 내 주에게 말씀하시기를 내가 네 원수들
로 네 발판이 되게 하기까지 너는 내 오른쪽에 앉아 있으라"(시
110:1)고 하셨고, 또 "멜기세덱의 서열"을 따르는 영원한 제사장이
라 하셨다고 말합니다. 여기서 "내 주"란 누구를 가리킵니까? 영
원한 대제사장이신 예수 그리스도를 가리킵니다.

그리로 앞서가신 예수께서 멜기세덱의 반차를 따라 영원히 대제사장이
되어 우리를 위하여 들어가셨느니라_히 6:20

이 멜기세덱은 살렘 왕이요 지극히 높으신 하나님의 제사장이라 여러 왕
을 쳐서 죽이고 돌아오는 아브라함을 만나 복을 빈 자라 아브라함이 모
든 것의 십 분의 일을 그에게 나누어 주니라 그 이름을 해석하면 먼저는
의의 왕이요 그다음은 살렘 왕이니 곧 평강의 왕이요 아버지도 없고 어
머니도 없고 족보도 없고 시작한 날도 없고 생명의 끝도 없어 하나님의
아들과 닮아서 항상 제사장으로 있느니라_히 7:1-3

아브람이 롯을 구해서 돌아오는 길에 두 왕이 마중을 나왔습
니다. 소돔 왕은 땅의 왕, 살렘 왕 멜기세덱은 "의의 왕"이요 "평
강의 왕"입니다. 멜기세덱 왕은 땅의 왕이 아니라 하늘의 왕입니

다. 이 왕이 아브람을 맞아 축복합니다.

> 그가 아브람에게 축복하여 이르되 천지의 주재이시요 지극히 높으신 하
> 나님이여 아브람에게 복을 주옵소서 너희 대적을 네 손에 붙이신 지극히
> 높으신 하나님을 찬송할지로다 하매 아브람이 그 얻은 것에서 십 분의
> 일을 멜기세덱에게 주었더라_창 14:19-20

멜기세덱이 어떻게 해서 아브람이 싸움에서 이겼는지를 알려
줍니다. 아브람도 이미 알고 있었을 것입니다. 그의 힘만으로는
롯을 구할 수 없었으리라는 것을 말입니다. 그는 살렘 왕의 축복
기도를 들으면서 깊은 감사와 감동에 젖습니다. 아브람이 전리품
으로 얻은 것에서 십 분의 일을 멜기세덱에게 바칩니다. 이것이
첫 십일조입니다. 멜기세덱이 내놓으라고 해서 준 것이 아니라
아브람이 자발적으로 바친 것입니다. 감사의 표현이자 찬송의 표
현이었습니다. 이처럼 십일조는 하나님을 향한 감사와 찬송의 표
현입니다. 내 힘으로 이룬 것이 아니라는 자각과 겸손에서 비롯
된 감사입니다.

가인이 아벨의 피를 흘리게 한 뒤로 이 땅의 삶은 불모의 삶이
되었습니다. 열매가 없는 삶이 된 것입니다. 이 땅에서는 하나님
의 은혜 없이 아무것도 거둘 수가 없습니다. 하나님은 이 땅에 사
는 아브람을 부르셨습니다. 세상 사람들이 스스로 높아지고 제힘
으로 높은 탑을 쌓겠다는 삶의 방식을 고집할 때, 하나님은 아브

람에게 약속하셨습니다. "내가 너로 큰 민족을 이루고 네게 복을 주어 네 이름을 창대하게 하리니 너는 복이 될지라"(창 12:2)라고 말씀하셨습니다.

세상 사람들의 눈으로 보면, 이 싸움은 그돌라오멜의 연합군이 지난 12년 동안 조공을 바치다가 13년째에 배신한 남부 동맹군을 응징한 전쟁에 불과합니다. 그러나 하나님의 눈으로 보면 어떻습니까? 아브람의 이름이 이 땅에 알려지는 계기가 된 전쟁입니다. 하나님의 계획하심입니다. 아브람이 이 땅에서 이름을 낼 일이 어디 있습니까? 양이나 소가 조금 늘었다고 가나안 땅에서 이름이 알려질 리가 있겠습니까? 그런데 이 전쟁을 통해 그의 이름이 갑자기 부상했습니다. 블레셋과의 전쟁에서 다윗의 이름이 알려진 것과 같습니다. 초대교회 시절에 역병이 돌 때마다 교회의 존재가 널리 드러난 것과도 같습니다.

아브람은 가나안 다섯 왕의 체면을 조금이나마 살려 준 사람이 되었습니다. 포로를 데리고 돌아온 아브람을 소돔 왕이 극진하게 대합니다.

소돔 왕이 아브람에게 이르되 사람은 내게 보내고 물품은 네가 가지라 아브람이 소돔 왕에게 이르되 천지의 주재이시요 지극히 높으신 하나님 여호와께 내가 손을 들어 맹세하노니 네 말이 내가 아브람으로 치부하게 하였다 할까 하여 네게 속한 것은 실 한 오라기나 들메끈 한 가닥도 내가 가지지 아니하리라 오직 젊은이들이 먹은 것과 나와 동행한 아넬

과 에스골과 마므레의 분깃을 제할지니 그들이 그 분깃을 가질 것이니라

_창 14:21-24

소돔 왕이 아브람에게 제안합니다. 전리품으로 되찾아 온 소돔의 재물은 마땅히 아브람의 것이니 다 가지라고 말합니다. 그런데 뜻밖에도 아브람이 재물을 거절합니다. 소돔 덕에 부자가 되었다는 말을 듣고 싶지 않다는 것입니다. 그는 소돔의 것은 "실한 오라기나 들메끈 한 가닥도" 갖지 않겠다고 밝힙니다. 오직 전쟁에 동행한 청년들과 이웃 마을 사람들의 분깃만을 가져갈 뿐 아브람 자신은 아무것도 갖지 않겠다고 선언합니다.

아브람의 믿음이 그만큼 커졌다는 증거입니다. 그는 이제 물욕을 다스릴 줄 아는 사람이 되었습니다. 애굽에서는 바로가 주는 것을 받았습니다. 수치스러운 일을 통해 얻게 된 재물이지만, 다 받아 가지고 왔습니다. 이번에는 다릅니다. 그가 승리한 전투에서 가져온 전리품이니 그에게도 권리가 있습니다. 그러나 아브람은 당연한 권리를 스스로 포기합니다. 아브람의 믿음은 포기할 줄 아는 데까지 이른 것입니다. 그의 믿음이 어떻게 이 정도로 커졌습니까?

하나님을 경험한 덕분입니다. 하나님이 누구신지를 더욱 잘 알게 된 덕분입니다. 하나님은 원하시면 무엇이건 이루시는 분이라는 것을 알았습니다. 그는 하나님을 택하는 것이 전부라는 사실을 알았습니다. 자기가 소유하지 않더라도 하나님 편에 서기만

하면 하나님이 부족하지 않게 채워 주심을 알았습니다. 그는 소돔의 것이 아니라 하나님의 것으로 만족하기로 결심했습니다. 하나님의 것이면 충분하다는 것을 경험했기 때문입니다.

하나님과 아브람의 코드가 점점 맞아 갑니다. 아브람은 신앙의 능력을 맛보았고, 그 기쁨을 누렸습니다. 그런데 롯은 어디에 있습니까? 그는 과거로 되돌아갑니다. 믿음의 길이 아닌 세상 길로 갔습니다.

우리는 모두 치열한 전쟁터에서 살고 있습니다. 하나님 없이는 결코 승리할 수 없는 싸움을 날마다 벌이고 있습니다. 영적인 능력이 없이는 이길 수 없는 싸움입니다. 그러나 명심하십시오. 전리품에 마음을 두거나 욕심을 부려서는 안 됩니다. 이스라엘 백성들이 가나안 전쟁을 치를 때 여리고 전투에서 이겼으나 그보다 작은 아이 성에서 패배했던 이유를 기억하십시오.

하나님의 것으로 만족하고, 가이사의 것을 탐내지 마십시오. 아브람의 길로 행하기를 바랍니다. 롯이 택하여 돌아간 세상 길로 가지 마십시오. 세상 속에서 살면서도, 세상에 속하지 않은 자로 사십시오. 그리하여 세상 것들에서 자유하기를 바랍니다.

4부

언약,

좁은 길의 시작

12. 믿음을 어떻게 키우시는가

믿음의 인큐베이터

=

창 15:1-21

아브람이 그돌라오멜이 주도하는 연합군을 급습해서 믿을 수 없는 승리와 전리품을 얻었습니다. 조카 롯을 구했고, 많은 전리품을 얻어서 살렘 왕 멜기세덱에게 십일조를 드리고 소돔 왕을 비롯한 이웃들에게 나누어 주었습니다.

그런데 그의 마음속에 두려움이 찾아옵니다. 이상합니까? 하나도 이상하지 않습니다. 하나님을 믿기는 믿어도 내 안의 두려움을 떨치지 못하는 것이 실제 우리 모습입니다. 성경 말씀을 알지만, 이따금 원인 모를 두려움이 우리 안에서 꿈틀대곤 합니다.

이후에 여호와의 말씀이 환상 중에 아브람에게 임하여 이르시되 아브람아 두려워하지 말라 나는 네 방패요 너의 지극히 큰 상급이니라_창 15:1

하나님은 나보다 나를 더 잘 아시는 분입니다. 우리에게 진정 필요한 것이 무엇인지 정확히 아십니다. 하나님이 환상 중에 말씀으로 아브람을 다시 찾아오십니다.

아브람은 언제든 공격받을 수 있다는 걱정에 사로잡혔고, 그들이 공격해 오면 죽을 수도 있다는 생각에 두려워하고 있었습니다. 고작 318명의 가신을 데리고 그돌라오멜의 연합군을 먼저 공격하여 이겼지만, 만약에 그들이 전열을 가다듬고 다시 침략해 오기라도 하면 어떻게 되겠습니까? 아브람은 그들이 들이닥치면 살아남기 힘들 것이라는 생각에 두려워졌습니다.

여전히 손부터 보는 믿음

하나님은 그의 두려움을 씻어 주기를 원하십니다. "두려워하지 말라." 하나님은 왜 두려워하지 말라고 말씀하실까요? 하나님은 자신이 있으시기 때문입니다. 아브람을 지킬 실력이 있으시기 때문입니다. 자녀가 겁을 먹으면 힘 있는 부모가 겁내지 말라고 말하는 것과 같습니다. 우리는 대책이 없고, 능력도 없습니다. 그래서 두렵습니다. 그러나 하나님은 대책이 있으십니다. 하나님이 두려움을 정확히 짚으며 힘을 주십니다. "나는 네 방패"라고 말씀해 주십니다. 무엇이든 내가 막아 주시겠다는 뜻입니다.

우리의 방패는 돈이 아니라 하나님이십니다. 돈이나 뒷배경은 잠시 방패가 되는 것 같지만, 결정적일 때는 아무 힘도 발휘하지 못합니다. 권력도 소용없습니다. 하나님만이 방패가 되십니다. 그래서 하나님을 아는 만큼, 하나님을 믿는 만큼 안심할 수 있습니다.

두려움이 찾아오면 어떻게 해야 합니까? 하나님께 엎드려야 합니다. 엎드려도 두려움이 가시지 않으면, 어떻게 해야 합니까? 믿음 없음을 고백해야 합니다. 믿음부터 달라고 구하십시오. 주님이 "구하라 그리하면 너희에게 주실 것이요 찾으라 그리하면 찾아낼 것이요 문을 두드리라 그리하면 너희에게 열릴 것"(마 7:7)이라고 말씀하시지 않았습니까? 방패 되시는 하나님을 찾고 구하고 두드리십시오.

하나님은 그에게 "내가 바로 '너의 지극히 큰 상급'"이라고 말씀하십니다. 우리는 하나님의 손에 무엇이 들렸는지에 관심이 많습니다. 손만 뚫어지게 봅니다. 그러나 하나님은 하나님을 바라보라고 말씀하십니다. 하나님을 추구하는 사람과 복을 구하는 사람이 있습니다. 복을 구하는 사람은 하나님을 놓치곤 하지만, 하나님만을 추구하는 사람은 복의 목마름에서 풀려납니다. 진리가 자유케 하기 때문입니다. 하나님이야말로 가장 큰 복입니다. 기복신앙은 늘 목마릅니다. 그래서 복을 준다는 사람, 예언한다는 사람, 병을 고쳐 준다는 사람을 찾아서 여기저기 기웃거립니다.

아브람이 이르되 주 여호와여 무엇을 내게 주시려 하나이까 나는 자식이 없사오니 나의 상속자는 이 다메섹 사람 엘리에셀이니이다 아브람이 또

이르되 주께서 내게 씨를 주지 아니하셨으니 내 집에서 길린 자가 내 상속자가 될 것이니이다_창 15:2-3

아브라함의 신앙의 현주소가 보입니까? 하나님이 "내가 네 방패요 큰 상급이다"라고 말씀해 주셨음에도 불구하고, 그는 하나님의 손을 바라보며 나에게 무엇을 주시겠느냐고 묻습니다. "하나님이 내게 '너로 큰 민족을 이루고 네게 복을 주어 네 이름을 창대하게 하리니 너는 복이 될지라'(창 12:2)라고 약속해 주셨는데, 아직도 아들 하나 없습니다. 주님을 믿고 10년간 따라왔는데, 나한테 아들을 주시기나 했습니까?" 하고 볼멘소리를 하는 것입니다.

믿음이 흔들리면, 인간은 한순간에 이성적이고 합리적이고 감성적인 인간이 됩니다. 이성적인 사람에게는 믿음이 이상하게 보입니다. 합리적인 사람에게는 믿음이 수상하게 보입니다. 감성적인 사람에게는 믿음이 부담스럽습니다. 내 믿음이 과연 어떤 믿음인지를 살펴보아야 합니다.

가장 혼동되는 것은 믿음과 신념, 믿음과 확신입니다. 신념과 확신도 믿음의 하나입니다. 그러나 자기 자신으로부터 비롯된 믿음입니다. 신념과 확신은 내 능력을 믿는 것입니다. 그래서 내 능력이 자랄수록 신념도 강해집니다. 내가 힘이 생기고 돈이 생기고 자리가 생기면, 확신은 더 강해집니다.

그러나 믿음은 내가 약해질수록 더 강해집니다. 내가 쇠하여

질수록 하나님은 강하신 분임을 점점 더 믿게 됩니다. 신앙이 말하는 믿음은 나로부터 비롯된 것이 아니라 오직 하나님으로부터 비롯된 믿음이기 때문입니다. 즉 하나님의 말씀에서 비롯된 믿음이요 하나님을 아는 앎에서 비롯된 믿음입니다. 하나님의 언약과 약속에서 비롯된 믿음입니다. 내 감정은 여전히 불안하고 내 계산으로는 도저히 맞지 않고, 내 생각에 비추어서는 도저히 될 일이 아니지만, 하나님이 말씀하시고 약속하셨으니까 믿기로 결정하는 것이 신앙이 말하는 믿음입니다.

사실, 아브람은 속으로 생각해 온 대책이 있습니다. 하나님이 아들을 안 주신다면 양자를 입양하는 방법이 있습니다. 그동안 심각하게 생각해 왔던 방법입니다. 믿음이 흔들릴 때마다 아브람은 엘리에셀이라는 종을 상속자로 생각해 왔던 터입니다. 엘리에셀이 마음에 쏙 들도록 행동할 때마다 입양을 생각해 왔다는 것을 알 수 있습니다. 일종의 양다리 걸치기입니다. 이것이 당시 아브람의 믿음 수준이었습니다.

우리 믿음도 마찬가지 아닙니까? 우리는 계곡을 건너고 나서도 좀체 다리를 불태우지 않습니다. 건너가 보고 상황이 여의치 않으면, 돌아갈 퇴로가 있어야 하기 때문입니다.

하나님은 아브람을 야단치지 않으십니다. 그의 믿음을 정확히 보고 계시기 때문입니다. 하나님은 믿음이 없는데도 있는 체하는 것을 보고 화를 내시지, 믿음 없음을 고백하는 사람에게는 야단치지 않으십니다. 그러므로 믿음을 포장하지 않기를 바랍니다.

생긴 대로 사는 것이 낫습니다. 믿어지는 만큼 주님 앞에 나아가십시오. 괜히 없는 믿음을 가지고, 큰 믿음을 가진 척해 봐야 주님과의 관계가 멀어질 뿐입니다.

> 여호와의 말씀이 그에게 임하여 이르시되 그 사람이 네 상속자가 아니라 네 몸에서 날 자가 네 상속자가 되리라 하시고 그를 이끌고 밖으로 나가 이르시되 하늘을 우러러 뭇별을 셀 수 있나 보라 또 그에게 이르시되 네 자손이 이와 같으리라 _창 15:4-5

하나님의 말씀은 모호하거나 아리송한 예언이 아닙니다. "엘리에셀은 네 상속자가 아니다"라고 분명하게 말씀하십니다. "네 몸에서 날 자가 네 상속자가 되리라"고 말씀하십니다. 하나님은 그가 여전히 반신반의하는 것을 알기에 그를 데리고 장막 밖으로 나가십니다. 시청각 교육을 하기 위함입니다.

"하늘을 우러러보아라. 무엇이 보이느냐?"

"별들입니다. 수많은 별이 보입니다."

"네가 그 뭇별을 다 셀 수 있겠느냐?"

"못 셉니다."

"네 자손이 이와 같을 것이다."

여기서 "네 자손"으로 번역된 히브리어는 '단수'입니다. 뭇별 가운데 '한 자손'이 있음을 뜻합니다. 아브람은 그 뜻을 정확히 알았을까요?

의로움은 태도로 인정받는다

하나님이 뭇별을 바라보게 하시고, 그 뭇별 가운데 한 자손이 탄생할 것을 말씀하시지만, 아브람이 어찌 다 알아들을 수 있었겠습니까? 하나님은 시간 너머에 계시는 분임을 다시 한번 기억하십시오. 아담이 죄를 범했을 때, 이미 말씀해 주셨습니다.

> 내가 너로 여자와 원수가 되게 하고 네 후손도 여자의 후손과 원수가 되게 하리니 여자의 후손은 네 머리를 상하게 할 것이요 너는 그의 발꿈치를 상하게 할 것이니라_창 3:15

뱀과 여자의 후손이 원수가 될 것이며, 여자의 후손이 뱀의 머리를 깨뜨릴 것을 분명히 말씀하셨습니다. 인간의 죄를 어떻게 다루실 것인지를 밝히신 것입니다. 구약성경은 온통 오실 메시아, 곧 예수 그리스도를 가리키고 있습니다. 아브람을 믿음의 조상으로 삼으신 이유는 오직 하나입니다. 메시아의 족보를 만드시기 위함입니다.

바울이 그리스도를 알고 나서 "여자의 후손"이 과연 누구를 가리키는 것인지 깨달았습니다.

> 이 약속들은 아브라함과 그 자손에게 말씀하신 것인데 여럿을 가리켜 그 자손들이라 하지 아니하시고 오직 한 사람을 가리켜 네 자손이라 하셨으니 곧 그리스도라_갈 3:16

하늘의 뭇별 가운데 그리스도께서 계십니다. 뭇별이 신약 시대에 와서는 교회가 되지 않았습니까? 우리 각자가 그리스도와 한 몸이 되어 교회가 되었고, 이 교회가 흩어질 때 온 하늘이 별들로 가득하듯이 온 땅도 그리스도로 가득하지 않겠습니까?

우리가 뭇별로 흩어져서 예배드릴 수 있는 것은 "오직 한 사람" 곧 예수 그리스도 때문에 가능한 일입니다. 우리는 주님 덕분에 교회가 되었습니다. 주님이 우리를 뭇별 교회로 이 땅에 존재케 하시는 까닭은 그리스도로부터 우리를 부르셨고, 우리를 교회가 되게 하셨고, 그 교회를 온 열방 가운데 뭇별처럼 흩으셔서 하나님 나라가 임하시는 계획과 구원의 역사와 섭리를 펼쳐 가시기 위함입니다.

아브람이 여호와를 믿으니 여호와께서 이를 그의 의로 여기시고_창 15:6

아브람이 뭇별을 보면서 설명해 주시는 하나님의 말씀을 믿었습니다. "믿으니"로 번역된 히브리어 동사는 '아만'입니다. 바로 아멘의 어원입니다. 아만의 원뜻은 '확고함, 확실성'입니다. 아브람이 하나님의 말씀을 믿고, 아멘으로 받아들였습니다. 이때 하나님이 그의 태도를 의로 받아 주십니다. 하나님과의 관계는 하나님의 말씀을 확고하게 받아들이는 우리 믿음과 그 믿음을 의롭다고 받아 주시는 하나님의 결정으로 이뤄집니다.

따라서 하나님을 믿는 자들의 의로움이란 하나님의 번복하시지 않는 결정에 따른 것으로, 하나님이 이 결정에 따라 우리를 계속해서 의롭게 빚어 가실 것입니다. 어떻게 말입니까? 우리가 믿음의 태도를 계속 보이기만 하면, 의롭게 만드실 것입니다. 그러므로 의롭게 되는 것은 우리 행위가 아닌 태도에 대한 하나님의 호의적인 결정에서 비롯된 것입니다. 이것이 바로 믿음으로 의롭게 된다는 뜻입니다(참조, 롬 3:28). 하박국 선지자가 이 믿음의 의로움을 붙들었고, 바울이 이 의로움을 인정하시는 믿음에 목숨을 걸었습니다.

보라 그의 마음은 교만하며 그 속에서 정직하지 못하나 의인은 그의 믿음으로 말미암아 살리라_합 2:4

복음에는 하나님의 의가 나타나서 믿음으로 믿음에 이르게 하나니 기록된 바 오직 의인은 믿음으로 말미암아 살리라 함과 같으니라_롬 1:17

성경은 모든 사람이 죄인임을 선언합니다. 인간은 누구나 예외 없이 죄 가운데 태어납니다. 죄인이 어떻게 의로워집니까? 어떤 행위로도 의로워지지 않습니다. 내가 내 주변의 모든 사람의 죄를 지적한다고 해서 내가 의로워지지는 않습니다. 오히려 이웃의 죄를 지적하면 할수록, 감추어진 내 죄와 숨겨 놓은 내 죄 때문에 더욱 괴로워질 뿐입니다. 인간이 의로워지는 방법은 오직 하나입니다. 그리스도를 믿음으로써 의로워집니다. 하나님을 하나님으로 인정하는 태도를 하나님이 의롭다고 하십니다.

믿음의 인큐베이터

하나님은 누구십니까? 아브람을 갈대아 우르에서 불러내신 분
이요 그를 가나안 땅으로 들여보내신 분입니다.

> 또 그에게 이르시되 나는 이 땅을 네게 주어 소유를 삼게 하려고 너를 갈
> 대아인의 우르에서 이끌어 낸 여호와니라 그가 이르되 주 여호와여 내가
> 이 땅을 소유로 받을 것을 무엇으로 알리이까_창 15:7-8

그런데도 아브람은 신앙의 수준은 여전히 어떻습니까? 하나
님은 의로움과 태도를 말씀하시는데, 그는 여전히 하나님의 손만
쳐다보고 있습니다. "내게 무엇을 주시겠습니까? 약속하신 아들
은 언제 주실 겁니까? 무엇으로 증거를 보여 주시겠습니까?" 하
고 묻고 또 묻습니다.

> 기드온이 그에게 대답하되 만일 내가 주께 은혜를 얻었사오면 나와 말씀
> 하신 이가 주 되시는 표징을 내게 보이소서_삿 6:17

> 마리아가 천사에게 말하되 나는 남자를 알지 못하니 어찌 이 일이 있으
> 리이까_눅 1:34

기드온이 증거를 보여 달라고 했고, 마리아는 어떻게 수태가 가능한지 물었습니다. 믿음은 정직해야 합니다. 믿음이 부족하면, 부족한 대로 믿음을 달라고 구하십시오. 딴 걸 달라고 하기 전에 믿음부터 구하십시오. 믿음이 있어야 하나님의 말씀이 들리고, 해석되고, 내 안에 살아서 움직이는 능력이 되지 않겠습니까?

여호와께서 그에게 이르시되 나를 위하여 삼 년 된 암소와 삼 년 된 암염소와 삼 년 된 숫양과 산비둘기와 집비둘기 새끼를 가져올지니라 아브람이 그 모든 것을 가져다가 그 중간을 쪼개고 그 쪼갠 것을 마주 대하여 놓고 그 새는 쪼개지 아니하였으며 솔개가 그 사체 위에 내릴 때에는 아브람이 쫓았더라 _창 15:9-11

아브람이 증거를 요구하자 하나님이 "그러면 나와 계약을 맺자"고 하십니다. 당시 관행에 따라 계약 맺는 것을 보여 주시겠다는 것입니다. 고대 중근동에서는 동물 사체를 놓고 계약을 맺었습니다. 일종의 저주 계약입니다. 약속을 어기는 자에게 죽음의 저주가 임할 것이라는 뜻입니다. 소나 염소 같은 큰 동물은 둘로 쪼개지만, 몸집이 작은 새는 쪼개지 않습니다. 쪼갠 두 몸통을 마주 보도록 펼쳐 놓고, 그 사이를 지나가는 것입니다. 하나님은 우리의 믿음이 자랄 수만 있다면 우리가 살아가는 환경과 시대적인 관행도 개의치 않고 사용하십니다.

피 냄새를 맡은 솔개가 사체 주위를 맴돕니다. 아브람이 사체를 지키느라고 애쓰다가 잠이 들었습니다.

> 해 질 때에 아브람에게 깊은 잠이 임하고 큰 흑암과 두려움이 그에게 임하였더니 여호와께서 아브람에게 이르시되 너는 반드시 알라 네 자손이 이방에서 객이 되어 그들을 섬기겠고 그들은 사백 년 동안 네 자손을 괴롭히리니 그들이 섬기는 나라를 내가 징벌할지며 그 후에 네 자손이 큰 재물을 이끌고 나오리라_창 15:12-14

졸음과 함께 짙은 어둠과 두려움이 그에게 임했습니다. 이때 하나님이 구체적인 약속을 해 주십니다. 계약서에 사인하기 전에 계약서 원본을 읽어 주시는 셈입니다.

"이 계약에서 네가 반드시 알아야 할 사항이 있다. 네 자손이 이방에서 나그네가 되어 그 나라를 섬기게 될 것이고, 그들은 400년 동안 네 자손을 괴롭힐 것이다. 몹시 고통스러운 시간을 보내게 될 것이다."

아브람의 후손의 믿음을 어디에서 키우겠다고 말씀하십니까? 가나안이 아닌 이방, 곧 애굽입니다. 아브람이 한번 들어갔다가 사래 때문에 혼이 났던 곳이기에 애굽이라고 직접 언급하지 않으시고, "이방"이라고만 하십니다. 아브람의 믿음과 그의 후손의 믿음은 애굽에서 빚어 내리라고 말씀하십니다. 애굽은 믿음을 키우는 인큐베이터인 셈입니다. 우리 믿음은 어디서 키워 주시기를 원합니까? 교회라고 부르는 이 건물 안에서입니까? 아니면 이방과도 같은 세상 속입니까? 당연히 세상입니다.

믿음은 영이신 하나님을 믿는 것입니다. 그래서 믿음은 영성입니다. 바른 믿음은 바른 영성입니다. 그런데 그 영성은 어디서 자랍니까? 세상 속에서 자랍니다. 바울은 에베소에서 두란노라는 장소를 택하여 복음을 전했습니다. 그런데 두란노는 예루살렘 성전과 같은 곳이 아니었고, 유대인들이 도처에 세웠던 회당도 아니었습니다. 하나님이 원하시는 곳이 어딘지를 아는 것이야말로 오늘날 교회가 어떤 곳이어야 하는지를 분별하는 기준입니다.

하나님은 우리 영성을 종교 기관이 아닌 세상 한가운데서 빚기를 원하십니다. 그 말은 곧 믿음이라는 영성을 믿지 않는 자들 속에서 빚으시겠다는 뜻입니다. 왜 그러실까요? 그냥 교회 안에서 빚어 주시면 안 됩니까? 안 될 것은 없습니다. 그러나 중요한 것은 종교성과 영성과의 차이입니다. 종교적 틀 안에서 빚으면, 바른 영성보다도 틀에 박힌 종교성이 빚어지게 마련입니다. 그리하여 자라야 할 영성보다도 자라지 말아야 할 종교성이 더 빨리 자라서 영성을 오히려 방해하는 환경과 토양을 만들어 낼 수 있습니다. 이 때문에 예수님은 죄악 된 세상에서 불러낸 사람들을 '에클레시아', 곧 교회라 부르신 것입니다.

반드시 지켜질 계약

아브람의 자손들은 400년간 애굽에서 고난을 겪게 되겠지만, 애굽을 나올 때는 마치 전쟁에서 이기고 전리품을 챙기듯 나오게 될 것이라고 말씀하십니다. 단순히 노예 생활의 청산이 아니라는 것입니다. 목적이 있는 고난의 길입니다.

아브람에 관해서도 말씀해 주십니다.

> 너는 장수하다가 평안히 조상에게로 돌아가 장사될 것이요 네 자손은 사대 만에 이 땅으로 돌아오리니 이는 아모리 족속의 죄악이 아직 가득 차지 아니함이니라 하시더니_창 15:15-16

아브람은 장수하다가 죽을 것이고, 자손은 4대 만에 가나안에 돌아올 것입니다. 400년은 무엇을 위한 시간입니까? 먼저, 갓난 아기 믿음의 이스라엘이 인큐베이터 안에서 자랄 만큼 자라는 시간입니다. 둘째는 아모리 족속의 죄악이 심판에 맞닥뜨리게 되는 시간입니다. 하나님은 이 두 가지의 시간을 정확히 재고 계십니다. 이렇듯 구원의 시간과 심판의 시간은 언제나 맞닿아 있습니다. 출애굽 구원의 목적은 곧 가나안의 심판인 것입니다.

> 해가 져서 어두울 때에 연기 나는 화로가 보이며 타는 횃불이 쪼갠 고기 사이로 지나더라_창 15:17

아브람은 언약의 말씀을 다 들음으로써 계약서의 검토가 끝났습니다. 이제 사인만 남았습니다. 이때 연기 나는 화로가 보였고, 횃불 같은 불길이 쪼개 놓은 짐승들 사이로 지나갔습니다. 아브람은 미처 그 사이를 지나갈 엄두조차 내지 못했습니다.

하나님은 왜 당시 관행을 따라 계약하자고 하시고는 계약서에 홀로 서명하셨습니까? 그리고 왜 계약의 발효를 일방적으로 선언하십니까? 하나님의 계약은 늘 쌍방 계약이 아니라 일방 계약이기 때문입니다. 왜 일방적으로 계약하십니까? 우리에게는 계약을 지킬 만한 능력이 없기 때문입니다. 하나님만이 그 계약을 지키실 수 있습니다. 우리가 계약을 깨뜨릴 때조차 하나님은 수정본을 만들면서라도 계약을 반드시 지키시는 분입니다.

예레미야 선지자가 하나님의 수정 계약서를 우리에게 알려 줍니다.

여호와의 말씀이니라 보라 날이 이르리니 내가 이스라엘 집과 유다 집에 새 언약을 맺으리라 이 언약은 내가 그들의 조상들의 손을 잡고 애굽 땅에서 인도하여 내던 날에 맺은 것과 같지 아니할 것은 내가 그들의 남편이 되었어도 그들이 내 언약을 깨뜨렸음이라 여호와의 말씀이니라 그러나 그날 후에 내가 이스라엘 집과 맺을 언약은 이러하니 곧 내가 나의 법을 그들의 속에 두며 그들의 마음에 기록하여 나는 그들의 하나님이 되고 그들은 내 백성이 될 것이라 여호와의 말씀이니라_렘 31:31-33

하나님은 불로 임하십니다. 모세에게는 불붙은 떨기나무에서 말씀하셨고, 시내 산에 계약서 준칙을 만드실 때도 불로 강림하셨습니다. 갈멜산에서는 엘리야에게 불을 내려 주셨고, 마가의 다락방에서는 불의 혀처럼 갈라진 성령으로 임재하셨습니다.

시내 산에 연기가 자욱하니 여호와께서 불 가운데서 거기 강림하심이라 그 연기가 옹기 가마 연기 같이 떠오르고 온 산이 크게 진동하며_출 19:18

하나님이 계약서에 일방적으로 서명 날인하시고 거듭 확인하십니다. 이번에는 가나안 땅 중에서 누구누구의 땅을 넘겨주실 것인지 명기하십니다.

그날에 여호와께서 아브람과 더불어 언약을 세워 이르시되 내가 이 땅을 애굽 강에서부터 그 큰 강 유브라데까지 네 자손에게 주노니 곧 겐 족속 과 그니스 족속과 갓몬 족속과 헷 족속과 브리스 족속과 르바 족속과 아 모리 족속과 가나안 족속과 기르가스 족속과 여부스 족속의 땅이니라 하 셨더라_창 15:18-21

하나님의 언약은 '내가 이미 네게 다 주었다'는 뜻입니다. 미래형이 아니라 과거형입니다. 하나님은 "네 자손에게 이것들을 다 주었다"고 말씀하십니다. 결국, 아브람은 생전에 막벨라 굴밖에 소유한 것이 없었습니다. 그런데도 하나님은 이 땅들을 이미 아브람과 그 자손에게 주었다고 말씀하십니다.

이것을 어떻게 받아들여야 합니까? 하나님은 이미 다 주었다고 말씀하시는데, 우리 현실에선 여전히 내 소유가 아닙니다. 이 간격을 어떻게 이해해야 합니까? 믿음으로 메워야 합니다. 믿음은 보이는 현실과 보이지 않는 미래를 연결하는 고리입니다. 내 손안에 아무것도 없는 현실과 이미 다 가진 미래 사이를 연결하는 능력이 믿음입니다. 하나님의 언약은 결국 우리 믿음을 위한 것입니다.

그러나 신앙은 내 믿음을 증명하는 것이 아닙니다. 내 믿음처럼 보일지 몰라도 진정한 믿음은 하나님이 만들어 주시기 때문입니다. 우리는 하나님이 아브람의 믿음을 친히 만들어 가시는 이야기를 듣습니다. 그에게 뭇별을 보여 주시면서 그의 믿음을 빚어 가십니다. 횃불 언약을 맺음으로써 그의 믿음을 만들어 가십니다. 눈에 보이는 것들이 이미 다 주어진 것이라고 설명해 주시면서 그의 믿음을 세워 가십니다. 그런 의미에서 히브리서 기자는 믿음을 새롭게 정의합니다. "믿음은 바라는 것들의 실상이요 보이지 않는 것들의 증거"(히 11:1)입니다.

하나님이 아브람의 후손에게 주실 땅의 목록까지 말씀해 주셨습니다. 하나님은 태초에 아담과 하와에게 "내가 너로 여자와 원수가 되게 하고 네 후손도 여자의 후손과 원수가 되게 하리니 여자의 후손은 네 머리를 상하게 할 것이요 너는 그의 발꿈치를 상하게 할 것이니라"(창 3:15)라고 말씀하셨고, 아브람에게 "내가 너로 큰 민족을 이루고 네게 복을 주어 네 이름을 창대하게 하리니 너는 복이 될지라"(창 12:12)라고 말씀하셨습니다. 이어 아브람에게는 "내가 네 자손이 땅의 티끌 같게 하리니 사람이 땅의 티끌을 능히 셀 수 있을진대 네 자손도 세리라 너는 일어나 그 땅을 종과 횡으로 두루 다녀 보라 내가 그것을 네게 주리라"(창 13:16)라고 말씀하셨습니다. 이처럼 점차 구체적인 언약을 들려주시는 것을 가리켜 '계시의 점진성'이라고 합니다.

하나님은 아브람의 믿음을 보시고, 그의 믿음을 빚어 가시며 그 믿음을 통해 하나님의 구원의 역사를 펼쳐 가십니다. 얼마나 귀한 믿음입니까? 얼마나 안심이 됩니까? 내 믿음이 아니라 우리에게 언약을 주시고, 우리를 이끌어 가시는 하나님의 믿음입니다. 나의 연약한 믿음 대신에 예수 그리스도의 믿음을 받으십시오.

믿음을 갖고 나면, 다들 이렇게 고백합니다. "내가 그동안에 믿음 없이 어떻게 살았지?" 그동안 어떻게 살아왔습니까? 사람답게 살았습니까? 정말로 평안하게 살았습니까? 진실로 사랑하며 살았습니까? 우리에게 참믿음을 부어 주시는 하나님께 감사하십시오. 예수님을 그리스도로 고백하고 따르는 믿음을 우리에게 넘치도록 부어 주시는 하나님께 감사하십시오.

13. 믿음의 시간은 언제까지인가

팔십오 세에 범한 실수

=

창 16:1-16

지금까지 하나님과 직접 계약을 맺은 사람은 아무도 없습니다. 짐승을 쪼개 놓고 횃불 언약을 하면서까지 하나님이 직접 사인하신 계약서를 받아 든 사람이 없었습니다. 하나님은 친히 믿음의 길로 불러내신 아브람에게 이런 사인을 해 주시고, 고비마다 그를 찾아오셔서 그를 지켜 주셨습니다. 가나안 땅 사람들에게서 그를 지켜 주셨고, 바로의 손에서도 그를 지키셨으며 그돌라오멜의 연합군으로부터도 그를 지켜 주셨습니다. 그리고 그의 자손이 하늘의 뭇별만큼이나 많으리라는 언약을 기억하게 하셨습니다.

그러나 현실은 어떻습니까? 하늘을 바라보면, 하나님의 약속이 귓전에 울리는데 정작 장막 안의 현실을 보면 가슴이 답답합니다. 아내 사래를 쳐다봐야 아무런 변화가 보이지 않습니다. 임신은커녕 점점 나이만 들어가고 있습니다. 하나님의 언약이란 대체 무엇입니까? 아브람은 번민 속에 고통스러운 시간을 보냅니다.

결국, 아브람은 연약한 믿음의 현실에 맞닥뜨리게 됩니다.

아브람의 아내 사래는 출산하지 못하였고 그에게 한 여종이 있으니 애굽 사람이요 이름은 하갈이라_창 16:1

사래는 여전히 출산의 기미가 없습니다. 아브람이 자신의 종 엘리에셀에게서 상속자의 대안을 찾았던 것처럼 사래는 자신의 여종 하갈을 대안으로 생각하며 유심히 바라봅니다. 당시에는 아들이 없으면, 종을 양자로 입양하거나 첩을 들여 아들을 낳아 본부인의 아들로 삼는 것이 관행이었습니다.

하갈을 설명하는 두 단어가 등장합니다. "여종"과 "애굽"입니다. 아브람의 종 엘리에셀은 다메섹에서 데리고 온 자이고, 하갈은 애굽에서 데려온 여종입니다. 아마도 바로가 사래를 왕궁으로 불렀을 때 붙여 준 여종이거나 아니면 따로 데려온 여종일 것입니다.

대안을 제시하는 사래

하나님은 아브람에게 자손을 주겠다고 약속하셨습니다. 상속자는 "네 몸에서 날 자"라고 하셨습니다. 그렇다면 애굽 사람인 여종 하갈을 통해서도 주실 수 있지 않겠습니까? 이것은 어디서 비롯된 생각입니까? 세상의 관행을 따른 것입니다. 아브람과 사래가 현실적으로 생각할 수 있는 대안은 엘리에셀과 하갈입니다. 눈에 보이는 가능성은 그것이 전부입니다. 그런데 하나님은 아브람에게 엘리에셀은 상속자가 아니라고 말씀하셨습니다. 하지만 하갈은 아직 대안으로 생각해 볼 만합니다.

우리에게는 눈에 보이는 것이 방법입니다. 눈에 보여야 대안으로 삼을 수 있습니다. 그러나 하나님은 우리가 볼 수 없는 곳을 보시고, 우리가 찾을 수 없는 사람을 찾으시는 분입니다. 하나님의 가능성은 우리 현실에서 출발하지 않습니다. 하나님의 가능성은 하나님의 약속에서부터 출발합니다. 우리는 가능성을 애써 찾지만, 하나님의 계획은 이미 준비되어 있습니다. 어쩌면 우리가 발을 동동거리는 까닭은 하나님을 아직도 신뢰하지 못하고 있기 때문인지도 모릅니다. 아브람도 아직 하나님을 온전히 신뢰하지 못하고 있습니다. 사래도 마찬가지입니다.

아브람이 하나님의 이름을 부르지 않았던가요? 아닙니다. 그는 지금도 하나님의 이름을 부르고 있습니다. 아브람이 제단을 쌓지 않았습니까? 아닙니다. 그는 제단을 쌓았고, 가는 곳마다 쌓을 것입니다. 그런데 왜 그는 하나님의 계획을 믿지 못하고, 안절

부절못하는 겁니까? 우리 눈은 언제나 현실을 먼저 보기 때문입니다. 자고 일어나도 눈앞에는 여전히 아들이 없습니다. 사래는 해마다 나이를 먹고, 아브람 자신도 하루하루 늙어 갑니다. 벌써 기력이 지난해만 못합니다. 어느덧 아브람은 85세, 사래는 75세가 되었습니다.

사래가 아브람에게 이르되 여호와께서 내 출산을 허락하지 아니하셨으니 원하건대 내 여종에게 들어가라 내가 혹 그로 말미암아 자녀를 얻을까 하노라 하매 아브람이 사래의 말을 들으니라_창 16:2

사래가 남편에게 "여호와께서 내 출산을 허락하지 아니하셨으니"라고 말합니다. 이 말의 진의는 무엇입니까? 내가 아이가 없는 것은 하나님 탓이라는 말입니다. 아담의 변명이 생각나지 않습니까? 왜 선악과를 먹게 되었는지를 설명할 때, "하나님이 주셔서 나와 함께 있게 하신 여자"(창 3:12)가 먹으라고 해서 먹었을 뿐이라고 말하지 않았습니까?

정직하지 않은 사람의 말은 늘 단문이 아닌 복문입니다. "내가 여태 출산하지 못했다"고 한마디면 될 것을, 하나님이 내가 아이를 낳지 못하도록 막으셨다고 말합니다. 길고 복잡하게 얘기하는 것이 죄인의 습성입니다. 책임을 누군가에게 전가하는 것이야말로 죄인의 변함없는 습성입니다.

"내 여종에게 들어가라"는 것은 하갈과 동침하라는 말입니다.

이 말을 들은 아브람의 반응이 흥미롭습니다. 사래의 말을 별 저항 없이 수용합니다. 왜 그랬을까요? 왜 거절하지 않고, 단번에 받아들였겠습니까? 아브람도 똑같은 생각을 했기 때문입니다. 그렇지 않고서야 어떻게 선뜻 순종할 수가 있겠습니까?

어쩌면 사래도 놀랐을지 모릅니다. '내가 이런 제안을 하면, 남편이 안 된다고 하지 않을까?' 하고 걱정하지 않았겠습니까? 아브람이 "여보, 조금만 더 기다려 봅시다. 하나님이 약속을 반드시 지키실 것이오"라고 말해 주길 기대하지 않았겠습니까?

> 아브람의 아내 사래가 그 여종 애굽 사람 하갈을 데려다가 그 남편 아브
> 람에게 첩으로 준 때는 아브람이 가나안 땅에 거주한 지 십 년 후였더라
> _창 16:3

이때가 아브람이 가나안 땅에서 살게 된 지 만 10년이 되던 해입니다. 10년이란 나름대로 의미 있는 시간입니다. 이스라엘 사람들에게 3, 7, 10은 다 완전수입니다. 10년은 한 시기로 따져도 단락을 지을 시간입니다. 아브람과 사래는 10년을 기다렸습니다. 기다릴 만큼 기다렸다는 생각이 들 만한 시간입니다. 하나님을 하나님으로 충분히 대접해 드렸다는 생각이 들었을 것입니다. 어쩌면 두 사람은 무언중에 더 이상 기다리는 것은 무의미하다는 생각을 동시에 하고 있었는지도 모릅니다.

그러나 10년이면 참을 만큼 참았다고 생각하는 것은 사람의

생각입니다. 하나님의 시간은 우리 생각이 바뀌고, 우리 태도가 변하기를 기다리는 시간입니다. 하나님의 시간은 우리 믿음이 자라서 매듭을 짓는 시간입니다. 마치 대나무가 자라서 마디가 생기듯 그렇게 마디가 생기는 시간입니다. 믿음의 시간은 지나면서 하나씩 매듭을 만듭니다. 매듭이 지어져야 다음 단계로 나아갑니다. 건물을 지을 때도 그렇지 않습니까? 기초를 다져야 기둥을 세우고, 골조가 세워져야 건물이 올라가고, 틀이 완성되어야 내장을 시작하지 않겠습니까? 건물 한 채를 짓는 데도 이런 순서가 필요하다면, 하나님이 우리 인생을 믿음의 인생으로 지어 가시는데 어느 정도 시간이 걸리지 않겠습니까?

우리는 자기 생각대로 했다가 봉변을 당하게 되면, 하나님께 따지듯이 묻곤 합니다. "그때 왜 나를 말리지 않으셨습니까?" 아마 사래도 훗날 그런 생각을 할지 모릅니다. 하나님이 "하갈을 네 남편에게로 들여보내지 마라" 하고 한마디만 해 주셨어도 좋지 않았겠느냐고 물을지 모릅니다. 태초에 왜 선악과를 먹지 못하게 막지 않으셨느냐고 묻는 것과 같습니다. 선악과를 먹었더라도 목에 걸려서 넘어가지 못하게 막지 그러셨느냐고 따지는 것과 별반 다르지 않습니다. 우리는 저마다 이런 질문들을 다 가슴에 지니고 삽니다. "하나님을 좇아 믿음의 길을 어렵사리 걷고 있는데, 왜 내가 실수할 때 미리 막아 주지 않으셨습니까? 앞으로 큰 대가를 치러야 할 줄 아시면서도 왜 그때는 침묵하셨습니까?" 하는 원망을 마음속에 품고 있습니다.

실수해도 하나님은 대책이 있으시다

하나님은 왜 우리의 과오를 미리 막아 주지 않으십니까? 첫째, 사랑의 목적이 있으시기 때문입니다. 하나님은 우리 안에 믿음이 자라기를 바라십니다. 그래야만 믿음으로 하나님과 깊은 관계를 맺을 수 있기 때문입니다. 우리가 무슨 일을 결정하든 믿음으로 결정할 수 있도록 하는 것이 하나님의 뜻이자 하나님의 방법입니다. 내가 더 잘되는가 잘못되는가가 아니라 하나님을 신뢰하는가 신뢰하지 못하는가가 기준입니다. 하나님의 사랑에 대한 무지와 하나님의 목적에 대한 오해가 우리 신앙을 뒤틀리게 합니다.

둘째는 능력이 있으시기 때문입니다. 하나님은 우리가 어떤 선택을 하건 수습할 수 있는 능력이 있으십니다. 전능하신 하나님은 우리가 선악과를 먹건 집을 나가건 무슨 선택을 하건 간에 수습할 능력이 있으십니다. 그래서 우리가 고집부리면 허락하십니다. 말귀를 알아듣고도 딴짓을 할 때, 당장 벌을 내리시지는 않습니다.

아브람은 분명 하나님의 약속을 받았습니다. 그와 사래가 바로에게서 어떻게 빠져나올 수 있었는지를 기억해야 했습니다. 어떻게 해서 그가 지금 여기까지 와 있는지를 먼저 기억했어야 합니다.

그런 점에서 부부 관계는 너무나 중요합니다. 아담과 하와 부부를 보십시오. 아브람과 사래 부부를 보십시오. 세상에 먼저 존재하게 된 사람이 누굽니까? 아담입니다. 믿음의 길로 먼저 부름

받은 사람은 누굽니까? 아브람입니다. 하와는 아담의 돕는 배필이니 남편을 따라갑니다. 사래는 남편이 택한 믿음의 길을 따라갑니다. 과연 누가 모든 사태의 책임을 져야 합니까? 남편입니다. 남편으로서 해야 할 가장 첫 번째 일이 무엇입니까? 아내로 하여금 하나님의 뜻을 알게 하는 것입니다. 지금 아브람과 사래 부부에게 가장 중요한 일은 무엇입니까? 하나님의 뜻에 순종하는 것입니다.

아내가 실족하면, 남편도 어김없이 실족합니다. 그러나 일차적인 책임은 남편에게 있습니다. 아내가 하나님을 바라보게 해야 할 책임이 남편에게 있다는 뜻입니다. 그 점에서 아버지학교의 슬로건은 새겨들을 만합니다. "아버지가 살아야 가정이 산다." 아버지가 바로 서야 가정이 바로 선다는 뜻입니다. 아버지가 깨어 있어야 온 가족이 깨어 있을 수 있다는 말입니다.

그만큼 아버지의 책임은 막중합니다. 아버지의 첫 미션은 자신을 제사장으로 스스로 세우는 일입니다. 제일 먼저 가정에 제단을 쌓아야 합니다.

예수님은 "사람이 떡으로만 살 것이 아니요 하나님의 입으로부터 나오는 모든 말씀으로 살 것이라"(마 4:4)고 가르쳐 주셨습니다. 가족에게 떡을 먹이는 일보다 함께 말씀을 먹는 것이 더 중요합니다. 온 가족이 말씀을 먹도록 하는 것보다 더 중요한 일은 없습니다. 온 교회가 말씀을 먹도록 하는 것보다 더 중요한 일은 없습니다. 말씀을 먹는 목적이 무엇입니까? 하나님 나라를 알고, 하나님의 뜻과 하나님의 말씀을 알기 위함입니다. 하나님의 말씀을 기초로 한 가치관과 인생관과 세계관을 가족이 공유하는 것이 목적입니다.

그러나 우리는 말씀보다 떡으로 사는 것을 더 중요하게 여기며 살았고, 자녀들이 그 모습을 지켜보며 배웠습니다. 그리고 그들은 교회를 떠나고, 하나님을 떠나 세상으로 갑니다. 자녀들을 세상에 빼앗기는 것입니다. 그들을 되찾는 방법은 하나입니다. 부모가 먼저 하나님께로 돌아가는 것입니다. 전심으로 돌이키는 것입니다. 생각과 태도가 완전히 바뀌어야 합니다. 그럼으로써 자녀들이 부모의 달라진 신앙을 통해 하나님을 느껴야 합니다. 부모를 통해 살아계신 하나님을 만날 수 있어야 합니다.

아담이 실수해도 하나님은 대책이 있으십니다. 아브람이 실수해도 하나님은 대책이 있으십니다. 예수님을 보내시고, 성령을 보내실 것입니다. 그러나 우리가 선택을 잘못하면, 그만큼 대가를 치러야 합니다. 때로는 엄청난 대가를 치러야 할 수도 있습니다.

아브람이 하갈과 동침하였더니 하갈이 임신하매 그가 자기의 임신함을 알고 그의 여주인을 멸시한지라_창 16:4

아브람과 사래 사이에서는 평생 아이가 안 생기더니, 하갈과는 하룻밤 만에 아이가 생겼습니다. 그러면 이것이 하나님의 뜻입니까, 사래의 기도가 응답된 것입니까? 드디어 아브람이 하나님의 자녀를 얻게 된 것입니까? 여기에 우리의 고민이 있고, 위기가 있습니다. 하나님의 방법 대신에 내 방법으로 했더니 내가 원하는 것이 덜컥 이루어지는 것입니다. 이때가 바로 위기입니다. 사람들은 자기가 원하는 대로 이루어지지 않을 때, 하나님을 떠나겠다고 협박하기도 합니다. 하지만 실제로 더 많은 사람들은 오히려 자기가 원하던 것이 이루어졌을 때 떠납니다.

한국 교회가 가난해서 성도들이 떠나는 것이 아닙니다. 소득이 늘어나면서, 오히려 가난에서 벗어나면서부터 생겨난 현상입니다. 하나님께 축복해 달라고 매달렸더니 잘살게 되었습니다. 어떤 방법으로든지 집이 생기고 차도 생겼습니다. 그리고 교회 건물도 지었습니다. 그것도 돈을 많이 들여서 크게 지었습니다. 그런다고 청년들이 돌아왔습니까? 다음 세대가 말씀에 붙들렸습니까? 그렇게 복을 원하던 믿음의 사람들이 바로 그 복 때문에 하나님보다 자신을 더 소중히 여기고 있지는 않습니까?

하갈이 임신했습니다. 아브람이 그토록 원하던 자식입니다. 사래가 생각했던 대로 일이 이루어졌습니다. 그래서 어떤 일이 벌어집니까? 첫째, 임신한 하갈이 사래를 멸시하기 시작합니다. 하갈이 먼저 제안한 일이 아닙니다. 아브람이 먼저 요구한 것도 아닙니다. 사래가 생각하고, 사래가 나서서 실천한 일입니다. 사래의 생각에 옳은 대로, 사래가 보기에 좋은 대로 시작한 일입니다. 그러나 막상 그 일이 이루어지니 사래는 존중받는 것이 아니라 오히려 멸시당합니다.

하나님이 아브람과 사래 부부에게 원하신 믿음의 태도는 어떤 것이었을까요? "아들을 주시겠다는 약속을 믿지만, 주시는 분도 하나님이요 안 주시는 분도 하나님이시니 하나님만으로도 족합니다"라는 고백이 아니었겠습니까? 입에 발린 소리가 아닌 진심으로 고백하는 것이 신앙입니다.

아들을 달라고 간절히 요구하는 것이 좋은 믿음도 아니고, 신앙의 본질도 아닙니다. 그런 점에서 신앙은 위대한 성취가 아니라 위대한 체념이요 경이로운 초월입니다. 훗날 하나님은 아브람을 이 수준에까지 이끌어 가실 것입니다. 아들 이삭을 주셨지만, 그 아들을 번제로 바치라고 하시는 과정을 통해 아브라함의 믿음을 빚으실 것입니다. 욥의 믿음도 마찬가지입니다. 하나님의 온전한 주권을 인정하는 믿음입니다. 이 믿음이야말로 위대한 체념이자 경이로운 초월입니다.

이러한 체념과 초월의 믿음이 있어야 내가 나를 이길 수 있습니다. 그리고 난 다음에야 세상을 이길 수 있습니다. 이런 믿음이 없으면, 우리는 세상으로부터 멸시당하고, 조롱받게 됩니다. 비록 하나님의 일이라고 굳게 믿고, 세상 방법을 통해서 일을 이루었어도 세상으로부터 외면당하고 말 것입니다. 자기 뜻을 하나님의 이름으로 포장한다고 해서 하나님의 뜻이 되는 것은 아닙니다. 하나님의 일이라고 하더라도 하나님의 방법이 아닌 세상 방법으로 한다면 그것은 세상일이 되고 맙니다. 하나님의 뜻을 이루기 위해 십자가를 지고 가다 세상의 멸시를 받는 것과 하나님의 이름으로 포장된 내 뜻을 세상 방법으로 이루고 나서 세상의 멸시를 받는 것은 전혀 다른 차원의 일입니다.

실수의 결과
뜻밖에 여종으로부터 멸시를 받게 된 사래가 분노합니다.

> 사래가 아브람에게 이르되 내가 받는 모욕은 당신이 받아야 옳도다 내가 나의 여종을 당신의 품에 두었거늘 그가 자기의 임신함을 알고 나를 멸시하니 당신과 나 사이에 여호와께서 판단하시기를 원하노라 _창 16:5

사래가 아브람에게 따지듯이 말합니다. "이 모욕은 당신이 받아야 마땅하다!" 과연 그렇습니까? 이것은 사래의 실수입니까? 아니면 아브람의 실수입니까? 아브람의 실수입니다. 왜 그렇습니까? 세상 방법과 지혜를 제안하는 것이 실수가 아니라 그것을 받아들인 것이 실수이기 때문입니다. 아브람의 나이 85세에 저지른 실수입니다. 믿음의 길을 떠난 지 10년 만에 범한 가장 큰 실수입니다.

이 실수는 아브람이 지금까지 85년간 살아온 일생 중에 도저히 만회할 수 없는 큰 실수입니다. 가나안에 기근이 들어서 애굽으로 내려갔던 때의 실수와는 다릅니다. 아내를 누이라고 속인

것과도 다릅니다. 엘리에셀을 양자로 삼으려고 했던 것과도 다른
실수입니다. 이것은 믿음을 뿌리째 흔드는 실수입니다. 하나님
의 언약을 정면으로 위배한 실수이기 때문입니다. 하나님의 약속
과 언약을 무시하고 저버린 것이나 마찬가지인 행위이기 때문입
니다.

그렇다면 아브람이 사래의 제안을 듣고, 어떻게 반응했어야
했을까요? 그가 했어야 할 첫 번째 일은 사래를 설득하는 것이었
습니다.

우리는 아담이 저지른 실수를 잘 압니다. 선악과는 하와가 먼
저 먹었습니다. 하지만 하와가 아담에게 선악과를 주자 그도 별
저항 없이 받아먹지 않았습니까? 아담의 실수나 아브람의 실수
나 매한가지입니다. 하나님의 부르심을 들은 아브람은 그를 따라
길을 나섰던 아내 사래에게 하나님의 뜻을 분명히 전달해야 했습
니다. 사래가 고안해 낸 방법이라고 해서 하갈과 바로 동침한 것
은 큰 실수입니다.

이 실수의 결과가 지금까지도 중동 지역과 온 세계에 영향을
끼치고 있습니다. 하갈을 통해 낳은 이스마엘의 후손과 사래를
통해 나올 이삭의 후손이 두고두고 갈등을 빚게 될 것이기 때문
입니다.

아브람이 사래에게 이르되 당신의 여종은 당신의 수중에 있으니 당신의
눈에 좋을 대로 그에게 행하라 하매 사래가 하갈을 학대하였더니 하갈이

아브람은 연달아 실수를 저지릅니다. 첫 단추를 잘못 끼운 탓에 실수가 계속해서 이어지는 것입니다. 그의 태도는 아직 믿음의 사람답지 않습니다. 사래와 하갈 사이에 끼어들지 않고, 문제 해결에도 나서고 싶지 않다는 태도입니다. "당신의 여종이니 당신 마음대로 하시오" 하고 슬그머니 꽁무니를 빼는 모습입니다.

결국, 사래가 하갈을 학대합니다. 견디다 못한 하갈이 도망치는데, 하갈의 원래 뜻이 '도망'입니다. 그래서 하갈이란 이름은 여종이 도망갔다가 돌아오면서부터 붙여진 것으로 해석하기도 합니다. 하갈은 임신하자 사래를 하찮게 여겼고, 사래는 하갈을 괴롭히며 힘들게 했습니다. 그리고 아브람은 그들의 갈등을 외면했습니다. 그 결과, 임신한 하갈이 도망칩니다. 종이 주인집에서 허락 없이 나간 것입니다. 당시에 종이 주인의 허락 없이 나간다는 것은 곧 죽음을 의미했습니다.

한 가정의 아버지는 집안 갈등에 책임이 있습니다. 부모는 자녀들의 갈등에 책임이 있습니다. 두 아들이 싸우고, 두 딸이 싸우는데 둘이서 잘 해결하라고만 할 수 있습니까? 미숙한 자녀들이 싸우는 것은 갈등을 해결할 방법을 몰라서가 아닙니까? 어른은 갈등 해결에 대한 경험을 가진 사람입니다. 그러니 어떻게든 이야기를 들어주고, 화평케 해야 합니다. 크리스천이란 어떤 사람입니까? 갈등을 나 몰라라 하는 사람이 아니라 화평케 하는 사람입니다.

사래와 하갈의 갈등은 아브람이 마땅히 책임져야 할 사건이었습니다.

끝내 구원을 이루어 가시는 하나님

여호와의 사자가 광야의 샘물 곁 곧 술 길 샘 곁에서 그를 만나 이르되 사래의 여종 하갈아 네가 어디서 왔으며 어디로 가느냐 그가 이르되 나는 내 여주인 사래를 피하여 도망하나이다 여호와의 사자가 그에게 이르되 네 여주인에게로 돌아가서 그 수하에 복종하라_창 16:6-9

하나님의 사자가 하갈을 "사래의 여종 하갈아" 하고 부릅니다. 호칭에 주목하십시오. 하갈이 누구에게 속한 종인지를 강조하고 있습니다. "네가 어디서 왔으며 어디로 가느냐?" 근본적인 질문입니다. 우리 인생은 어디서 와서 어디로 가는 것입니까? 이 질문에 대한 답을 얻을 때까지 인생은 방황합니다. 이 답을 알지 못하면, 인생은 갈 곳이 없습니다. 열심히 살아도 마지막에 갈 곳이 없습니다. 사실, 어디서 왔는지를 모르면 무슨 일을 해야 할지도 모호합니다. 어디로 가야 할지를 모르면, 인생은 방향 감각을 상실합니다.

신앙은 호적 정리이기도 하지만 내비게이터이기도 합니다. 어디로 가야 할지를 알려 줍니다. 방향이 비로소 분명해집니다. 나침반이 없으면 어디가 어딘지 어떻게 압니까? 동서남북을 어떻게 가립니까? 태양이 있어야 동서(東西)가 생기고, 하나님이 계셔야 오갈 곳이 생깁니다.

하갈이 사실대로 대답합니다. "내 여주인 사래를 피하여 도망하나이다." 더 이상 말할 게 없습니다. 하갈은 갈 곳이 없기 때문입니다. 하나님의 사자가 어디로 가야 할지 알려 줍니다. "네 여주인에게로 돌아가서 그 수하에 복종하라." 하갈에게 생각 밖의 이야기였을까요? 아닙니다. 하갈은 이미 알고 있었습니다. 도망칠 때부터 걸음을 잘못 떼었다는 것을 알았습니다. 다만 괴로워서 피한 것뿐입니다. 너무 힘들어서 잠시 도망친 것입니다. 그러니 이제는 다시 돌아가야 합니다.

여호와의 사자가 또 그에게 이르되 내가 네 씨를 크게 번성하여 그 수가 많아 셀 수 없게 하리라 여호와의 사자가 또 그에게 이르되 네가 임신하였은즉 아들을 낳으리니 그 이름을 이스마엘이라 하라 이는 여호와께서 네 고통을 들으셨음이니라 그가 사람 중에 들나귀 같이 되리니 그의 손이 모든 사람을 치겠고 모든 사람의 손이 그를 칠지며 그가 모든 형제와 대항해서 살리라 하니라 _창 16:10-12

하나님의 사자가 한 가지 이해하기 어려운 메시지를 들려줍니다. "내게 네 씨를 크게 번성하여 그 수가 많아 셀 수 없게" 해 주겠다고 말합니다. 이것은 아브람에게 하신 약속 아닙니까? 왜 이 약속을 하갈에게 하시는 것입니까? 혹시 아브람이 하갈을 통해서도 큰 민족을 이루리라는 말씀입니까? 하갈은 아들을 낳을 것입니다. 하나님께서 아이의 이름을 지어 주십니다. 그의 이름은 이스마엘이 될 것입니다. 하나님은 인간이 실수로 낳은 자녀마저도 책임져 주시는 분입니다. 인간에게는 생명을 제할 권한이 없습니다. 어떤 연유에서 태어났건 생명은 하나님께 속하는 것이기 때문입니다.

"이스마엘"이란 '하나님이 들으신다'는 뜻입니다. 하나님이 하갈의 탄식을 들으시고, 이스마엘을 허락하셨습니다. 그리고 사래에게로 돌아가라고 말씀하십니다. 하나님의 해결 방식은 사람을 제자리에 있게 하는 것입니다. 자신이 있어야 할 자리에 있어야 합니다. 그리고 하나님은 누구에게 속해야 할지를 결정해 주십니다. 우리는 누구의 수하에도 있고 싶어 하지 않습니다. 그러나 하나님은 때로 우리로 하여금 누군가의 수하에서 견디게끔 하십니다. 도망쳐도 다시 그 자리로 돌아가게 하십니다. 피하고 또 피해도 그 사람을 또 만나게 하십니다. 사람은 하나님이 옮기십니다. 내가 계획할지라도 일을 이루시는 분은 하나님입니다.

여기서 우리는 참하나님을 만납니다. 하나님은 아브람의 하나님만이 아니라는 사실입니다. 유대인들에게는 "아브라함의 하나님, 이삭의 하나님, 야곱의 하나님"(출 3:6)이십니다. 그러나 하나님은 유대인들만의, 또한 믿는 사람들만의 하나님이 아니십니다.

하나님은 온 인류의 하나님이요 그리스도인의 하나님인 동시에 무슬림의 하나님이시고, 불교인과 힌두교인의 하나님이시기도 합니다. 그러므로 아브람과 사래의 하나님인 동시에 하갈과 이스마엘의 하나님이십니다.

하나님이 누구신가에 관해 예수님은 새로운 기준을 선언하셨습니다.

또 네 이웃을 사랑하고 네 원수를 미워하라 하였다는 것을 너희가 들었으나 나는 너희에게 이르노니 너희 원수를 사랑하며 너희를 박해하는 자를 위하여 기도하라 이같이 한즉 하늘에 계신 너희 아버지의 아들이 되리니 이는 하나님이 그 해를 악인과 선인에게 비추시며 비를 의로운 자와 불의한 자에게 내려주심이라 _마 5:43-45

하나님은 사래를 사랑하시지만, 동시에 그녀가 내쫓은 여종 하갈도 사랑하십니다. 하갈이 그 하나님을 만났습니다.

하갈이 자기에게 이르신 여호와의 이름을 나를 살피시는 하나님이라 하였으니 이는 내가 어떻게 여기서 나를 살피시는 하나님을 뵈었는고 함이라 이러므로 그 샘을 브엘라해로이라 불렀으며 그것은 가데스와 베렛 사이에 있더라 _창 16:13-14

지금까지 하갈은 하나님이 아브람과 사래의 하나님인 줄로만 알았습니다. 그러나 이제 그녀도 하나님을 나의 하나님으로 받아들입니다. 하갈이 만난 하나님은 "나를 살피시는 하나님"입니다. 하갈이 사래에게서 도망치는 것을 하나님이 다 살펴보고 계셨습니다. 그리하여 하갈이 하나님을 만난 샘 이름을 "브엘라해로이", 곧 '살아계셔서 나를 살피시는 분의 우물'이라고 짓습니다. 또는 하갈의 우물로도 불립니다.

아브람은 85세에 큰 실수를 저질렀습니다. 그러나 하나님은 그의 실수가 낳은 결과를 거두어 가십니다. 능력의 하나님에게는 사랑이 있고, 대책이 있으십니다.

> 하갈이 아브람의 아들을 낳으매 아브람이 하갈이 낳은 그 아들을 이름하여 이스마엘이라 하였더라 하갈이 아브람에게 이스마엘을 낳았을 때에 아브람이 팔십육 세였더라_창 16:15-16

하갈이 드디어 아들 이스마엘을 낳았습니다. 온 집안이 기뻐하며 축복하는 분위기였을까요? 그렇지 않습니다. 사래가 뛸 듯이 기뻐했을까요? 아브람이 덩실덩실 춤을 추었을까요? 모르긴 해도 집안 분위기가 무거웠을 것입니다. 인간이 제 생각으로 하나님의 뜻을 어기면서까지 행하는 일은 분위기를 무겁게 만듭니다. 무슨 까닭입니까? 인간의 자기중심적인 생각이 반드시 누군가의 생각과 부딪치기 때문입니다. 하나님의 뜻을 하나님의 방법이 아닌 인간의 방법으로 이루려고 할 때, 감당할 수 없는 갈등에 반드시 부딪히게 되어 있습니다.

아브람은 팔십을 훌쩍 넘긴 나이에도 여전히 실수를 저지릅니다. 나이를 먹을 만큼 먹었어도 실수하는 것이 인간입니다. 믿은 지 10년이 지났어도 실수는 여전합니다. 심지어 돌이킬 수 없는 실수를 범하기도 합니다. 어떤 실수는 관계의 연쇄적인 파탄을 불러일으킵니다. 사래가 먼저 요구한 일이긴 하지만, 그로 말미암아 사래와 하갈은 계속되는 갈등 속에 있게 됩니다.

하나님은 하갈에게 사래에게로 돌아가라고 말씀하셨고, 하갈은 순종했습니다. 아브람과 사래는 믿음의 약속을 받고도 순종하지 못했는데, 오히려 하갈은 순종했습니다. 순종이 믿음의 척도라면, 하갈의 믿음은 누구 못지않습니다.

하나님은 인간이 어떤 잘못을 저지르든지 수습하실 수 있는 분입니다. 그러니 하나님을 신뢰하십시오. 하나님을 전심으로 의뢰하십시오. 누구의 하나님도 아닌 나의 하나님이 되심을 굳게 믿으십시오. 동시에 나만의 하나님이 아니라 우리 모두의 하나님이 되심 또한 기억하십시오. 아브람의 실수를 통해서도 구원을 이루시는 하나님의 선하심과 인자하심과 전능하심을 놓치지 않기를 바랍니다.

14. 왜 이름을 바꾸시는가?

이름이 곧 비전이다

=

창 17:1-27

아브람이 86세에 이스마엘을 낳았습니다. 그러나 이스마엘은 하나님이 약속하신 아들이 아닙니다. 그렇다고 하나님이 이스마엘을 데려가거나 하시지는 않았지만, 시간을 재기 시작하셨습니다. 이스마엘이 태어나고 나서 13년의 세월이 흘렀습니다.

아브람이 구십구 세 때에 여호와께서 아브람에게 나타나서 그에게 이르시되 나는 전능한 하나님이라 너는 내 앞에서 행하여 완전하라_창 17:1

아브라함은 갈대아 우르를 떠나온 지 10년 만에 약속의 아들을 기다릴 만큼 기다렸다고 생각하고 여종 하갈을 통해 이스마엘을 낳았습니다. 그런데도 하나님은 계속 침묵하십니다. 시간이 흘러 13년이 지난 것입니다.

하나님이 아브람에게 서운해서 침묵하신 것일까요? 사실, 서운하실 법도 합니다. 아브람은 13년 동안 하나님을 잊지 않았을 것입니다. 그는 계속해서 하나님의 이름을 부르며 제단을 쌓았을 것입니다. 그러나 하나님은 모습을 감추신 것만 같습니다. 대체 하나님은 무엇을 하고 계신 겁니까?

하나님은 아브람의 믿음을 보며 묵묵히 때를 기다리셨습니다. 말씀으로 의심의 거품을 걷어 내십니다. 의심의 거품은 믿음이 비로소 믿음다워지는 데 필요한 것입니다. 어떤 경우에는 믿음이 의심과 함께 가는 것을 보게 됩니다. 어쩌면 의심이라는 거품이 오름으로써 우리 믿음이 점점 익어 가는 것 같기도 합니다.

13년이 흘러, 아브람은 99세가 되었습니다. 이때 하나님이 그에게 다시 나타나 "나는 전능한 하나님이라"라고 말씀하십니다. 하나님이 자신을 '여호와'나 '엘로힘'이 아닌 다른 이름으로 처음 소개하신 것입니다. "전능한 하나님"이란 히브리어로 '엘 샤다이'인데, 영어로는 'God Almighty'로 번역됩니다.

왜 하나님은 뜬금없이 자신을 전능한 하나님으로 소개하십니까? 아브람의 마음속에 하나님이 과연 능력이 있으신 분인가 하는 의심이 일고 있었다는 반증이 아니겠습니까? 기도할 때, 우리는 상황이나 필요에 따라 하나님의 이름을 달리 부르곤 합니다. 살아계신 하나님이 잘 믿어지지 않을 때는 "살아계신 하나님 아버지" 하고 부릅니다. 하나님이 여기도 안 계시고, 저기도 안 계신 것 같이 느껴질 때는 "무소부재하신 하나님이여" 하고 기도합니다. 그러니 혹시 하나님은 무능하신 게 아닐까 하는 생각이 들 때면, "전능하신 하나님"을 부르지 않겠습니까?

하나님 앞에 온전하다는 것

하나님은 실제로 전능하신 하나님입니다. 전능하다는 것은 인간의 불가능 너머에 계신다는 뜻입니다. 인간의 생각이나 경험에 제한받지 않으신다는 말입니다. 신약에서는 구약의 '엘 샤다이'에 상응하는 이름으로 헬라어 '판토크라토르'를 씁니다. '만물을 다스리는 자'라는 뜻입니다. 우리말로는 역시 "전능하신 이"로 번역되었습니다. 전능하신 하나님의 이름은 요한계시록(계 11:17) 까지 계속 이어집니다.

하나님은 사도 요한에게 자신을 이렇게 소개하셨습니다.

주 하나님이 이르시되 나는 알파와 오메가라 이제도 있고 전에도 있었고 장차 올 자요 전능한 자라 하시더라_계 1:8

여기서 "전능"이란 이 땅에 존재하는 모든 것이 하나님의 주권 아래에 있음을 의미합니다. 우리 신앙은 전능하신 하나님을 믿는 믿음입니다. 전능의 본질은 시간과 공간의 초월에 있습니다. 하나님은 "이제도 계시고 전에도 계셨고 장차 오실"(계 1:4) 분입니다. 그러므로 내 병을 고쳐 주시지 않아도 전능하신 하나님입니다. 내 부도를 막아 주지 않으셔도 여전히 전능하신 하나님입니다. 내가 조직에서 승진하기는커녕 밀려나는 일이 있어도 하나님은 전능하신 분입니다. 내 자녀가 대학 입시에 떨어져도 하나님은 전능하십니다. 하나님은 이처럼 변함없는 믿음의 고백을 듣기 원하십니다.

아브람의 믿음을 위해 가장 필요한 것은 하나님을 아는 것입니다. 하나님은 그에게 아들을 주실 수 없는 분이 아님을 알아야 합니다. 그와 사래의 능력으로는 아들을 낳을 수 없지만, 하나님은 아들을 주실 수 있는 분임을 믿어야 합니다. 전능하신 하나님에 대한 믿음이 필요하기에 하나님이 친히 찾아오셔서 말씀해 주십니다.

그리고 이어서 명령하십니다. "너는 내 앞에서 행하여 완전하라"(창 17:1). 하나님이 전능하신 것과 아브람이 완전히 행하는 것과는 불가분의 관계입니다. 하나님이 누구신지를 알아야 그분 앞에서 바로 설 수 있고, 바르게 걸을 수 있기 때문입니다. 하나님을 속일 수 있다고 생각하거나 자기와 같은 수준으로 생각한다면, 과연 깨끗하고 정결하게, 거룩하게 살 수 있겠습니까? 하나님이 세상 모든 사람과 세상 모든 것을 다스리시는 전능하신 분임을 알아야 똑바로 서서 똑바로 걷지 않겠습니까? 그러니 하나님의 거룩하심은 전능하심과 불가분의 관계이고, 하나님의 전능하심은 인간이 거룩하게 행할 수 있는 근거가 됩니다.

"노아는 의인이요 당대에 완전한 자"(창 6:9)라고 했습니다. 그가 술을 마시고 실수를 저질렀어도 "완전한 자"입니까? 그렇습니다. 노아의 '완전'은 무엇이고, 아브람에게 "완전하라"고 하실 때의 '완전'은 또 무슨 뜻입니까?

"완전하라"는 메시지는 성경 전체를 관통하는 주제이기도 합니다. 완전이란 표현은 '흠 없는 제물'을 가리킬 때 흔히 쓰입니다. 하나님께 제물을 가져올 때 가장 많이 쓰는 단어가 '완전'입니다. 흠이 없어야 합니다. 양이 소가 되는 것이 완전한 것은 아니지 않습니까? 양에 결함이 없는 것, 그래서 예수님을 "흠 없는 어린양"(벧전 1:19), 완전한 제물로 오신 분으로 표현합니다.

하나님 앞에 완전하다는 것은 하나님이 지으신 대로 존재하는 것을 의미합니다. 하나님이 지으신 대로 살아가는 것이 가장 자연스럽습니다. 자기 욕심대로 사는 것이 자연스러운 것이 아니라 하나님이 지으신 대로 사는 것이 정상적이며 자연스럽고 완전한 삶입니다. 하나님이 누구신지를 알 때, 하나님이 나를 어떻게 지으셨는지를 알 때, 하나님과의 관계가 온전할 때, 우리는 비로소 하나님께로 온전히 향하게 됩니다.

> 내가 내 언약을 나와 너 사이에 두어 너를 크게 번성하게 하리라 하시니 아브람이 엎드렸더니 하나님이 또 그에게 말씀하여 이르시되 보라 내 언약이 너와 함께 있으니 너는 여러 민족의 아버지가 될지라_창 17:2-4

하나님은 아브람이 흔들릴 때마다 약속을 확인해 주셨는데,

이미 세 번이나 거듭 약속해 주셨습니다. 처음 갈대아 우르를 떠나라고 하실 때, "내가 너로 큰 민족을"(창 12:2) 이루게 하겠다고 말씀하셨고, 조카 롯과 헤어진 후에는 아브람의 자손이 "땅의 티끌 같게 하리니 사람이 땅의 티끌을 능히 셀 수 있을진대 네 자손도 세리라"(창 13:16)고 말씀해 주셨습니다. 또한 그돌라오멜 연합군에게서 롯을 구출해 낸 뒤에는 "하늘을 우러러 뭇별을 셀 수 있나 보라 또 그에게 이르시되 네 자손이 이와 같으리라"(창 15:5)라고 말씀하셨습니다.

그리고 이스마엘을 낳은 지 13년 만에 다시 말씀해 주십니다. "너를 크게 번성하게 하리라." 그러자 아브람이 엎드립니다. 하나님의 말씀에 대한 합당한 반응입니다. 하나님은 아브람에게 이렇게 말씀하신 셈입니다.

"내 언약은 사라지지 않는다. 내 언약은 변하지 않는다. 내 언약은 언제나 너와 함께 있다. 너는 여러 민족의 아버지가 될 것이다."

한 가문의 아버지가 아닙니다. 한 민족의 아버지도 아닙니다. 아브람은 "여러 민족의 아버지"가 될 것입니다.

이름을 바꿔 주시는 하나님

"당신은 누구입니까?"라고 물으면, 대부분 자신의 이름으로 답할 것입니다. 이 세상에 내가 나를 증명하는 보편적인 방법이 이름을 대는 것입니다. 그런데 이름이 마음이 들지 않아서 또는 이름이 너무 평범해서 자기 이름을 바꾸는 사람들이 있습니다. 특정한 분야에서 일할 때, 그 이름을 바꾸기도 합니다. 특히 연예인들이 예명을 즐겨 사용합니다. 자신을 가장 잘 드러내는 것이 이름이기 때문입니다.

하나님도 때로 우리 이름을 바꿔 주십니다. 우리를 통해서 드러내고자 하시는 하나님의 뜻과 계획이 있을 때, 이름을 바꿔 주십니다. 신앙이 새로운 정체성을 부여해 주기 때문입니다. 하나님은 아브람과 사래의 이름을 바꿔 주십니다.

이제 후로는 네 이름을 아브람이라 하지 아니하고 아브라함이라 하리니 이는 내가 너를 여러 민족의 아버지가 되게 함이니라 내가 너로 심히 번성하게 하리니 내가 네게서 민족들이 나게 하며 왕들이 네게로부터 나오리라_창 17:5-6

이제부터 아브람을 "아브라함"이라 부르겠다고 하십니다. 갈대아 우르에서 부르심을 받은 지 24년 만의 일입니다. 아브라함은 그의 원래 꿈이 담긴 이름이 아닙니다. 그의 꿈은 한집안의 아버지가 되는 것이었습니다. 주변 사람들에게 존경받을 만한 좋은 아버지가 되는 것이 꿈이었습니다. 갈대아 우르에서 다른 사람들에게 폐 끼치지 않고 점잖게 살아가는 것이 꿈이었기에 '존귀한 아버지'라는 뜻의 아브람이 그의 이름이 되었습니다. 그런데 하나님이 느닷없이 이제부터 그를 '열국의 아버지'라는 뜻의 아브라함으로 부르시겠다는 것입니다. 그가 장차 많은 사람의 아버지, 여러 민족의 아버지, 열방의 아버지가 되리라고 말씀하십니다.

하나님이 아브람을 갈대아 우르에서 불러내신 목적이 드디어 분명해졌습니다. 아브람을 아브라함으로 만드시는 것, 아브람을 통해 여러 민족이 하나님을 알게 하시는 것이 목적입니다. 하나님은 아브람에게서 여러 민족과 여러 왕이 나게 될 것을 바라보고 계십니다.

우리가 볼 수 없는 아득한 미래를 내다보시는 하나님이 아브람의 이름을 바꾸어 주고 계십니다. 아브람은 당신은 누구냐고 묻는 사람들에게 평생 "나는 아브람입니다"라고 대답해 왔습니다. 그런데 하나님은 이제부터 너는 아브람이 아니라 아브라함이라고 말씀하십니다. 그가 진짜로 누구인지를 가르쳐 주신 것입니다. 사람들은 내가 나를 가장 잘 안다고 생각합니다. 하지만 그렇지 않습니다. 나를 가장 잘 아시는 분은 하나님입니다. 하나님의 시선은 영원을 향해 있습니다. 하나님은 아브람을 볼 때마다 줄곧 아브라함을 보아 오셨습니다. 이제 그때가 이르러서 아브람에게 아브라함이라는 새 이름을 가르쳐 주고 불러 주시는 것입니다.

이름은 정체성을 나타내기 때문에 하나님이 이름을 바꿔 주셨다는 것은 그가 온전히 하나님의 사람, 하나님의 소유가 되었다는 것을 의미합니다. 솔로몬을 '여호와의 사랑하시는 자'라는 뜻의 "여디디야"(삼하 12:25)로 부르시고, 야곱의 이름을 "이스라엘"(창 32:28)로 바꿔 주심으로써 하나님의 소유임을 확인하신 것처럼 하나님은 필요할 때마다 이름을 바꾸어 주십니다. 우리에게도 새 이름을 주셨습니다. 바로 '그리스도인'이란 이름입니다. 우리 안에 그리스도께서 오셔서 우리를 그리스도인으로 만드셨습니다. 마치 아브람이 아브라함이 된 것처럼, 우리도 열방을 하나님께 올려 드리는 통로가 되었습니다.

하나님이 아브람의 이름을 아브라함으로 바꿔 주신 데는 위대한 구속사적 의미가 있음을 기억하십시오. 아브람은 한 가문의 존경받는 아버지가 되는 대신에 여러 민족의 아버지, 아브라함이 됨으로써 구원의 역사에 동참하게 될 것입니다.

내가 내 언약을 나와 너 및 네 대대 후손 사이에 세워서 영원한 언약을 삼고 너와 네 후손의 하나님이 되리라 내가 너와 네 후손에게 네가 거류하는 이 땅 곧 가나안 온 땅을 주어 영원한 기업이 되게 하고 나는 그들의 하나님이 되리라 _창 17:7-8

하나님의 언약은 아브람의 대에서 그치지 않습니다. 그의 후손 대대로 이어질 영원한 언약입니다. 사실, 생각해 보면 당연하지 않습니까? 영원하신 분과의 약속인데, 영원한 약속이 될 수밖에 없지 않습니까? 하나님은 아브라함에게 다시 약속하십니다.

"네가 지금 나그네처럼 머물고 있는 그 땅, 곧 가나안 땅이 너의 영원한 기업이 될 것"이라고 말씀하십니다. 그리고 하나님은 그들 모두의 하나님이 되실 것입니다.

그렇다면 어디까지가 아브라함의 후손입니까?

그런즉 믿음으로 말미암은 자들은 아브라함의 자손인 줄 알지어다_갈 3:7

하나님을 믿는 사람, 예수 그리스도를 믿는 사람, 성령을 받은 사람이 모두 아브라함의 자손이 될 것입니다. 그런데 유대인들은 자신들과 그 후손만이 아브라함의 자손이라고 믿었습니다. 오직 혈통으로만 해석한 것입니다. 그러나 세례 요한이 분명히 선을 긋습니다. 혈통을 굳게 믿는 사람들의 가슴이 서늘해질 정도로 독하게 말합니다. 세상에서 더 잘 먹고, 더 잘살겠다고 하나님을 찾는 유대인들에게 준엄하게 말합니다.

그러므로 회개에 합당한 열매를 맺고 속으로 아브라함이 우리 조상이라 말하지 말라 내가 너희에게 이르노니 하나님이 능히 이 돌들로도 아브라함의 자손이 되게 하시리라_눅 3:8

하나님의 족보에 편입되는 것은 혈육으로 되는 일이 아닙니다. 하나님께로 돌이키는 사람이야말로 아브라함의 자손입니다. "회개에 합당한 열매를" 맺는 사람이어야 아브라함의 자손이라고 할 수 있습니다. 전능하신 하나님은 혈통만을 따지지 않으십니다. "돌들로도 아브라함의 자손"을 능히 만드실 수 있는 분입니다.

할례 이야기의 핵심

하나님은 아브라함과 맺은 약속을 기억하도록 그에게 할례를 명하십니다.

> 하나님이 또 아브라함에게 이르시되 그런즉 너는 내 언약을 지키고 네 후손도 대대로 지키라 너희 중 남자는 다 할례를 받으라 이것이 나와 너희와 너희 후손 사이에 지킬 내 언약이니라 너희는 포피를 베어라 이것이 나와 너희 사이의 언약의 표징이니라_창 17:9-11

아브라함과 그 후손은 하나님의 언약을 대대로 지킬 것이며 모든 남자는 다 할례를 받으라고 명하십니다. 이 할례는 하나님과 아브라함과 그의 후손 사이에 세우는 "언약의 표징"입니다. 표징이란 계약을 확인하는 사인을 뜻합니다. 언약의 표징을 몸에 새기라고 말씀하신 것입니다. 할례 언약입니다. 약속은 기억하고, 지키는 것입니다. 지키지 않는 약속은 더 이상 약속이 아닌 것입니다.

너희의 대대로 모든 남자는 집에서 난 자나 또는 너희 자손이 아니라 이방 사람에게서 돈으로 산 자를 막론하고 난 지 팔 일 만에 할례를 받을 것이라_창 17:12

"모든 남자"란 "집에서 난 자"는 물론이고, 유대 자손뿐 아니라 이방인에게서 돈으로 산 종들까지 모두 포함됨을 뜻합니다. 할례의 대상에는 혈통의 제한이 없습니다. 아브라함의 집에 속한 모든 남자는 태어난 지 8일 만에 할례를 받아야 합니다. 왜 하필 8일째입니까? 굳이 해석하자면, 갓난아기가 통증을 자각하고 견딜 수 있을 때가 난 지 8일째부터이기 때문이라고 합니다. 또 누군가는 창조에서 안식까지가 7일인데, 죄로 인해 안식이 깨어짐으로써 회복을 위해 제8일이 다시 시작되어야 하기 때문이라고도 말합니다.

이스라엘 자손에게 말하여 이르라 여인이 임신하여 남자를 낳으면 그는 이레 동안 부정하리니 곧 월경할 때와 같이 부정할 것이며 여덟째 날에는 그 아이의 포피를 벨 것이요_레 12:2-3

할례 언약은 언약을 기억하기 위한 사인입니다. 그런데 유대인들은 이 사인을 언약의 내용보다도 더 중요하게 여겼습니다. 사인이 점점 더 중요해지자 급기야 언약의 내용은 자기가 생각하고 싶은 대로 채우게 되었습니다. 그러고는 할례 표시만 있으면,

무조건 아브라함의 후손이요 하나님의 자녀라고 굳게 믿기 시작했습니다. 그야말로 할례 지상주의가 팽배하여 "난 지 팔 일 만에" 할례를 받으면 모든 게 끝난다고 여기기에 이르렀습니다. 심지어 구원은 할례로 완성된다고까지 여겼습니다.

사도 바울이 이런 생각에 철퇴를 가합니다.

네가 율법을 행하면 할례가 유익하나 만일 율법을 범하면 네 할례는 무할례가 되느니라 그런즉 무할례자가 율법의 규례를 지키면 그 무할례를 할례와 같이 여길 것이 아니냐 또한 본래 무할례자가 율법을 온전히 지키면 율법 조문과 할례를 가지고 율법을 범하는 너를 정죄하지 아니하겠느냐 무릇 표면적 유대인이 유대인이 아니요 표면적 육신의 할례가 할례가 아니니라 오직 이면적 유대인이 유대인이며 할례는 마음에 할지니 영에 있고 율법 조문에 있지 아니한 것이라 그 칭찬이 사람에게서가 아니요 다만 하나님에게서니라_롬 2:25-29

"할례" 대신에 '세례'를 넣어서 읽으면 어떻게 됩니까? 또는 '믿음'이나 '불신'을 대신 넣어 읽으면 어떻게 되겠습니까? 아브라함이 할례받고, 이 할례 때문에 의롭다 함을 받았습니까? 아니면 의롭다 함을 인정하는 사인으로 할례를 받은 것입니까? 어느 것이 먼저입니까?

그런즉 이 복이 할례자에게냐 혹은 무할례자에게도냐 무릇 우리가 말하기를 아브라함에게는 그 믿음이 의로 여겨졌다 하노라 그런즉 그것이 어떻게 여겨졌느냐 할례시냐 무할례시냐 할례시가 아니요 무할례시니라 그가 할례의 표를 받은 것은 무할례시에 믿음으로 된 의를 인친 것이니 이는 무할례자로서 믿는 모든 자의 조상이 되어 그들도 의로 여기심을 얻게 하려 하심이라 또한 할례자의 조상이 되었나니 곧 할례받을 자에게 뿐 아니라 우리 조상 아브라함이 무할례시에 가졌던 믿음의 자취를 따르는 자들에게도 그러하니라 아브라함이나 그 후손에게 세상의 상속자가 되리라고 하신 언약은 율법으로 말미암은 것이 아니요 오직 믿음의 의로 말미암은 것이니라_롬 4:9-13

이 이야기는 신약 시대에 와서 할례를 새롭게 해석한 것입니까? 아닙니다. 구약에서도 하나님이 똑같은 말씀을 주셨습니다.

그러므로 너희는 마음에 할례를 행하고 다시는 목을 곧게 하지 말라_신 10:16

유다인과 예루살렘 주민들아 너희는 스스로 할례를 행하여 너희 마음 가죽을 베고 나 여호와께 속하라 그리하지 아니하면 너희 악행으로 말미암아 나의 분노가 불같이 일어나 사르리니 그것을 끌 자가 없으리라_렘 4:4

할례는 결국 폐지되었습니다. 예수님이 오셔서 언약을 다 이루셨기 때문입니다. 예수님은 우리에게 새 언약, 곧 새 계명을 주셨습니다.

또 그 안에서 너희가 손으로 하지 아니한 할례를 받았으니 곧 육의 몸을
벗는 것이요 그리스도의 할례니라 너희가 세례로 그리스도와 함께 장사
되고 또 죽은 자들 가운데서 그를 일으키신 하나님의 역사를 믿음으로
말미암아 그 안에서 함께 일으키심을 받았느니라_골 2:11-12

그렇다면 할례 언약을 잘못 해석한 이스라엘 백성과 세례를
잘못 알거나 구원을 잘못 이해하고 있는 현대 크리스천은 무슨
차이가 있습니까? 본질적으로 아무 차이도 없습니다. 지금도 우
리는 형식이 내용보다 더 중요하다는 생각을 버리지 않습니다.
교단과 교파가 교회의 본질을 훼손하고 있지만, 우리는 예수님보
다도 교회와 교단을 더 중요하게 여기고 있습니다. 그래서 여러
갈래로 나뉘고 또 나뉘었습니다. 이단도 헤아릴 수 없이 많이 생
겨났습니다. 전 세계적으로 예수님을 그리스도로 고백하는 교단
이 3만여 개나 된다고 합니다.
　할례 이야기의 핵심은 하나님의 이름을 부르는 자들은 누구나
구원받을 수 있다는 데 있습니다.

이름을 바꿔 주신 사람들의 역할

하나님은 아브람과 함께 사래의 이름도 바꾸어 주십니다. 부부는 같이 가야 하기 때문입니다. 모든 부부가 믿음 안에서 함께 나아가기를 바랍니다. 남편의 이름을 열국의 아버지, 아브라함으로 바꿔 주셨으므로 아내 사래의 이름도 열국의 어머니, 사라로 바꿔 주십니다.

하나님이 또 아브라함에게 이르시되 네 아내 사래는 이름을 사래라 하지 말고 사라라 하라 내가 그에게 복을 주어 그가 네게 아들을 낳아 주게 하며 내가 그에게 복을 주어 그를 여러 민족의 어머니가 되게 하리니 민족의 여러 왕이 그에게서 나리라_창 17:15-16

사래의 이름을 사라로 바꾸어 주신 것은 아내로서 아브라함과의 관계를 최대한 존중해 주신 것입니다. 아브람이 아브라함으로 바뀐 것이 비전이듯이 사래가 사라로 바뀐 것 또한 비전입니다. '공주'라는 뜻의 사래에서 '왕비이자 열국의 어머니'를 뜻하는 사라로 바뀌었습니다. 사라는 "여러 민족의 어머니"가 될 것입니다. 그녀에게서 "민족의 여러 왕"이 태어날 것입니다. 아직까지 아이를 낳아 본 적이 없는 사라입니다. 그런 사라에게서 하나님은 수많은 민족과 왕이 태어나는 것을 보고 계십니다.

아브라함이 엎드려 웃으며 마음속으로 이르되 백 세 된 사람이 어찌 자식을 낳을까 사라는 구십 세니 어찌 출산하리요 하고 아브라함이 이에 하나님께 아뢰되 이스마엘이나 하나님 앞에 살기를 원하나이다 하나님 이 이르시되 아니라 네 아내 사라가 네게 아들을 낳으리니 너는 그 이름 을 이삭이라 하라 내가 그와 내 언약을 세우리니 그의 후손에게 영원한 언약이 되리라 이스마엘에 대하여는 내가 네 말을 들었나니 내가 그에게 복을 주어 그를 매우 크게 생육하고 번성하게 할지라 그가 열두 두령을 낳으리니 내가 그를 큰 나라가 되게 하려니와 내 언약은 내가 내년 이 시 기에 사라가 네게 낳을 이삭과 세우리라_창 17:17-21

100세나 된 사람이 어떻게 아이를 가지겠습니까? 90세가 된 여인이 어떻게 출산할 수 있겠습니까? 세상에 그런 일은 있을 수 없다고 말하는 것이 상식입니다. 불가능하다고 말하는 것이 합리 적입니다. 그런데 뭐가 문제입니까? 하나님의 약속보다 상식과 합리성을 더 크게 생각하는 것이 문제입니다. 하나님의 말씀보다 인간적인 생각과 방법을 더 우선시하는 것이 문제입니다. 하나님 의 약속이 없다면 문제될 것이 없지만, 하나님의 약속은 상식을 초월하여 성취되기 때문입니다.

지금 아브라함은 하나님 앞에 서 있습니다. 그런데 여전히 자기 생각에 젖어 있습니다. 그는 "이스마엘이나 하나님 앞에 살기를 원하나이다" 하고 아룁니다. 하나님은 아브라함의 중심을 보고 계십니다. 제일 먼저, 그에게 약속을 일깨워 주십니다. "네 아내 사라가 네게 아들을 낳으리니 너는 그 이름을 이삭이라 하라"

고 말씀하시고, 이스마엘 걱정은 하지 말라고 하십니다. 하나님이 그에게도 복을 주실 것입니다. "열두 두령"을 낳을 정도로 번성하여 "큰 나라"가 될 것입니다. 그리고 언약이 성취될 시기까지 말씀해 주십니다. 내년 이맘때쯤 사라가 아들 이삭을 낳을 것이고, 하나님은 이삭과 언약을 세우실 것입니다.

> 하나님이 아브라함과 말씀을 마치고 그를 떠나 올라가셨더라 이에 아브라함이 하나님이 자기에게 말씀하신 대로 이날에 그 아들 이스마엘과 집에서 태어난 모든 자와 돈으로 산 모든 자 곧 아브라함의 집 사람 중 모든 남자를 데려다가 그 포피를 베었으니 아브라함이 그의 포피를 벤 때는 구십구 세였고 그의 아들 이스마엘이 그의 포피를 벤 때는 십삼 세였더라_창 17:22-25

여기서 우리는 아브라함의 순종에 주목하게 됩니다. 아브라함은 하나님의 말씀을 들은 즉시 그날로 자신과 모든 가족과 하인들까지 모든 남자가 빠짐없이 할례를 받도록 행했습니다. 그다음 날이 아니라 바로 그날입니다. 그다음 달이나 그다음 해가 아니라 그날입니다. 이처럼 순종은 즉시 행하는 것입니다. 지체하는 것도 불순종입니다. 자기 마음대로 때를 선택하지 않는 것이 순종입니다. 천국 문은 한순간에 닫힐 수 있습니다. "지금은 은혜 받을 만한 때"요 "구원의 날"입니다(고후 6:2). 지금은 그런 때입니다. "주 예수를 믿으라 그리하면 너와 네 집이 구원을 받으리라"(행 16:31)라는 말씀에 즉시 화답하고 구원을 받는 것이 온전한 믿음입니다.

> 그날에 아브라함과 그 아들 이스마엘이 할례를 받았고 그 집의 모든 남
> 자 곧 집에서 태어난 자와 돈으로 이방 사람에게서 사 온 자가 다 그와
> 함께 할례를 받았더라_창 17:26-27

아버지와 아들이 할례를 같이 받고, 주인과 종이 함께 받았습니다. 이것이 구원입니다. 우리는 십자가의 은혜로 크리스천이 되었습니다. 전혀 다른 사람이 된 것입니다. 구원에는 남자나 여자나 차별이 없습니다. 모두가 구원을 받습니다. 한국인이나 중국인이나 미국인이나 다를 바 없이 구원을 받습니다. 소득 수준이 어떻든 상관없습니다. 학력이 높든 낮든 상관없습니다. 구원에는 나이 제한도 없습니다.

바로 이것이 복음의 핵심입니다. 누구나 구원받을 수 있다는 소식이 복음입니다. 누구나 하나님을 아버지라 부를 수 있다는 소식이 복음입니다. 조직과 제도의 틀 안에서는 무엇이든지 조건이 붙습니다. 자격이 까다롭습니다. 헌금을 얼마 이상은 해야 자격이 생깁니다. 그러나 복음은 아무것도 따지지 않습니다. 그래서 복음은 하나님의 은혜입니다. 누구나 한 데나리온씩 받는 것이 은혜입니다(마 20:9). 나중 된 자가 먼저 되는 것이 은혜입니다(마 19:30). 할렐루야! 하나님은 차별하지 않으십니다. 그리스도의 보혈로 적셔졌는가 아닌가를 구별하실 뿐입니다. 그러나 일단 구원

안으로 들어오면, 구별조차 하지 않으십니다.

하나님 나라는 하나님이 그 이름을 바꾸어 주신 사람들로 말미암아 지금도 이루어지고 있습니다. 정체성이 완전히 변한 사람들로 인해 하나님 나라가 이뤄지고 있습니다. 눈을 뜨고 보십시오. 귀를 열고 들으십시오. 우리가 원하건 원치 않건 하나님은 지금도 구원을 위해 일하고 계신다는 사실을 믿기 바랍니다.

15. 누군가를 어떻게 대접하는가

환대가 믿음의 비밀이다

=

창 18:1-15

아브라함은 지금까지 24년간 하나님을 믿어 왔습니다. 하나님의 음성을 들었고, 하나님의 말씀을 좇았습니다. 그러나 그는 자신의 믿음이 늘 흔들리는 것을 경험했습니다. 믿는가 싶으면 넘어지고, 믿는가 싶으면 자기 생각과 판단을 좇아가곤 했습니다. 그러다가 드디어 할례 언약을 받고는 믿음을 정했고, 그의 믿음이 체화되었습니다. 그의 몸에 각인되었고, 마음에 새겨졌습니다. 그의 마음이 확정되고 확정되었습니다(시 57:7). 마치 노예가 새 주인을 만나면 몸에 낙인을 찍듯이 아브라함의 몸에는 하나님의 소유라는 표시가 남겨졌습니다.

한 남자와 한 여자가 결혼하면, 대개는 삶의 모든 태도가 달라지기 마련입니다. 부부가 되고 나면, 세상이 달리 보입니다. 더이상 어제의 내가 아님을 느낍니다. 나는 이제 누군가의 소유가 되었다는 느낌이 온몸으로 전해집니다. 그리고 자신은 혼자가 아니며 배우자와 결합된 존재라는 느낌이 마음 가득 차오릅니다. 아브라함은 이름이 바뀌고 할례까지 받고 났을 때, "이제 나는 하나님의 사람이다"라는 느낌이 들었을 것입니다. 그의 신앙은 한 차원 높아졌습니다.

이때 하나님이 사람의 모습으로 그를 찾아오십니다.

여호와께서 마므레의 상수리나무들이 있는 곳에서 아브라함에게 나타나시니라 날이 뜨거울 때에 그가 장막 문에 앉아 있다가 눈을 들어 본즉 사람 셋이 맞은편에 서 있는지라 그가 그들을 보자 곧 장막 문에서 달려나가 영접하며 몸을 땅에 굽혀_창 18:1-2

성경이 들려주는 이야기 중에서 가장 놀라운 일은 하나님이 인간에게 찾아오시는 일입니다. 특별히 하나님이 인간의 모습으로 찾아오셨습니다. 이것을 믿느냐 믿지 않느냐가 신앙의 갈림길입니다. 어떤 이들은 하나님을 믿지만, 하나님이 인간이 되셨다는 말이나 인간을 찾아오셨다는 말은 믿지 못하겠다고 말합니다. 심지어 지금도 하나님이 인간이 되셨다는 말을 신성모독으로 여기는 사람들이 많습니다. 우리 신앙은 인간으로 오신 하나님을 맞아들여 믿는 것에서 결정됩니다. 우리는 예수님이 곧 인간으로 오신 하나님이라는 사실을 믿습니다.

사랑에는 허비가 없다

마므레는 지금의 예루살렘 남서쪽에 있던 곳입니다. 상수리나무들이 있는 곳, 아브라함의 장막이 있는 곳, 동쪽에 막벨라 굴이 있는 곳으로 아브라함이 롯과 헤어진 뒤 첫 제단을 쌓았던 곳입니다. 바로 그곳으로 하나님이 직접 찾아오셨습니다.

한낮의 태양이 이글거리는 시간이었습니다. 이곳 사람들은 대부분 이 시간이면 장막 문 그늘에 앉아 있곤 합니다. 어디를 가겠습니까? 외출하거나 걸어 다닐 수 있는 시간이 아닙니다. 사람들이 일을 하거나 누군가를 방문할 시간도 아닙니다. 그런데 눈을 들어 보니 세 사람이 길가에 서 있습니다. 아브라함이 벌떡 일어나서 달려나갑니다. 이제껏 볼 수 없었던 모습입니다. 지금껏 사람이 찾아왔다고 해서 달려나가는 일은 없었습니다.

생각하고 행동한 몸짓이 아니라 일종의 반사 행동이었습니다. 아브라함은 왜 달려나갔을까요? 그 세 사람이 누구인지를 직감했기 때문입니다. 그냥 동네 사람들이 아닙니다. 길을 지나는 나그네들도 아닙니다. 그에게 올 이유가 없는 사람들이었기 때문입니다. 아브라함이 앉아서 맞을 만한 사람들이 아님을 한눈에 알아본 것입니다. 아브라함은 장막 밖으로 뛰어나가 그들을 맞았습니다. 영접하는 태도를 보면, 평소에 그가 상대방을 어떻게 생각하는지 알 수 있습니다. 아브라함은 자기 마음에 가득했던 하나님을 눈으로 마주하게 된 것입니다. 탕자의 이야기에서 오랫동안 집을 떠나 있다가 돌아오는 아들을 맞는 아버지에게서나 볼 수 있는 모습입니다. 아브라함의 얼굴에 기쁨이 가득합니다. 온몸에 반가움이 배어납니다.

여리고에 오시는 예수님을 기다리던 삭개오의 심정이 그랬을 것입니다. 멀리서라도 얼굴을 한 번만 뵈었으면 원이 없겠다는 마음으로 나무 위에 올라갔습니다. 얼마나 간절했으면, 체면 불구하고 나무 위에까지 올라갔겠습니까? 예수님은 그 마음을 보셨습니다. 많은 여리고 사람 중에서 삭개오의 마음을 알아봐 주셨습니다. 그리고 "내가 오늘 네 집에 유하여야 하겠다"(눅 19:5)고 말씀하십니다. 그날 삭개오에게 구원이 임했습니다. 그러자 그를 묶고 있던 것들이 모두 풀려 버립니다. 구원은 먼저 마음에 임합니다. 가난한 마음, 간절한 마음, 겸손한 마음에 임합니다.

아브라함이 달라졌습니다. 그는 달려나가 손님을 맞이하며 허리를 굽힙니다. 그들이 누구인지도 묻지 않습니다. 신분을 확인하지도 않고, 이름을 주고받지도 않았습니다. 몸을 땅에 굽혔다는 것은 손으로 땅을 짚을 정도로 허리를 깊이 숙였다는 뜻입니다. 귀한 손님을 맞이할 때 취하는 가장 극진한 몸가짐입니다. 왜 손님들을 이토록 깍듯하게 맞이합니까? 자기 집에 누가 찾아오셨는지를 직감적으로 알아차렸기 때문입니다.

이르되 내 주여 내가 주께 은혜를 입었사오면 원하건대 종을 떠나 지나가지 마시옵고 물을 조금 가져오게 하사 당신들의 발을 씻으시고 나무 아래에서 쉬소서_창 18:3-4

"내 주여"는 히브리어로 '아도나이'입니다. 이 호칭은 함부로 쓰지 않습니다. 하나님을 부르는 호칭이기 때문입니다. 아브라함이 하나님을 알아봤습니다. "제가 주께 은혜를 입지 않았습니까? 그러니 종을 그냥 지나치지 마시고 대접해 드릴 수 있도록 허락해 주십시오" 하고 간청합니다. 그는 먼저 물을 가져다가 발을 씻겨 드리겠다고 말합니다. 중동 지역에서 손님을 정중히 맞는 첫 순서는 발을 씻어 주는 것입니다. 보통 하인들이 하는 일입니다. 그런데 아브라함이 직접 발을 씻겨 드리겠다고 나섭니다.

어떤 모습이 겹쳐서 연상되지 않습니까? 향유 옥합을 깨뜨려 예수님 발을 씻겨 드리던 마리아의 모습이 떠오르지 않습니까? 사랑하면 가장 더러운 곳에도 손이 가기 마련입니다. 사랑하면 누구도 만지고 싶어 하지 않은 곳에 손을 댑니다. 마리아는 자기 머리를 풀어서 예수님의 발을 닦아 드렸습니다. 그것을 지켜보던 사람들이 수군댑니다. 사랑하는 사람은 손을 대고, 사랑이 없는 사람은 뒤에서 험담하는 법입니다.

예수님은 나병 환자의 몸에 손을 대셨습니다. 당시 세상 사람들은 누구도 그들 몸에 손을 대지 않았습니다. 동네 이웃들은 그들을 내쫓았고 아이들은 그들에게 돌을 던졌습니다. 그들 스스로 "부정하다 부정하다"(레 13:45) 하고 소리 지르며 다녀야 했습니다. 설혹 병이 나았더라도 제사장들은 눈으로만 확인할 뿐이었습니다. 단 한 분 예수님만이 그들을 만져 주셨고, 고쳐 주셨습니다.

가룟 유다는 어땠습니까? 그는 왜 값비싼 향유를 허비하느냐며 마리아를 나무랐습니다. 차라리 그 향유를 300데나리온에 팔아 가난한 자들에게 나눠 주지 그랬느냐고 목소리를 높였습니다 (요 12:5). 정의로운 말로 들립니다. 사회적 약자를 향한 사랑이 넘치는 듯이 들립니다. 그러나 요한은 유다가 그렇게 말한 까닭은 그가 "도둑이라 돈궤를 맡고 거기 넣는 것을 훔쳐"(요 12:6) 갔기 때문이라고 말합니다.

마리아는 향유를 허비한 것이 아닙니다. 사랑에는 허비가 없습니다. 사랑이 없으면, 원가 분석을 하게 됩니다. 이익과 손해를 끊임없이 저울질합니다. 내 시간과 재능을 여기에 투입하는 것이 과연 남는 장사인가를 따지는 것입니다. 그러나 사랑하면, 아무것도 따지지 않습니다. 아예 따질 생각조차 없습니다. 그래서 사랑할 때와 사랑이 식었을 때, 데이트하는 곳이 달라지지 않습니까?

예수님은 마리아를 두둔하며 "그는 힘을 다하여 내 몸에 향유를 부어 내 장례를 미리 준비하였느니라"(막 14:8)라고 말씀해 주십니다. 아마도 마리아는 그런 생각을 꿈에도 해 본 적이 없을 것입니다. 그러나 무심코 하는 말이나 행동이 때로는 예언적인 말과 행동이 될 때가 있습니다. 마리아가 향유를 부은 것처럼, 한밤중에 사람들의 시선을 피해 몰래 예수님을 찾아왔던 니고데모도 훗날 예수님에게 향유를 붓게 될 것입니다. 예수님은 "온 천하에 어디서든지 복음이 전파되는 곳에는 이 여자가 행한 일도 말하여 그를 기억하리라"(막 14:9)라고 말씀하십니다. 니고데모의 행동도 영원히 기억될 것입니다. 영원하신 분에게 드리는 것은 영원히 기억되며 영원히 기록됩니다.

아브라함은 하나님의 발을 씻겨 드렸고, 예수님은 제자들의 발을 씻겨 주셨습니다. 하나님을 한눈에 알아본다면, 발을 씻겨 드리는 일쯤이야 어려운 일이 아닙니다. 힘들지도 않습니다. 하지만 모르고 하면 힘들고 어렵고 지치는 일입니다.

소명이 왜 중요합니까? 하나님이 맡기신 일이라는 것을 알면, 아무리 힘들어도 견뎌지기 때문입니다. 그러나 믿음이 없으면 일할수록 회의가 생깁니다. 지치기만 하고, 힘이 빠집니다. 예수님이 살아계신 하나님의 아들이라는 사실을 믿을 때, 그분을 위해 죽을 수도 있습니다. 그러나 믿음이 흔들리면 십자가에 못 박히신 주님의 발아래 머물러 있을 수가 없습니다. 달아나 버리고 맙니다.

하나님을 대접하듯이 하는 것이 믿음의 비밀

아브라함은 주님의 발을 씻기고, 음식을 준비하겠다고 아룁니다.

내가 떡을 조금 가져오리니 당신들의 마음을 상쾌하게 하신 후에 지나가소서 당신들이 종에게 오셨음이니이다 그들이 이르되 네 말대로 그리하라_창 18:5

그는 자신을 가리켜 스스로 종이라고 말합니다. "나는 당신들의 종입니다"라고 고백합니다. 아브라함이 달라졌습니다. 바울이 늘 입에 달고 살던 말이 바로 "예수 그리스도의 종 바울"(롬 1:1)입니다. 구원이란 무엇입니까? 주인인 줄 착각하고 주인 행세하다가, 실은 주인이 아니라 종이라는 사실을 깨닫는 것입니다. 나는 내 것인 줄 알았는데, 하나님의 것이라는 사실을 알게 되는 것입니다. 아브라함이 달라진 것은 단지 이름뿐이거나 외모만이 아닙니다.

세상에는 이름 때문에 더 나빠지는 사람도 있습니다. 전도사 시절에는 괜찮았는데 목사가 되어서 이상해지는 사람이 있습니다. 집사로 불릴 때는 괜찮았는데, 장로가 되자 이상하게 변하는 사람이 있습니다. 부장 때까지는 괜찮았는데, 임원이 되고 나니 달라지는 사람이 있습니다. 인기가 없을 때는 겸손하더니 인기가 높아지면서부터 교만해지는 경우가 얼마나 많습니까? 아브람이 아브라함이 되어서 더 나빠질 수도 있지 않습니까? '한집안의 아버지'였다가 이제는 '열국의 아버지'가 되었으니 나 같은 사람이 어디 있느냐며 교만해질 수도 있습니다.

그런데 아브라함의 신앙은 나빠지기는커녕 훨씬 더 성숙해졌습니다.

아브라함이 급히 장막으로 가서 사라에게 이르되 속히 고운 가루 세 스아를 가져다가 반죽하여 떡을 만들라 하고 아브라함이 또 가축 떼 있는 곳으로 달려가서 기름지고 좋은 송아지를 잡아 하인에게 주니 그가 급히 요리한지라 아브라함이 엉긴 젖과 우유와 하인이 요리한 송아지를 가져다가 그들 앞에 차려 놓고 나무 아래에 모셔 서매 그들이 먹으니라

_창 18:6-8

아브라함의 민첩한 움직임이 보입니까? 그는 사라에게 잰걸음으로 다가가 "고운 가루 세 스아를 가져다가" 떡을 만들어 달라고 말합니다. "세 스아"면 20kg이 넘는 양입니다. 그 많은 빵을 굽도록 하고, 자신은 송아지를 잡으러 갑니다. 제일 기름지고 좋은 송아지를 잡았습니다. 양 한 마리만 잡아도 충분할 텐데, 송아지를 한 마리 잡았습니다. 아브라함의 손끝에 기쁨이 묻어납니다. 아낌없이 요리합니다. 이것이 환대입니다. 마지못해 대접하는 것이 아닙니다. 하나님을 대접하듯 누군가를 대접하는 것이 믿음의 비밀입니다.

하나님의 은혜를 많이 받은 사람은 언제 어디서나 이런 모습입니다. 행동이 굼뜨지 않고, 노력을 아끼지 않습니다. 적당히 시간을 때우려고 하지도 않습니다. 언제나 최선을 다해 섬깁니다.

왜 일이 고달픈지 압니까? 실제로 일이 고달파서가 아닙니다. 알고 보면, 모든 일이 고달픕니다. 그런데 고달픈 일을 고달프게 여기지 않는 사람이 있고, 몹시 고달프게 여기며 일하는 사람이 있습니다. 무슨 차이입니까? 받은 게 없어서 그렇습니다. 세상에서는 무엇이든지 차등 지급합니다. 많이 주면 주는 만큼 일을 많

이 시킵니다. 적게 주고도 일을 많이 시키면 누가 남아 있겠습니까?

야곱은 왜 삼촌 라반 집에서 무보수로 일했습니까? 라헬을 사랑했기 때문입니다. 몇 년이나 일했습니까? 자그마치 7년입니다. 그런데 그에게는 7년이 수일 같았습니다. 라헬을 쳐다보고 있노라면 시간 가는 줄 몰랐기 때문입니다. 삼촌한테 속아서 7년 일하고, 엉겁결에 레아와 결혼하게 되자 라헬을 얻기 위해 7년을 더 일합니다. 오직 사랑하는 한 사람을 얻기 위해 14년을 일한 것입니다. 속상한 때가 수도 없이 많았지만, 다 견뎌 냈습니다. 이처럼 사랑하면 견딥니다. 사랑하면 인내하고, 사랑하면 무조건 섬깁니다.

아브라함이 손님 대접을 어떻게 하는지를 보면 볼수록 대단합니다. 원래 손 대접이 융숭한 시대였지만, 아브라함의 손 대접은 일반적인 접대가 아니라 하나님께 드리는 환대였습니다.

한 청년 성도는 집안 형편이 어려운 아이들을 자기 집에 데려다가 며칠씩 대접하면서도 일부러 신앙 얘기를 하지 않습니다. 그 아이들이 어떻게 이렇게 대접해 줄 수 있느냐고 물으면, 딱 한마디만 한답니다. "하나님 아버지께서 나를 이렇게 대접해 주셨단다." 그 순간, 아이들이 마음을 열고 하나님을 만나곤 한다고 고백합니다. 마음이 묻어나는 대접, 이것이 환대가 아니겠습니까?

손님 대접하기를 잊지 말라 이로써 부지중에 천사들을 대접한 이들이 있었느니라_히 13:2

남을 대접하는 일은 손해 보는 일이 아닙니다. 내가 사랑함으로써 오히려 사랑받는 길입니다.

그러므로 무엇이든지 남에게 대접을 받고자 하는 대로 너희도 남을 대접하라 이것이 율법이요 선지자니라_마 7:12

내가 먼저 대접하는 것이 믿음입니다. 대접할 때, 인색하지 않게 후히 대접하는 것이 사랑입니다. 내가 대접한 사람들이 나를 대접해 줄 것을 기대하지 않고, 언제나 하나님이 우리를 대접해 주신다는 것을 아는 것이 소망입니다. 우리가 알지 못하는 사이에 천사를 대접할 수도 있다는 사실을 기억해야 합니다. 예수님은 우리에게 놀라운 비밀을 한 가지 가르쳐 주십니다. "지극히 작은 자 하나에게 한 것이 곧 내게 한 것"(마 25:40)이라고 귀띔해 주신 것입니다.

대접하는 문화가 있고, 접대하는 문화가 있습니다. 말은 비슷한데 동기는 정반대입니다. 대접은 바라는 것 없이 하는 것이고, 접대는 원하는 것이 있기 때문에 하는 것입니다. 대접은 마음이 먼저이고, 접대는 마음이 필요 없습니다. 대접은 되돌려받지 않으려고 하지만, 접대는 더 많이 돌려받으려고 합니다.

우리 주변에서 자발적으로 대접하는 아름다운 모습을 찾아보기가 점점 더 어려워지고 있습니다. 많이 받은 사람은 많이 대접할 것이고, 적게 받은 사람은 적게 대접할 것입니다. 주는 것이 받는 것보다 복되다는 것을 아는 사람이 많이 대접할 것이고, 받는 것이 주는 것보다 낫다고 여기는 사람은 적게 대접할 것입니다.

아브라함은 갈수록 더 많이, 더 풍성하게 대접합니다. 그의 신앙이 성장하는 모습입니다.

하나님을 경험해 가는 믿음의 길

집주인인 아브라함이 마치 웨이터처럼 손님들 곁에 서 있습니다. 잘되는 식당을 보면, 주인이 계속 왔다 갔다 하면서 "더 필요한 것이 있습니까?" 하고 묻습니다. 대접할 줄 아는 겁니다. 좋은 믿음이란 사람을 대접할 줄 아는 마음입니다. 이것이 복음에 빚진 자들의 삶입니다. 마음을 다해서 대접하는 것입니다. 그럴 때 무슨 일이 일어납니까?

> 그들이 아브라함에게 이르되 네 아내 사라가 어디 있느냐 대답하되 장막에 있나이다 그가 이르시되 내년 이맘때 내가 반드시 네게로 돌아오리니네 아내 사라에게 아들이 있으리라 하시니 사라가 그 뒤 장막 문에서 들었더라_창 18:9-10

식사가 끝났습니다. 하나님이 실제로 음식을 드셨느냐고 묻는 사람이 있습니다. 요한복음 21장에 부활하신 예수님이 디베랴 호수에서 조반을 차려 놓고 제자들과 식사하시는 모습이 기록되어 있지 않습니까?

여기서 중요한 것은, 하나님이 음식을 드시고 나서 "네 아내 사라가 어디 있느냐" 하고 물으셨다는 것입니다. 초면이라면 남의 아내의 이름까지 어떻게 알겠습니까? 하나님은 아브라함과 사라를 다 아시는 분입니다. 직접 그 이름을 지어 주신 분입니다. 우리는 이 사실을 자주 잊습니다. '하나님이 내 이름을 아실까? 과연 내 마음을 아실까? 정말로 내 사정을 다 아실까?' 하고 의문이 생길 때, 걱정하지 마십시오. 하나님은 다 알고 계십니다.

하나님이 아브라함에게 약속을 재차 확인해 주십니다. "내년 이맘때 내가 반드시 네게로 돌아오리니 네 아내 사라에게 아들이 있으리라"고 말씀하신 것입니다. 아브라함이 그 얘기를 듣자고 대접한 것은 아니었습니다. 무엇을 기대하고 대접한 것이 아닙니다. 아브라함은 하나님의 종으로서 주인이신 하나님을 대접해 드린 것뿐입니다. 그런데 하나님은 아브라함에게 그가 가장 원하던 것을 약속해 주십니다. 이미 약속하신 바를 상기시켜 주십니다.

"내가 반드시 돌아올 것이고, 그때는 사라에게 아들이 있을 것이다."

아브라함과 사라는 나이가 많아 늙었고 사라에게는 여성의 생리가 끊어졌는지라 사라가 속으로 웃고 이르되 내가 노쇠하였고 내 주인도 늙었으니 내게 무슨 즐거움이 있으리요_창 18:11-12

아브람이 아브라함이 되고, 사래가 사라가 되었지만, 현실은 조금도 달라지지 않았습니다. 오히려 상황이 더 나빠졌습니다. 그동안 나이가 더 들었고, 몸은 더 노쇠해졌기 때문입니다. 그야말로 인간적인 희망은 이미 끊어진 상태입니다.

사라가 장막 뒤에서 하나님의 약속을 듣고 속으로 웃었습니다. 건강한 웃음이 아니라 "웃기는 얘기 하시네" 하고 피식 웃는 것입니다. '이미 생리가 끊어졌고, 아브라함도 늙을 대로 늙었는데, 아기는 무슨 아기?' 하며 웃었습니다. 다만 웃음소리를 내지 않았을 뿐입니다.

여호와께서 아브라함에게 이르시되 사라가 왜 웃으며 이르기를 내가 늙었거늘 어떻게 아들을 낳으리요 하느냐_창 18:13

하나님은 사라가 입 밖으로 내지 않은 속마음을 들으셨습니다. 아브라함에게 사라가 왜 웃으며 무슨 수로 아들을 낳겠느냐고 말하는지 물으십니다. 하나님이 어떤 분인지 알겠습니까? 사라가 속으로 생각한 말까지도 귀 기울여 들으시는 분입니다. 소리 내어 웃지 않아도 웃음소리를 들으시는 분입니다.

우리는 하나님을 얼마나 자주 오해합니까? 하나님은 우리 말을 듣기 전에 이미 생각을 들으시는 분입니다. 우리 행동을 보시기 전에 우리 생각을 먼저 보십니다. 왜 예수님이 "형제를 대하여 라가라 하는 자는 공회에 잡혀가게 되고"(마 5:22), "음욕을 품고 여자를 보는 자마다 마음에 이미 간음하였다(마 5:28)"고 말씀하십니까? 우리 생각이 결국 말이 되고, 행동이 되는 것을 아시기 때문입니다. 우리는 이루어진 일을 가지고 따지지만, 하나님은 일이 이루어지기 전에 다 아시기 때문입니다. 그래서 이렇게 말씀하십니다.

> 여호와께 능하지 못한 일이 있겠느냐 기한이 이를 때에 내가 네게로 돌아오리니 사라에게 아들이 있으리라_창 18:14

하나님께 능하지 못한 일이 있겠느냐고 물으십니다. 우리는 어떻게 대답해야 합니까? 하나님도 못 하시는 일이 있습니다. 첫째, 거짓말을 못 하십니다. 둘째, 일단 약속하면, 먼저 깨뜨리지 못하십니다. 셋째, 부르짖어 기도하는 사람과 회개하는 사람은 외면하지 못하십니다. 사실, 이 모두가 우스갯소리일 뿐입니다. 하나님께는 능치 못할 일이 없습니다. 우리가 하나님의 능력을 제한할 뿐입니다. 그래서 예수님이 귀신 들려 고생하는 아들의 아버지에게 말씀하십니다.

> 귀신이 그를 죽이려고 불과 물에 자주 던졌나이다 그러나 무엇을 하실

수 있거든 우리를 불쌍히 여기사 도와주옵소서 예수께서 이르시되 할 수 있거든이 무슨 말이냐 믿는 자에게는 능히 하지 못할 일이 없느니라 하시니 곧 그 아이의 아버지가 소리를 질러 이르되 내가 믿나이다 나의 믿음 없는 것을 도와주소서 하더라_막 9:22-24

하나님은 우리가 하나님에 대해 잘못 생각하고 있는 것들을 고쳐 주십니다. 믿음의 길이란 어떤 길입니까? 하나님에 대한 오해가 조금씩 풀려 가는 길입니다. 하나님을 조금씩 더 알아 가는 길입니다. 능치 못할 일이 없으신 하나님을 조금씩 경험해 가는 길입니다.

절대로 예수님을 믿지 않을 것처럼 보이던 사람이 어느 날 갑자기 교회에 나오는 것을 봅니다. 세상에 누가 와도 결코 풀리지 않을 것 같던 일이 뜻밖에 단 한 번도 생각해 본 적 없는 방법으로 풀리는 것을 봅니다. 하나님은 능히 못 하시는 일이 없는 분임을 새삼 느끼는 순간입니다. 처음에는 놀라다가 차츰 경탄하다가 점점 경외심을 갖게 됩니다.

사라가 두려워서 부인하여 이르되 내가 웃지 아니하였나이다 이르시되 아니라 네가 웃었느니라_창 18:15

하나님의 말씀을 듣고 사라가 얼마나 놀랐겠습니까? 소리 내어 웃지도 않았고 입 밖으로 내뱉어 말한 적도 없는데 속내를 들키고야 말았습니다. 갑자기 두려워집니다. 두려우면 거짓말을 하게 됩니다. "웃지 않았습니다" 하고 변명하자 하나님이 곧바로 "아니다. 네가 웃었다"라고 맞받아치십니다. 하나님과 대화할 때 조심해야 할 대목입니다. 하나님은 우리가 하나님께 나아가기 전부터 이미 우리 생각을 다 아시는 분입니다. 우리가 어떻게 결정하며 살아왔는지를 아십니다. 그러니 거짓말은 하면 안 됩니다. 솔직한 것 말고는 할 말이 없습니다.

그러므로 기도의 자리에서는 자기 생각을 말하는 것보다 하나님의 생각을 듣는 편이 훨씬 더 낫습니다. 처음에는 미주알고주알 내 얘기를 꺼내 놓는 것이 재미있고, 때로는 시간 가는 줄도 모르게 좋지만, 점점 하나님께 나아갈 때 두려운 마음을 갖게 되고, 하나님의 음성을 기다리게 됩니다. 말씀 듣기를 갈망하게 됩니다. 결국, 기도의 자리는 하나님의 음성을 듣는 자리가 됩니다.

사실 종은 할 말이 없습니다. 아브라함은 종이 되었는데, 사라는 아직 종이 되지 않았습니다. 종은 주인 얘기에 감히 대꾸하지 않지만 자기가 주인이라고 생각하는 사람은 꼭 한 마디씩 대꾸합니다. 예수님은 종은 아무리 열심히 일해도 "우리는 무익한 종이라 우리가 하여야 할 일을 한 것뿐"(눅 17:10)이라고 말해야 한다고 가르쳐주십니다. 하나님 앞에 나는 무익한 종일 뿐이라는 것이 올바른 생각과 태도입니다. 하나님은 답을 갖고 계십니다. 문제는 우리가 들을 태도가 되어 있느냐입니다. 말씀에 순종할 준비가 되어 있느냐가 문제일 뿐입니다.

16. 하나님의 길을 따른다는 것

의와 공도를 내세운 기도

=

창 18:16-33

    사람은 누구나 더 친한 사람과 덜 친한 사람이 있기 마련입니다. 더 친한 사람과 덜 친한 사람의 차이는 무엇입니까? 밥을 얼마나 자주 같이 먹느냐입니다. 아브라함은 참으로 하나님을 극진히 대접했습니다. 하나님도 대접받으면서 마음이 기쁘셨을 것입니다. 환대는 사람의 마음뿐 아니라 하나님의 마음까지도 열게 합니다. 극진한 대접은 대접받는 사람에게 빚진 자의 마음을 갖게 합니다. 정말 고맙다는 마음이 들게 합니다.

    하나님은 우리의 감사 기도를 듣고 왜 그렇게 기뻐하십니까? 그걸 받고 싶으셔서가 아닙니다. 그것이 겸손의 자리, 인간의 자리이기 때문입니다. 인간이 인간다워진 증거이기 때문입니다. 하나님을 하나님으로 대접해 드리는 유일한 태도이기 때문입니다. 겸손과 감사는 참된 신앙의 표적입니다. 하나님도 아브라함의 태도가 변한 것을 보셨습니다. 아브라함의 대접을 받으시고, 그 속에서 겸손과 감사를 보셨습니다.

꼭 식사만이 아닙니다. 일하는 것도 그렇습니다. 있는 힘껏 일하지 않는 사람이 있습니다. 그런 사람은 일을 아무리 잘해도 미덥지가 않습니다. 반면에 능력은 좀 모자라지만, 온 힘을 다해서 일하는 사람은 믿음이 갑니다. 일을 가르쳐 주면서라도 일을 더 맡기고 싶고, 다른 사람들보다 일할 기회를 더 주고 싶습니다.

우리는 속에 있는 말을 아무에게나 하지 않습니다. 정말로 친한 사람한테는 속에 있는 말을 감추지 않고, 솔직하고 정직하게 말합니다. 때로는 비밀을 공유하기도 합니다. 누구에게도 하지 않는 비밀스러운 얘기를 친한 친구끼리는 나눕니다. 부부가 나누는 비밀스러운 얘기를 길 가는 행인에게 하지 않습니다. 회사 비밀도 그렇고, 하나님 나라의 비밀도 그렇습니다.

하나님도 친밀감이 없는 사람에게는 하나님의 비밀을 털어놓지 않으십니다. 하나님과의 친밀감이 없는 사람은 무슨 말을 들어도 아마 귀에 들리지 않을 것입니다. 하나님의 마음이 활짝 열려서 아브라함과 친밀해지셨기 때문에 그에게는 비밀스러운 일도 알려 주려고 하십니다.

그 사람들이 거기서 일어나서 소돔으로 향하고 아브라함은 그들을 전송하러 함께 나가니라 여호와께서 이르시되 내가 하려는 것을 아브라함에게 숨기겠느냐_창 18:16-17

식사를 마치시고, 아브라함에게 언약을 확인해 주셨습니다. "내년 이맘때 내가 반드시 네게로 돌아오리니 네 아내 사라에게 아들이 있으리라"(창 18:10). 그것을 들은 사라가 속으로 웃다가 들켰고, 거짓말하다가 또 들켰습니다. 사라에게 필요한 것은 믿음이라는 것을 깨닫게 하셨습니다. 하나님에게는 늘 기적이 준비되어 있지만, 문제는 기적을 받아들여야 할 인간의 믿음입니다. 믿음의 손이 없이는 기적을 받을 수가 없기 때문입니다. 그렇다면 이 방문은 아브라함보다는 사라에게 분명한 믿음을 심어 주고자 함임을 알게 됩니다. 사라가 자신의 속마음과 생각까지 다 아시는 하나님을 경험한 것입니다.

하나님이 이제 길을 떠나려고 하십니다. 아브라함이 소돔으로 가는 일행을 전송합니다. 그런데 문득 하나님이 다시 고개를 돌려 중요한 말씀을 하십니다. "내가 하려는 것을 아브라함에게 숨기겠느냐?" 아브라함에게는 곧 일어날 일에 관한 비밀을 알려 주시겠다는 뜻입니다. 처음부터 말씀해 주실 생각이었으면, 식사할 때 말씀하셨을 것입니다. 그런데 헤어지기 직전에야 말씀을 꺼내십니다. 이것은 아브라함에 대한 지극한 친밀감의 표현입니다. 비밀을 나눌 수 있다는 것은 서로 간에 비밀을 지킬 사이가 되었다는 말이 아니겠습니까?

아브라함은 강대한 나라가 되고 천하 만민은 그로 말미암아 복을 받게 될 것이 아니냐 내가 그로 그 자식과 권속에게 명하여 여호와의 도를 지켜 의와 공도를 행하게 하려고 그를 택하였나니 이는 나 여호와가 아브라함에게 대하여 말한 일을 이루려 함이니라_창 18:18-19

이것은 아브라함도 익히 알고 있던 약속입니다. 아브라함으로 이름을 바꿔 주시기 전에도 갈대아 우르에서부터 해 주신 말씀이고, 반복해서 들려주신 말씀입니다. 하나님은 "내가 너로 큰 민족을 이루고 네게 복을 주어 네 이름을 창대하게 하리니 너는 복이 될지라"(창 12:2)라고 하신 약속의 의미를 다시 설명해 주십니다. 그것은 아브라함과의 약속만이 아닙니다. 아브라함은 이 약속을 "그 자식과 권속", 즉 자기 집에 같이 사는 모든 사람에게 가르쳐야 합니다. 아브라함을 통해 만민이 하나님의 도를 지켜 행하도록 가르치기 위해 아브라함을 택하신 것입니다.

우리 신앙의 목적을 다시 확인하게 되는 중요한 말씀입니다. 천하 만민이 복을 받게 되는 과정은 어떤 과정입니까? 아브라함이 먼저 하나님의 도를 지켜야 합니다. 자신이 먼저 지켜야 그 도를 자녀들과 권속들에게 가르쳐 행하게 할 수 있지 않겠습니까? 도가 무엇입니까? '길'입니다. 하나님의 길을 지킨다는 것은 그 길을 따른다는 것이고, 하나님의 길을 따른다는 것은 하나님과 동행하는 삶을 산다는 것입니다. 곧 하나님의 말씀대로 사는 삶을 의미합니다. 그것은 다름 아니라 의와 공도를 행하는 삶입니다. 영어 성경은 "의와 공도"를 흔히 'righteousness'와 'justice'로 번역했습니다. 의롭고 공정한 삶을 뜻합니다. 그리고 그 삶이 내 가장 가까이 있는 사람들에게로 확산되어야 한다는 의미입니다.

justice는 법정 용어입니다. 공정한 재판을 말할 때 이 단어를 씁니다. 공정한 기준을 말하는 것입니다. 하나님의 길은 의로움의 길이요, 공정함의 길입니다. 하나님이 부르신 목적은 의와 공도가 무너진 세상, 불의가 가득하고 공도가 아닌, 무법하고 사사로운 길을 가는 이 세상을 하나님의 의로움과 공정함으로 다시 바로 세우는 것입니다. 이것이 아브라함을 부르신 목적이요, 아브라함의 후손을 통해 예수 그리스도께서 오셔야 할 목적이고, 교회가 이 땅에 존재하는 목적입니다.

우리는 과연 의롭고 공정하게 살아가고 있습니까? 이 시대 한국 교회가 의로운 삶, 공정한 삶을 핵심 가치로 여기고 있습니까? 교회 덕분에 불의한 사회, 불법적인 사회가 정의롭고 공의로운 사회로 바뀌어 가고 있습니까? 이 점은 우리가 모두 깊이 생각해 봐야 할 문제입니다. 각자 생각해야 할 부분이 있을 것이고, 교회 공동체가 생각해야 할 부분이 있을 것입니다.

불의한 곳에서는 반드시 소리가 난다

결국, 하나님이 아브라함을 통해서 시작하신 일은 인간이 의와 공도의 삶을 살도록 하는 것입니다. 불의와 불법, 무도(無道) 내지 사도(邪道)의 길에서 돌이키는 것이 곧 구원임을 알 수 있습니다. 그리고 아브라함과 그의 자손, 그의 권속을 통해서 구원이 이루어지도록 하는 것이 하나님의 계획임을 알게 됩니다. 십자가와 교회를 통해서 오늘까지 지속되고 있는 하나님의 일과 다르지 않음을 깨닫습니다.

어느 날, 우리 교회의 한 형제가 교회 가까이에 있는 은행에 계좌를 하나 개설하러 갔습니다. 은행 지점장과 이런저런 얘기를 나누었는데, 그분이 교회에 관해 아주 부정적인 생각을 가지고 있더랍니다. 주된 이유는 그분이 살고 있는 지역의 한 교회가 주일마다 때로는 집회가 열릴 때마다 교통체증을 일으킨다는 것과 불법 주차 문제 때문이었습니다. "교회가 어떻게 그럴 수 있느냐? 도대체 교회가 지역 주민들을 통 배려할 줄 모르느냐?"고 불만을 토로했습니다. 우리가 늘 하는 얘기입니다. 세상이 의롭다 하고, 공정하다고 하는 기준에 교회가 미치지 못하고 있습니다. 대표적인 문제가 바로 우리 곁에 사는 이웃들에게 불편을 끼치는 것 아니겠습니까?

한번은 목회자 모임에 갔다가 그와 비슷한 얘기를 들었습니다. 꽤 오랜 기간 상가에서 예배를 드리다가 드디어 교회 건물을 짓게 되었는데, 이웃 주민들과 법정 시비까지 붙게 되었다는 것입니다. 그 목사님의 고민은 이웃 주민들에게 전도해야 하는데 첫 예배를 드리기도 전에 주민들과 소송을 벌이게 생겼으니 무슨 전도가 되겠느냐는 것이었습니다. 소송 문제로 날마다 신경 쓰느라 자신이 목회를 하고 있기는 한 건지, 과연 교회가 교회답게 설

수 있을지 고민이라는 것입니다.

　교회가 이웃과의 이런저런 문제들을 지혜롭게 해결하지 못한다면, 세상을 향해 무슨 말을 할 수 있겠습니까? 누가 교회의 말에 귀 기울이겠습니까? 세상의 기준에 미치지 못하는 몇 가지 일로, 우리가 그토록 소중하게 여기는 복음이 전해지지 않는다면, 과연 누가 먼저 바뀌어야 합니까? 복음이 더 중요하다면, 우리가 먼저 바뀌어야 하지 않겠습니까? 모든 성도가 머리를 맞대고서라도 한마음이 되어서 이웃과의 문제부터 해결해야 마땅하지 않겠습니까?

　교회의 문제뿐입니까? 세상의 지혜로 해결하지 못하는 세상 안의 문제들을 하나님의 지혜로 해결하도록 도와야 마땅하지 않겠습니까? 원칙은 무엇입니까? 교회가 세상보다 더 의롭고 공정해야 한다는 것입니다. 그 기준이 사회 통념을 넘어서야 한다는 것입니다.

　하나님이 아브라함에게 소돔과 고모라에 내려질 심판에 관해 알려 주십니다.

　여호와께서 또 이르시되 소돔과 고모라에 대한 부르짖음이 크고 그 죄악이 심히 무거우니 내가 이제 내려가서 그 모든 행한 것이 과연 내게 들린 부르짖음과 같은지 그렇지 않은지 내가 보고 알려 하노라 창 18:20-21

　하나님이 내려오신 첫 번째 이유는 의와 공도가 무너져 부르짖는 고통 때문이었습니다. 이것은 심판의 이유이기도 합니다. 공의와 정의가 무너지면, 신음 소리가 들립니다. 탄식과 원망의 소리가 커집니다. 한숨과 눈물이 그치지 않습니다. 하나님은 그 소리를 듣고 계시며 끝까지 확인하십니다.

불의하고 부정한 곳에서는 반드시 소리가 납니다. 그 소리가 날로 커집니다. 사람에게만 들리는 것이 아니라 사람이 듣기 전에 하나님이 먼저 듣고 계십니다. 우리가 소리 내지 않아도 들으시는 하나님이 불의와 불법이 내는 소리를 듣지 않으시겠습니까?

만약 누군가가 그 소리에 관해 묻는다면, 그것은 중요한 사인입니다. 하나님이 개입하기 시작하셨다는 사인이기 때문입니다. 그런 일을 알게 되었을 때, 우리는 어떻게 해야 합니까? 우리 일이 아니라며 침묵해야 합니까? 그냥 외면해도 됩니까? 어떻게 해야 할지 아브라함이 가르쳐 줍니다.

수치를 무릅쓰는 기도

아브라함이 사태의 심각성을 깨달았습니다. 소돔과 고모라에 심판이 임박했음을 직감합니다.

그 사람들이 거기서 떠나 소돔으로 향하여 가고 아브라함은 여호와 앞에 그대로 섰더니 아브라함이 가까이 나아가 이르되 주께서 의인을 악인과

함께 멸하려 하시나이까_창 18:22-23

아브라함은 여호와 앞에 그대로 서 있습니다. 비켜서지 않고, 길을 가로막고 선 것입니다. 그리고 한 걸음 더 다가가서 하나님께 "주님은 의인을 악인과 함께 죽이실 작정이십니까?" 하고 따지듯이 묻습니다. "멸하다"의 원뜻은 모래바람이 모든 것을 휩쓸어 가 버리는 것을 말합니다. 모래바람이 지나가고 나면 아무것도 남지 않습니다. 이 뜻을 살려서 표현한다면, "주님은 정말로 의인과 악인을 모두 다 같이 쓸어 버리실 것입니까?" 하고 묻는 것입니다.

그는 왜 하나님께 이런 질문을 던질까요? 두 가지 이유를 생각할 수 있습니다. 첫째, 롯 때문입니다. 소돔과 고모라가 멸망한다면, 가장 마음에 걸리는 사람이 조카 롯입니다. 비록 롯 때문에 마음 상했던 일이 한두 번이 아니었고, 또 기어이 속을 뒤집어 놓고 떠나 버렸지만, 아브라함은 롯을 마음에서 완전히 떠나보내지 못했습니다. 조카의 안부가 때로 궁금하지 않았겠습니까? 아무리 속을 썩였어도 어려서부터 길러온 롯이 잘 지내는지 걱정되지 않겠습니까?

소돔과 고모라에 대한 하나님의 생각을 알게 된 순간, 아브라함은 입을 다물고 있을 수가 없게 되었습니다. 우선 그는 갈대아 우르를 함께 떠나왔던 롯의 신앙을 기억합니다.

"내가 하나님의 음성을 들었으니, 그 말씀에 순종하여 이곳 우

르를 떠날 생각이다. 너도 나와 같이 가려면, 함께 가자. 하나님
은 나로 큰 민족을 이루게 하시겠다고 약속해 주셨다. 그리고 내
이름이 온 땅에 알려지게 하겠다고 말씀하셨다. 어떻게 하겠니?
삼촌을 따라가겠니?"

롯은 하나님의 음성을 직접 들어본 적이 없지만, 삼촌을 믿고
따르기로 결정했습니다. 그리고 힘들고 어려운 시간을 함께 보냈
습니다. 아브라함은 조카 롯을 모른 체할 수가 없습니다. 어떻게
하면 그를 구할 수 있을지 온갖 생각이 머리를 스칩니다.

둘째, 하나님의 성품과 명령 때문입니다. 아브라함은 하나님께
"조금 전에 저 보고 의롭고 공정한 삶을 살라고 하시고, 제 가족
과 권속들에게도 그렇게 살도록 가르치라고 하시지 않았습니까?
그런데 하나님이 의인과 악인을 함께 쓸어 버리신다면 그것이 과
연 의롭고 공정한 일입니까?" 하고 도전합니다.

그 성 중에 의인 오십 명이 있을지라도 주께서 그곳을 멸하시고 그 오십
의인을 위하여 용서하지 아니하시리이까 주께서 이같이 하사 의인을 악
인과 함께 죽이심은 부당하오며 의인과 악인을 같이 하심도 부당하니이
다 세상을 심판하시는 이가 정의를 행하실 것이 아니니이까_창 18:24-25

아브라함은 의인과 악인을 구별하지 않고 함께 죽이는 일은
부당하다고 주장합니다. "세상을 심판하시는 목적이 정의를 행
하기 위함이 아닙니까? 그런데도 부당하게 죽이시겠습니까? 의

인 50명이 있으면, 그 50명을 봐서라도 온 성을 용서해 주시지 않겠습니까?" 하고, 하나님이 그를 통해 이루고자 하시는 의로움과 공정함의 잣대를 가지고, 오히려 하나님께 따져 묻습니다. 하나님의 심판이 의롭고 공정하려면, 의인과 악인을 함께 멸해서는 안 된다는 것이 그의 논리입니다.

아브라함의 머릿속에 이런 말과 논리가 정리된 것은 다 롯을 너무나 사랑하기 때문입니다. 비록 그가 제 발로 떠나갔지만, 아브라함은 여전히 조카 롯을 사랑하고 있습니다. 그래서 감히 하나님께 도전한 것입니다.

> 여호와께서 이르시되 내가 만일 소돔 성읍 가운데에서 의인 오십 명을 찾으면 그들을 위하여 온 지역을 용서하리라_창 18:26

아브라함이 큰맘 먹고 그 성에 의인 50명이 있으면 심판을 멈추고 용서해 주시겠느냐고 묻자, 하나님이 용서하겠다고 바로 대답해 주십니다. 예상 밖의 반응이었습니다. 아브라함의 가슴이 철렁 내려앉습니다. 의인 50명이 안 될 모양이다. 내가 너무 많이 잡았나? 그는 다시 초조해집니다.

> 아브라함이 대답하여 이르되 나는 티끌이나 재와 같사오나 감히 주께 아뢰나이다 오십 의인 중에 오 명이 부족하다면 그 오 명이 부족함으로 말미암아 온 성읍을 멸하시리이까 이르시되 내가 거기서 사십오 명을 찾으

면 멸하지 아니하리라_창 18:27-28

아브라함은 자신이 "티끌이나 재"와 같은 존재라고 고백합니다. "말할 자격조차 없는 사람이지만, 감히 주님께 여쭙습니다. 만약 50명이 안 되고, 45명뿐이라면 어떻게 하시겠습니까? 45명밖에 없으니 심판하겠다고 하시겠습니까?" 이번에도 하나님이 선뜻 대답해 주십니다. "45명뿐이라도 멸하지 않겠다."

아브라함이 또 아뢰어 이르되 거기서 사십 명을 찾으시면 어찌하려 하시나이까 이르시되 사십 명으로 말미암아 멸하지 아니하리라 아브라함이 이르되 내 주여 노하지 마시옵고 말씀하게 하옵소서 거기서 삼십 명을 찾으시면 어찌하려 하시나이까 이르시되 내가 거기서 삼십 명을 찾으면 그리하지 아니하리라 아브라함이 또 이르되 내가 감히 내 주께 아뢰나이다 거기서 이십 명을 찾으시면 어찌하려 하시나이까 이르시되 내가 이십 명으로 말미암아 그리하지 아니하리라 아브라함이 또 이르되 주는 노하지 마옵소서 내가 이번만 더 아뢰리이다 거기서 십 명을 찾으시면 어찌하려 하시나이까 이르시되 내가 십 명으로 말미암아 멸하지 아니하리라
_창 18:29-32

아브라함과 하나님의 기이한 대화입니다. 사랑하는 조카 롯을 구하기 위해 소돔과 고모라가 심판받는 것을 멈추어야만 하는 아브라함의 절박한 심정이 엿보입니다. 본문을 읽으면 읽을수록 어

떤 생각이 듭니까? '사랑하면, 체면을 차리지 않는구나. 사랑하면 부끄러움을 개의치 않는구나' 하는 생각이 절로 들지 않습니까?

인간이 자기 힘으로 해결하지 못하는 일을 하나님께 청하는 것을 뭐라고 합니까? 기도라고 합니다. 내 일로 부탁하는 게 아니라 다른 사람 일로 부탁드리는 것을 뭐라고 합니까? 중보기도라고 합니다.

지금 아브라함은 무엇을 하고 있습니까? 하나님께 중보기도를 드리는 중입니다. 중보기도를 드릴 때는 부끄러움을 개의하지 않고 드려야 합니다. 한 걸음 더 나아가서, 부끄러워도 해야만 하는 게 중보기도입니다. 쑥스러워도 뻔뻔하게 해야 하는 것이 중보기도입니다. 심지어 마음이 썩 내키지 않아도 해야 합니다. 왜입니까? 하나님이 그 방법을 써서라도 세상에 의와 공도가 이루어지도록 작정하셨기 때문입니다. 중보기도의 목적이 무엇입니까? 의와 공도, 즉 의로움과 공정함의 회복입니다.

하나님이 중보기도를 마다하신 적이 있습니까? 아브라함이 의인 50명에서 10명까지 줄여 가는 동안에도 하나님은 거절하신 적이 단 한 번도 없으십니다. 하나님의 답은 마지막까지 예스입니다. 의인이 단 10명뿐이어도 그 10명을 봐서 멸하지 않으실 것입니다. 하나님의 의도는 멸하는 데 있습니까, 멸하지 않는 데 있습니까? 하나님의 뜻은 언제나 심판보다는 구원입니다. 살려야 의와 공도도 있는 것 아닙니까?

믿음의 조상이 될 조건

하나님은 아브라함을 통해서 구원의 큰일을 시작하셨습니다. 모든 인류를 아브라함의 후손으로 만드는 것이 원대한 목표입니다. 언젠가 그 가계를 따라 오실 예수 그리스도를 통해 큰 구원의 계획을 완성하실 것입니다.

믿음의 조상이 될 아브라함은 어떤 사람이어야 합니까? 하나님은 그를 어떤 믿음의 사람으로 만들기를 원하십니까? 남들이야 살건 죽건 상관하지 않는 사람이어도 괜찮습니까? 자기를 힘들게 하는 사람이 죽으면 잘되었다고 박수 치는 사람이어도 괜찮겠습니까?

예수님이 예루살렘에 올라가시는 길에 사마리아에 들르셨습니다. 그런데 마을 사람들이 예수님의 일행이 예루살렘에 올라가는 길이라는 것을 알고는 숙식을 제공하길 거절합니다.

제자 야고보와 요한이 이를 보고 이르되 주여 우리가 불을 명하여 하늘로부터 내려 저들을 멸하라 하기를 원하시나이까 예수께서 돌아보시며 꾸짖으시고 함께 다른 마을로 가시니라_눅 9:54-56

아브라함이 야고보와 요한과 다른 점이 보입니까? 아브라함은 작게는 조카 롯을 위해서, 나아가 소돔과 고모라 사람들을 위해서 수치를 무릅쓰고 하나님께 계속해서 간구했습니다. 나중에 모세도 아브라함처럼 "이제 그들의 죄를 사하시옵소서 그렇지 아니하시오면 원하건대 주께서 기록하신 책에서 내 이름을 지워 버려 주옵소서"(출 32:32) 하고 하나님께 간구할 것입니다. 얼마나 절절한 기도입니까?

하나님이 누군가를 하나님의 사람으로 새로이 빚어서 쓰시고자 하는 목적이 무엇입니까? 그를 통해 의와 공도라는 삶의 기준이 세워지기를 바라시는 것입니다. 구원이란 궁극적으로 하나님의 도가 세상 기준이 되는 것입니다. 그 일을 위해 하나님은 하나님의 비밀을 하나님의 사람들과 나누십니다. 그리고 하나님의 사람들이 하나님께 의와 공도를 내세워 떼를 쓰며 기도하는 것을 원하십니다.

하나님이 아브라함을 부르신 목적, 그에게 심판의 비밀을 알려 주신 이유, 그리고 그의 중보기도를 거절하지 않고 끝까지 들으신 까닭은 무엇입니까? 우리 기도가 비록 자기 자신에게는 아무런 도움이 되지 않는 것 같아 보일지라도 때로는 낯 간지럽고 부끄럽기까지 한 기도라고 하더라도 하나님은 그 기도를 외면하지 않고, 들으신다는 것을 알려 주고자 함이 아니겠습니까?

그런데 아브라함은 왜 10명에서 기도를 멈추었을까요? 왜 의인이 5명, 3명, 아니 단 1명이라도 있으면 멸하시지 말아 달라고 매달리지 않았을까요? 하나님이 그의 기도를 거절하지 않고 계속 들으시는 것을 보고 무엇인가를 깨달은 것이 아니겠습니까? '아, 하나님은 소돔과 고모라에 의인이 단 한 명도 없다는 것을 이미 알고 계시구나' 하는 생각이 들었을 것입니다.

훗날, 하나님이 예레미야 선지자에게 이렇게 말씀하십니다.

너희는 예루살렘 거리로 빨리 다니며 그 넓은 거리에서 찾아보고 알라 너희가 만일 정의를 행하며 진리를 구하는 자를 한 사람이라도 찾으면 내가 이 성읍을 용서하리라_렘 5:1

그 "한 사람"을 찾지 못해 결국 하나님이 예루살렘에 분노를 쏟아부으십니다.

이 땅 백성은 포악하고 강탈을 일삼고 가난하고 궁핍한 자를 압제하고 나그네를 부당하게 학대하였으므로 이 땅을 위하여 성을 쌓으며 성 무너진 데를 막아서서 나로 하여금 멸하지 못하게 할 사람을 내가 그 가운데에서 찾다가 찾지 못하였으므로 내가 내 분노를 그들 위에 쏟으며 내 진노의 불로 멸하여 그들 행위대로 그들 머리에 보응하였느니라 주 여호와의 말씀이니라_겔 22:29-31

하나님은 아브라함과 같은 중보자가 단 한 명도 없다는 사실을 이상하게 여기시다가 하는 수 없이 스스로 구원을 베풀기로 결정하십니다.

우리가 여호와를 배반하고 속였으며 우리 하나님을 따르는 데에서 돌이켜 포학과 패역을 말하며 거짓말을 마음에 잉태하여 낳으니 정의가 뒤로 물리침이 되고 공의가 멀리 섰으며 성실이 거리에 엎드러지고 정직이 나타나지 못하는도다 성실이 없어지므로 악을 떠나는 자가 탈취를 당하는도다 여호와께서 이를 살피시고 그 정의가 없는 것을 기뻐하지 아니하시고 사람이 없음을 보시며 중재자가 없음을 이상히 여기셨으므로 자기 팔로 스스로 구원을 베푸시며 자기의 공의를 스스로 의지하사_사 59:13-16

하나님이 "자기 팔로 스스로 구원을" 베푸십니다. 하나님 자신의 공의를 스스로 의지하여 구원을 베푸신 것입니다. 결국, "세상을 이처럼 사랑하사 독생자를 주셨으니 이는 그를 믿는 자마다 멸망하지 않고 영생을 얻게 하려"(요 3:16) 십자가에서 두 팔을 벌리고 선포하셨습니다. "다 이루었다"(요 19:30). 예수님이 이미 이루었기에 구원을 위해 우리가 더 할 수 있는 일은 없습니다. 그러나 구원받은 우리가 해야 할 일은 있습니다.

성경은 구원받은 자들이 해야 할 일에 관해 두 사람을 비교해 줍니다.

옛 세상을 용서하지 아니하시고 오직 의를 전파하는 노아와 그 일곱 식구를 보존하시고 경건하지 아니한 자들의 세상에 홍수를 내리셨으며 소돔과 고모라 성을 멸망하기로 정하여 재가 되게 하사 후세에 경건하지 아니할 자들에게 본을 삼으셨으며 무법한 자들의 음란한 행실로 말미암아 고통당하는 의로운 롯을 건지셨으니 (이는 이 의인이 그들 중에 거하여 날마다 저 불법한 행실을 보고 들음으로 그 의로운 심령이 상함이라)_벧후 2:5-8

먼저, 노아의 삶입니다. 노아는 하나님의 은혜를 입었습니다. 그는 하나님의 계획을 알았고, 하나님의 의를 전파했습니다. 그가 지은 방주는 하나님의 의로움과 공정함을 알리는 사인이었습니다. 그에 비해 아무 일도 하지 않은 롯을 통해 이 시대에 경종을 울리십니다. 그도 구원을 받았습니다. 그러나 그는 "무법한 자들의 음란한 행실"을 보고 들음으로써 "그 의로운 심령"을 상하게 하여 고통을 겪었을 뿐입니다.

롯은 아브라함의 중보기도의 힘으로 구원받았습니다. 그러나 그는 소돔과 고모라에서 구원받은 자에 합당한 삶을 살아내지 못했습니다. 그는 구원받아야 할 사람들을 위해 한 일이 없습니다. 그의 아내는 끝내 그 땅을 벗어나지 못했고, 그와 함께 그 땅을 벗어난 두 딸은 아버지 롯에게서 자녀를 낳는 우를 범합니다.

우리 또한 구원받은 자들입니다. 그리고 우리 또한 노아와 롯처럼 날마다 불법한 행실을 보고 듣고 마음이 상합니다. 그러나 마음 상하고 고통당하는 것이 전부여서야 되겠습니까? 똑같이 고통스러운 상황 속에서 살았지만, 각기 다른 길을 걸었던 노아와 롯의 길 중에 어떤 길을 걸어야 합니까? 또 어떻게 하면 아브라함의 길을 따를 수 있습니까?

여호와께서 아브라함과 말씀을 마치시고 가시니 아브라함도 자기 곳으로 돌아갔더라_창 18:33

하나님이 아브라함과의 대화를 마친 후에 떠나셨습니다. 아브라함도 자기 장막으로 돌아갔습니다. 이때 아브라함이 무엇을 했겠습니까? 아마도 제단을 새롭게 쌓았을 것입니다. 그리고 롯을 위해 기도를 멈추지 않았을 것입니다. 그랬기에 하나님이 아브라함을 생각하셔서 소돔과 고모라에 내리신 심판의 불구덩이 속에서 롯과 그 가족을 이끌어 내신 것입니다. 하나님은 롯을 구해 달라는 아브라함의 기도를 끝까지 외면하지 않으셨습니다. 알고 보면, 중보기도는 수치를 무릅쓰고 드리는 간구가 아니라 오직 구원받은 백성만이 누릴 수 있는 특권인 것입니다.

17. 어떤 길을 선택할 것인가

택하지 말아야 할 선택

=

창 19:1-38

하나님은 아브라함에게 의로운 길, 공정한 삶의 길을 가되 자녀와 권속들에게 가르쳐 지키게 하라고 명하셨습니다. 왜 이런 길을 가라고 하십니까? 알고 보면, 세상의 많은 길이 불의하고 부정한 길이기 때문입니다.

따라서 하나님을 따르는 삶, 하나님과 동행하는 삶은 날마다의 선택입니다. 하나님의 길을 갈 것인가 아니면 세상의 길을 갈 것인가 하는 선택입니다. 신앙이란 가지 말아야 할 길에 들어서지 않는 것이며 곧 택하지 말아야 할 선택을 하지 않는 것입니다. 그 점에서 아브라함은 실수를 반복하다가 비로소 제 길로 들어섰고, 롯은 계속해서 큰 실수를 저질러 오고 있습니다. 이제 롯에게 마지막 선택권이 주어집니다.

저녁때에 그 두 천사가 소돔에 이르니 마침 롯이 소돔 성문에 앉아 있다가 그들을 보고 일어나 영접하고 땅에 엎드려 절하며 이르되 내 주여 돌이켜 종의 집으로 들어와 발을 씻고 주무시고 일찍이 일어나 갈 길을 가소서 그들이 이르되 아니라 우리가 거리에서 밤을 새우리라 롯이 간청하매 그제서야 돌이켜 그 집으로 들어오는지라 롯이 그들을 위하여 식탁을 베풀고 무교병을 구우니 그들이 먹으니라_창 19:1-3

두 천사가 소돔에 도착한 것은 저녁때였습니다. 롯이 성문에 앉아 있습니다. 성문에 앉았다는 것은 그 도시의 유력자가 되었다는 뜻입니다. 보통 재판이 열리는 장소가 바로 성문 앞 광장이었기 때문입니다. 롯은 소돔에 와서 나름대로 열심히 그리고 힘겹게 살아왔을 것입니다. 낯선 도시에서 정착하기 위해 무척이나 고생했을 것입니다. 쉬운 인생이 어디 있습니까? 믿음을 가지고 살기도 힘든데, 그는 믿음을 떠나서 믿음 없는 사람들 틈에 끼어 살았으니 그 삶이 얼마나 팍팍했겠습니까?

그러나 처음에는 얼마나 좋았겠습니까? 지긋지긋한 장막 생활을 청산하고, 온갖 물건이 넘치고 쾌락이 넘치는 화려한 도시에서 사는 것이 즐거웠을 것입니다. 하지만 그 삶이 그에게서 어떤 것을 앗아갈지는 미처 생각하지 못했을 것입니다. 그의 마음속에는 어쩌면 늘 외로움이나 슬픔이 가득했는지도 모릅니다.

그가 도시에 나타난 낯선 사람들을 보고 반갑게 맞아들이는 것만 봐도 그동안 얼마나 외로웠는지를 짐작할 수 있습니다. 땅에 엎드려 절하는 모습을 보면, 삼촌 아브라함을 닮은 듯도 합니다. 그는 두 천사에게 간청하여 집으로 초청합니다.

화려한 삶이 빚어낸 결과

두 천사는 소돔에서 완수해야 할 임무가 있어서 온 것입니다. 소돔의 멸망을 더 이상 미룰 수 없을 정도로 타락했는지를 살펴 보러 온 것입니다. 그런데 롯이 그들을 기어코 자기 집에 불러들이고 맙니다. 롯이 그들에게 식사를 대접합니다. 그런데 상에 오른 음식을 보니, 무교병뿐입니다.

아브라함은 어땠습니까? 그는 비록 도시가 아닌 촌에서 허름한 장막 속에 살면서도 하나님과 두 천사가 찾아왔을 때, 그들을 너무나 반갑게 맞이하며 가장 살찐 송아지를 잡고, 엄청난 양의 무교병을 구워 풍성하게 대접했습니다. 말 그대로 환대해 주었습니다.

손님을 맞는 태도에서 아브라함과 롯의 차이는 무엇일까요? 단순하게 비교하자면, 한쪽은 농촌 방식이고, 다른 한쪽은 도시 방식이라고 할 수 있습니다. 두 사람 다 손님들을 반갑게 맞이했지만, 미묘한 차이가 느껴집니다. 롯은 손님들을 반갑게 맞이하며 집까지 초청했지만, 어디까지 대접해야 할지 선을 긋고 있습니다. 양이나 송아지는 안 되지만, 무교병 정도면 괜찮다는 태도가 느껴집니다. 왜 그런 차이가 날까요?

어쩌면 롯의 마음은 자신도 모르는 사이에 인색해졌는지도 모릅니다. 소돔에서 살면서 누군들 안 그렇겠습니까? 죄가 만연한 곳에서 죄에 물든다는 것은 다른 것이 아닙니다. 마음 문이 점점 닫히고, 서로 분리되는 삶을 사는 것이 죄에 물든 증거입니다. 점점 인색해지고, 이웃에 누가 사는지도 모른 채 살아갑니다. 옆집 사람도 믿을 수 없습니다. 무엇보다 세상에서 사람이 가장 위험하다는 것을 깨달으며 사는 탓입니다.

그런데 아브라함을 보십시오. 그는 손님을 대접할 때 기뻐서 어쩔 줄 모르는 모습을 보여 줍니다. 이런 환대를 받으면, 손님만 대접받는 것이 아니라 대접하는 사람에게도 치유가 일어납니다. 대접받는 사람들에게는 새로운 삶의 놀라운 능력이 생기게 됩니다. 이것이 삶의 방식을 바꾸는 데서 나오는 차이입니다.

가끔 선교지에 가면, 그곳 원주민들과 식사할 기회가 있습니다. 그들은 부산하게 움직이며 음식을 준비합니다. 아브라함이 그랬듯이 반가움과 기쁨을 온몸으로 표현합니다. 사실, 그들이 내놓는 음식 중에서 손이 갈 만한 우리 입맛에 맞는 음식이 없습니다. 그러나 그들이 음식을 만드는 태도와 사람을 대접하고자 하는 마음의 중심을 보면 감동을 느낄 수밖에 없습니다. 음식으로 풍성해지는 것이 아니라 음식을 대접하는 마음으로 풍성함을 경험합니다. 그리고 그 놀라운 사랑에 젖는 나 자신을 발견하게 됩니다.

그들이 눕기 전에 그 성 사람 곧 소돔 백성들이 노소를 막론하고 원근에서 다 모여 그 집을 에워싸고 롯을 부르고 그에게 이르되 오늘 밤에 네게 온 사람들이 어디 있느냐 이끌어 내라 우리가 그들을 상관하리라_창 19:4-5

손님이 집에 들어왔는데, 밖에서 소란이 일어납니다. "네 집에 온 손님들을 끌어내라"는 것입니다. 왜 내놓으라고 합니까? 그들과 성관계를 맺겠다는 것입니다. 도시의 동성애자들이 떼로 몰려왔습니다. 소돔에 심판을 내릴 것인가, 말 것인가를 조사하러 온 두 천사는 더 알아볼 필요가 없어졌습니다. 이미 그 도시의 삶이 어떠한지가 적나라하게 드러났기 때문입니다.

바로 그들 때문에 소도마이트(sodomite)라는 단어가 생겼습니다. 원래는 '소돔 사람들'을 가리키는 단어였는데, 지금은 '남색자'를 뜻하는 단어가 되었습니다. 그만큼 소돔에 동성애자들이 많았다는 뜻입니다. 도시의 화려한 삶이 빚어낸 결과입니다.

롯이 얼마나 선망하던 곳입니까? 즐비한 상점에 없는 것이 없고, 내가 원하는 모든 것이 있는 화려한 도시에 이처럼 그늘진 구석이 있다는 것을 알고 왔겠습니까? 이런 일을 겪으리라고 상상이나 했겠습니까? 마침 오랜만에 귀한 손님을 집에 들였는데, 이런 일을 겪게 된 것입니다. 삶 속에서 겪게 되는 고난 가운데 유독 독특한 고난이 찾아온 것입니다.

하나님을 떠난 선택

소돔 백성들의 소란이 어떻게 진행되었는지 성경이 자세히 알려 줍니다.

롯이 문밖의 무리에게로 나가서 뒤로 문을 닫고 이르되 청하노니 내 형제들아 이런 악을 행하지 말라 내게 남자를 가까이하지 아니한 두 딸이 있노라 청하건대 내가 그들을 너희에게로 이끌어 내리니 너희 눈에 좋을 대로 그들에게 행하고 이 사람들은 내 집에 들어왔은즉 이 사람들에게는 아무 일도 저지르지 말라 그들이 이르되 너는 물러나라 또 이르되 이 자가 들어와서 거류하면서 우리의 법관이 되려 하는도다 이제 우리가 그들보다 너를 더 해하리라 하고 롯을 밀치며 가까이 가서 그 문을 부수려고 하는지라_창 19:6-9

롯이 집 밖으로 나가서 그들에게 간청하며 그들을 설득합니다. 그런데 그 내용이 가히 충격적입니다. "내게 남자를 가까이하지 아니한 두 딸"이 있으니 차라리 딸들을 데려가고, 내 집에 온 손님들은 건드리지 말라는 것입니다.

이해됩니까? 어떻게 딸들을 대신 보내겠다고 합니까? 중동에 3개월 일정으로 단기 선교를 다녀온 적이 있습니다. 그때 중동 사람들 여럿한테 물었습니다. 성경에 이런 내용이 있는데, 정말로 이 땅에서 이런 일들이 일어나곤 하는가 하고 물으니 실제로 그런 일이 있다는 것입니다. 지금도 그들은 선택의 기로에 서면, 롯과 같은 결정을 한다는 것입니다. 왜냐하면, 집에 들인 손님을 지키지 못하는 가문은 형편없는 가문으로 여겨지기 때문입니다. 즉 내 집에 온 손님을 지키는 일은 곧 내 가문을 지키는 일과 같다는 것입니다. 그래서 어떻게든 손님들을 안전하게 지켜 내야 합니다. 이것이 그들의 자존심이자 삶의 방식이기 때문입니다. 얼마나 대단한 자존심입니까?

그렇게 살다가 보니 롯도 그들 삶의 기준과 방식을 답습하게 되었습니다. 내 딸을 내어 주는 한이 있어도 손님들만큼은 지켜야 한다고 생각합니다. 어떻게 보면, 손님에 대한 대단히 정중한 예의 같지만, 롯이 선택한 소돔의 삶의 방식이 빚어낸 결과라는 것입니다.

이 상황을 보면서 어떤 생각이 듭니까? 롯이 소돔에 살면서 얼마나 힘들었겠습니까? 삼촌 아브라함이 네가 보기에 좋은 대로 선택하라고 해서, 롯이 자신 있게 선택한 곳이 바로 이곳입니다. 물이 넉넉하여 풍요로운 땅이리라 믿고 선택했습니다. 장막에 사는 것이 지긋지긋해서 성곽과 탑이 있는 도시 소돔을 선택했습니다.

그러나 얻는 게 있으면 잃는 것도 있는 법입니다. 그래서 무엇인가를 얻을 때는 생각해 봐야 합니다. '이걸 얻으면, 무엇을 잃게 될까? 이것을 얻기 위해 치러야 할 대가는 무엇인가?' 화려한 도시를 택하면, 잃게 되는 것이 무엇입니까? 진정한 친밀감을 잃게 됩니다. 소유가 많아지는 삶을 살면, 정작 존재의 깊은 곳을 들여다보는 시간은 급격히 줄어듭니다. 그리고 나도 모르는 사이에 하나님보다 재물에 더 관심이 많아집니다. 보는 것이 많을수록 마음의 평강이 줄어듭니다.

롯은 소돔을 선택했고, 아브라함은 하나님을 붙들었습니다. 믿음은 작지만 큰 차이를 만듭니다. 신앙은 빈 것을 택한 것 같은데, 속이 꽉 찬 것을 택하는 것입니다. 하나님을 떠난 선택은 꽉 찬 것 같아 보여도 속은 비어 있음을 깨닫습니다.

> 영광과 욕됨으로 그러했으며 악한 이름과 아름다운 이름으로 그러했느니라 우리는 속이는 자 같으나 참되고 무명한 자 같으나 유명한 자요 죽은 자 같으나 보라 우리가 살아 있고 징계를 받는 자 같으나 죽임을 당하지 아니하고 근심하는 자 같으나 항상 기뻐하고 가난한 자 같으나 많은 사람을 부요하게 하고 아무것도 없는 자 같으나 모든 것을 가진 자로다
> _고후 6:8-10

2003년, 미국 보스턴에서 신학생으로 추수감사절을 맞았습니다. 집 문을 열고 나가는데 복도에 상자가 놓여 있었습니다. 상자 안에는 칠면조 두 마리와 빵과 과자가 가득 들어 있었습니다. 둘러보니 다른 집 문 앞에는 아무것도 놓여 있지 않았습니다. 알고 보니, 신학교 기숙사 학생들이 보낸 선물이었습니다. 짧게 쓴 편지가 함께 들어 있었습니다.

당시 함께 공부하던 신학생들은 모두 가난한 학생들뿐이었습

니다. 그런데 그들이 보기에 우리 집이 가장 가난해 보였던 것입니다. 두 아들을 키우는 유학생 가정의 살림이 넉넉하게 보였을 리 없습니다. 해마다 기숙사 동마다 한 학생을 뽑아 돕는 풍습이 있었는데, 그해에는 우리 집이 도움을 받게 된 것입니다.

그러나 사실, 그때 학생들이 잘 몰라서 그렇지 아마 우리 집 예금 잔고가 기숙사 학생들 중에 가장 많았을 것입니다. 주로 신학생들이 이용하는 학교 근처 은행에 돈 찾으러 갔다가 현금인출기 앞에 버려진 영수증들을 보고 깜짝 놀란 적이 있습니다. 대개 잔고가 50불, 70불에서 많아야 200불, 300불이었기 때문입니다. 그렇게 나보다 더 가난한 학생들이 우리 가정을 십시일반으로 도왔던 것입니다.

대다수의 학생이 가난했지만, 얼굴에 그늘이라곤 없었습니다. 가난한 티도 나지 않았습니다. 눈이 마주치면 언제나 밝게 웃으며 인사하곤 했습니다. 조금만 떨어져서 지나가도 손을 흔들며 인사했습니다. 고된 삶은 손보다 얼굴에 나타나고, 여유로움은 지갑보다 얼굴에 나타나는 법인데, 그들에게서는 삶의 어려움을 느낄 수가 없었습니다.

사람은 많이 가졌다고 감사해하지는 않습니다. 많이 가졌기에 남을 돕지는 않습니다. 지갑이 두툼해서가 아니라 마음이 부유해야 남을 돕습니다. 적게 가져도 내가 가진 것이 많다고 느끼는 사람이 이웃을 돕습니다. 아무리 많이 가져도 나보다 더 많이 가진 사람을 부러워하는 사람은 남을 돕지 못합니다. 롯은 아무리 많이 가져도 늘 목마르고 허전해할 뿐입니다. 대개 도시의 삶이 그렇습니다. 불신의 삶이 그렇습니다. 급기야 성격이 강퍅해지고, 폭력적으로 변해 갑니다. 그리고 음란해집니다. 사람들은 채워도 채워지지 않는 것 때문에 타락합니다.

그러나 내게 부족함이 없는 사람은 탐욕을 부릴 이유가 없고, 거짓말할 필요가 없습니다.

머뭇거리고 지체하는 신앙

"문밖의 무리"는 항상 찾아다니면서 소란을 일으키는 사람이요 누군가를 왕따 시키는 사람이며 남을 협박하고 끝내 쫓아버리는 사람입니다. 이것이 소돔 사람들이 살아가는 방식입니다. 사람들을 협박하고, 겁을 줍니다. 두렵게 만드는 것입니다.

결국, 두 천사가 심판을 강행하기로 합니다.

그 사람들이 손을 내밀어 롯을 집으로 끌어들이고 문을 닫고 문밖의 무리를 대소를 막론하고 그 눈을 어둡게 하니 그들이 문을 찾느라고 헤매었더라_창 19:10-11

집 안에 있던 손님들이 되레 롯을 안으로 끌어당기고, 문을 닫습니다. 천사들이 롯의 집 앞에 있는 사람들의 눈을 어둡게 합니다. 심판이 시작된 것입니다. 심판은 눈이 어두워지는 것으로부터 시작됩니다. 눈이 가려지는 것입니다. 그러면 자연히 방향 감 각을 잃습니다. 어디로 가야 할지, 어디로 가고 있는지를 모릅 니다.

이 시대가 지금 어디로 향하고 있는지 압니까? 왜 다들 이렇게 바쁘게 삽니까? 출구가 어디 있는지도 모른 채 찾아 헤맵니다. 게다가 줄 서느라 바쁩니다. 어디가 빨리 가는 줄이고, 어디가 힘 있는 줄인가를 놓고 고민합니다. 그러나 분별력이 없습니다. 영 원을 바라보는 능력이 없습니다.

예수님은 "너희가 맹인이 되었더라면 죄가 없으려니와 본다고 하니 너희 죄가 그대로 있느니라"(요 9:41)라고 말씀하셨습니다. 눈을 뜨고도 아무것도 못 보는 사람이 있다니 얼마나 안타깝습 니까?

"찬송가의 여왕"으로 불리는 패니 크로스비(Fanny Crosby)는 평생 맹인으로 살았지만 나중에 눈을 뜨고 싶으냐는 질문에 단호하게 "아니, 나는 눈을 감고 싶다. 나는 맹인으로서 너무 많은 것을 보 았는데, 무엇 때문에 눈을 뜨겠느냐?"라고 대답했다고 합니다. 눈 을 감고 살아도 하나님의 영광스러움을 보는 사람이 있는가 하 면, 멀쩡히 두 눈을 뜨고 살아도 아무것도 보지 못하는 사람이 있 다는 것입니다.

눈이 어두워진 사람들이 갈수록 늘어납니다. 사람들이 한 치 앞도 내다보지 못하게 됩니다. 눈에 뭐가 씌웠는지 제대로 보 지 못합니다. 보지 못하는데, 어떻게 알겠습니까? 이것이 심판입니다.

> 그 사람들이 롯에게 이르되 이 외에 네게 속한 자가 또 있느냐 네 사위나 자녀나 성 중에 네게 속한 자들을 다 성 밖으로 이끌어 내라 그들에 대한 부르짖음이 여호와 앞에 크므로 여호와께서 이곳을 멸하시려고 우리를 보내셨나니 우리가 멸하리라_창 19:12-13

심판이 임박했습니다. 천사들이 롯에게 묻습니다. "네게 속한 자가 또 있느냐? 네게 속한 자들을 다 성 밖으로 이끌어 내라"고 명령합니다. 이제 이 도시는 흔적도 없이 사라질 것입니다.

여기서 우리는 두 가지를 발견합니다. 첫째, 구원은 성을 떠나는 것이라는 사실입니다. 이때까지 나를 지켜 주리라고 믿고 선택했던 곳을 떠나는 것이 구원입니다. 튼실한 성곽이 지켜 주리라고 믿었지만, 성을 버리고 떠나야 합니다. 세상에서 그 어떤 것도 나를 지켜 줄 수 있는 것은 없습니다. 오직 하나님만이 지켜 주실 수 있습니다.

둘째, 구원은 내게 속한 자들에게도 베풀어진다는 것입니다. 나만 구원받지 않습니다. 내 가족도 구원받습니다. 훗날, 여리고 성에서도 이와 같은 일이 일어납니다. 이스라엘 군대가 성을 함락시킬 때, 그 땅 백성들이 진멸되지만, 기생 라합과 그 가족만은 구원을 받습니다. 약속대로 "붉은 줄을 창문에"(수 2:21) 매달아 표시한 덕분에 구원받을 수 있었습니다.

또 바울과 실라가 빌립보 감옥에 갇혔을 때, "갑자기 큰 지진이 나서"(행 16:26) 옥문이 다 열리는 바람에 잠에서 깬 간수가 "죄수들이 도망한 줄 생각하고 칼을 빼어 자결"(행 16:27)하려고 하다가 구원을 받는 사건이 성경에 기록되어 있습니다. 그날, 간수와 온 집이 함께 구원을 받았습니다.

그들을 데리고 나가 이르되 선생들이여 내가 어떻게 하여야 구원을 받으리이까 하거늘 이르되 주 예수를 믿으라 그리하면 너와 네 집이 구원을 받으리라 하고 주의 말씀을 그 사람과 그 집에 있는 모든 사람에게 전하더라 그 밤 그 시각에 간수가 그들을 데려다가 그 맞은 자리를 씻어 주고 자기와 그 온 가족이 다 세례를 받은 후 그들을 데리고 자기 집에 올라가서 음식을 차려 주고 그와 온 집안이 하나님을 믿으므로 크게 기뻐하니라_행 16:30-34

구원은 분명 개인적인 사건입니다. 그러나 동시에 공동체적인 사건이기도 합니다. 롯이 잘한 게 있습니까? 롯의 딸들과 사위될 사람들이 소돔에서 무슨 일을 했겠습니까? 죄악의 도시에서 죄인들과 어울려 살면서 죄지은 것 말고는 무슨 특별한 일을 했겠습니까? 그러나 롯과 그의 가족이 모두 구원의 대열에 포함됩니다.

두 천사가 롯에게 가족들을 데리고 성을 즉시 떠나라고 재촉합니다. 다급한 상황입니다.

롯이 나가서 그 딸들과 결혼할 사위들에게 말하여 이르기를 여호와께서 이 성을 멸하실 터이니 너희는 일어나 이곳에서 떠나라 하되 그의 사위들은 농담으로 여겼더라_창 19:14

롯이 딸들과 결혼할 사위들에게 곧 성이 멸망할 테니 어서 이곳을 떠나야 한다고 말해 주었지만, 그들의 반응을 보십시오. 롯의 얘기를 어떻게 받아들입니까? 농담으로 여깁니다. 세상이 구원을 바라보는 시각입니다. 세상이 진리를 대하는 태도가 그렇습니다. 이것이 바로 세상이 십자가를 대하는 태도요 부활을 바라보는 시각입니다. 그들은 심판을 한낱 농담거리로 여깁니다. 과학적으로 증명되지 않은 사실에 뭐가 두려워서 도망치느냐고 비웃습니다. 이미 세상에 악이 만연했는데, 신이 존재할 리 있느냐고 조롱합니다.

동틀 때에 천사가 롯을 재촉하여 이르되 일어나 여기 있는 네 아내와 두 딸을 이끌어 내라 이 성의 죄악 중에 함께 멸망할까 하노라 그러나 롯이 지체하매 그 사람들이 롯의 손과 그 아내의 손과 두 딸의 손을 잡아 인도하여 성 밖에 두니 여호와께서 그에게 자비를 더하심이었더라_창 19:15-16

천사가 마지막으로 알립니다. 최후 통지입니다. 그런데도 롯이 머뭇거리며 지체합니다. 이것이 롯의 신앙입니다. 머리로는 알지만, 몸이 따르지 않는 신앙입니다. 아브라함을 따라다니면서도 그랬습니다. 그는 처음부터 이 굴레를 벗어나지 못했습니다.

도대체 아브라함과 롯의 신앙은 어디서부터 차이가 난 것입니까? 결정적인 선택을 할 때마다 왜 서로 반대되는 선택을 합니까? 롯은 왜 늘 택하지 말아야 할 것을 선택합니까? 하나님의 말씀을 직접 들은 사람과 듣지 못한 사람의 차이입니다. 아브라함은 하나님의 말씀을 들었고, 그 말씀에 따라 갈대아 우르를 떠났습니다. 그러나 롯은 아브라함의 말을 듣고 떠났습니다. 아브라함은 말씀을 따라 가나안으로 들어왔고, 롯은 아브라함의 뒤를 따라 가나안으로 들어왔습니다. 아브라함은 말씀을 택했고, 롯은 자기 생각과 느낌을 택했습니다. 그는 비전이 아닌 눈앞의 현실을 택했습니다.

날마다의 선택

20세기 후반에 미국에서 가장 유명한 전도자 두 사람이 있었습니다. 빌리 그레이엄(Billy Graham)과 그에 필적하는 찰스 템플턴(Charles Templeton)입니다. 두 사람이 LA 근교에서 집회할 때마다 많은 사람이 몰려와서 예수 그리스도를 영접했습니다.

그런데 어느 날 찰스 템플턴이 회의에 빠지고 말았습니다. 《라이프》(Life) 잡지의 사진 한 장 때문이었습니다. 북아프리카에 기근이 들었습니다. 한 여인이 죽은 아이를 품에 안은 채 절망적인 시선으로 하늘을 올려다보는 사진이 잡지 표지에 실렸습니다. 템플턴은 그 사진을 보고 믿음을 잃고 말았습니다. '어서 비가 내리기를 바랄 뿐인데, 신은 어린아이의 목숨을 거두어 갔다. 아이를 잃은 여인의 눈물에 누가 답할 것인가?' 그는 한탄하며 전도자의 길에서 냉담자의 길로 돌아섰습니다.

빌리 그레이엄의 믿음도 흔들리기 시작합니다. 그레이엄은 성경 한 권을 들고 LA 근교에 있는 산버나디노(San Bernardino)산 위로 올라가 밤새 기도했습니다. 그는 하나님께 "성경 말씀이 다 믿어지지 않습니다. 제게 믿음을 부어 주십시오. 말씀을 진리로 받아들일 수 있게 도와주십시오" 하고 솔직하게 기도했습니다. 그리고 그는 마침내 응답을 받고 산에서 내려왔고, 더 이상 흔들리지 않았습니다. 그는 일생 뒤돌아서지 않았습니다. 줄곧 푯대를 향해 달려갔습니다.

반면에 찰스 템플턴은 말년에 치매에 걸려서 주님을 그리워하면서도 끝내 믿음을 돌이키지는 않았습니다.

살다 보면, 신앙의 고비를 맞게 됩니다. 사탄은 절묘하게 우리 이성을 파고듭니다. 물 위를 걷는 게 말이 됩니까? 물로 포도주를 만든다는 게 말이 됩니까? 이성은 늘 우리를 쥐고 이리저리 흔듭니다. 롯의 신앙은 아브라함의 기도 줄에 매달린 신앙입니다. 그는 과거의 믿음에 매달려 삽니다. 늘 예전 신앙을 회상하며 잠시 믿음이 생겼던 때를 그리워하기도 하지만, 어떻게 해야 믿음의 경주를 완주할 수 있을지는 모릅니다. 혼란스러울 뿐입니다.

이제 심판이 임하였고, 성을 떠나야 합니다. 그것도 즉시 떠나야 합니다. 그런데도 발길이 쉽게 떨어지지 않습니다. 어쩌면 내일 개업식이 있는지도 모릅니다. 어쩌면 모레 출석해야 할 재판이 있을 수도 있습니다. 어쩌면 사흘 후에 반드시 만나야 할 중요한 약속이 있는지도 모릅니다.

이때 천사들이 롯과 두 딸의 손을 붙잡고, 그들을 성 밖으로 강제로 이끌어 냅니다. 끝까지 자비를 베풀어 주신 것입니다. 구원하기로 하신 백성은 끝까지 포기하지 않으시고, 강제로라도 끌고 나오십니다.

그 사람들이 그들을 밖으로 이끌어 낸 후에 이르되 도망하여 생명을 보존하라 돌아보거나 들에 머물지 말고 산으로 도망하여 멸망함을 면하라 롯이 그들에게 이르되 내 주여 그리 마옵소서 주의 종이 주께 은혜를 입었고 주께서 큰 인자를 내게 베푸사 내 생명을 구원하시오나 내가 도망하여 산에까지 갈 수 없나이다 두렵건대 재앙을 만나 죽을까 하나이다 보소서 저 성읍은 도망하기에 가깝고 작기도 하오니 나를 그곳으로 도망하게 하소서 이는 작은 성읍이 아니니이까 내 생명이 보존되리이다
_창 19:17-20

천사들이 뒤도 돌아보지 말고 도망하라고 일러 줍니다. 들에 머물면 안 됩니다. 산으로 곧장 피신해야 합니다. 그런데 롯이 급박한 상황에서도 순종을 선택하지 않습니다. "내가 산에까지 갈

수 없을 것 같으니 저 앞에 보이는 작은 성읍으로 가게 해 주십시오" 하고 청합니다. 산이 너무 멀다느니 힘들어서 못 가겠다느니 불평이 앞섭니다.

롯은 그야말로 가까스로 구원받았습니다. 누구 덕에 구원받는지도 모릅니다. 성경은 왜 이렇게 지지리도 못난 롯의 이야기를 길게 기록했을까요? 이것이 우리 신앙의 모습이기 때문입니다. 우리가 이렇게 살기 때문입니다. 우리도 롯처럼 가까스로 구원에 매달려 살고 있기 때문입니다.

믿음은 결단이요 모험입니다. 믿음은 담대한 선택이며 즉각적인 행동입니다. 그래서 때로는 무모해 보이기도 합니다. 그러나 그러한 무모한 선택 없이는 물이 포도주로 변하는 것을 경험할 수 없습니다. 그런 선택 없이는 베드로처럼 물 위를 단 몇 발자국이라도 걸어 볼 수 없습니다.

예수님이 부르시는 것은 언제나 생명으로의 초대입니다. 세상이 부르는 이유나 목적과 다릅니다. 예수님이 부르시는 것은 언제나 기쁨으로의 초대입니다. 근심하는 것 같으나 곧 근심이 변하여 기쁨이 되는 것을 경험하게 됩니다. 바울이 이것을 경험했을 때, 그는 사도의 길을 걸었습니다.

생각하건대 현재의 고난은 장차 우리에게 나타날 영광과 비교할 수 없도다_롬 8:18

믿음의 선택이란 무엇입니까? 먼저, 고난을 선택하는 것입니다. 다들 편안함을 선택할 때, 믿음은 고난을 택합니다. 왜 그렇습니까? 고난은 앞으로 나타날 영광에 비할 바가 아니기 때문입니다. 그래서 지금 우리는 십자가를 택합니다. 장차 나타날 영광과 비교할 수 없기 때문입니다.

> 그가 그에게 이르되 내가 이 일에도 네 소원을 들었은즉 네가 말하는 그 성읍을 멸하지 아니하리니 그리로 속히 도망하라 네가 거기 이르기까지는 내가 아무 일도 행할 수 없노라 하였더라 그러므로 그 성읍 이름을 소알이라 불렀더라_창 19:21-22

"소알"의 뜻은 '작다'입니다. 롯은 결국 소돔이라는 큰 도시에서 소알이라는 작은 도시로 옮깁니다. 삼촌 아브라함에게로 돌아갈 생각이 없습니다. 그는 끝까지 전심으로 하나님을 찾지도 않습니다. 두 천사는 그래도 롯이 몸을 숨길 때까지 심판을 지체합니다. 이처럼 심판은 한 사람 때문에도 늦춰질 수 있습니다.

> 롯이 소알에 들어갈 때에 해가 돋았더라 여호와께서 하늘 곧 여호와께로부터 유황과 불을 소돔과 고모라에 비같이 내리사 그 성들과 온 들과 성에 거주하는 모든 백성과 땅에 난 것을 다 엎어 멸하셨더라 롯의 아내는 뒤를 돌아보았으므로 소금 기둥이 되었더라 아브라함이 그 아침에 일찍이 일어나 여호와 앞에 서 있던 곳에 이르러 소돔과 고모라와 그 온 지역

을 향하여 눈을 들어 연기가 옹기 가마의 연기같이 치솟음을 보았더라 하나님이 그 지역의 성을 멸하실 때 곧 롯이 거주하는 성을 엎으실 때에 하나님이 아브라함을 생각하사 롯을 그 엎으시는 중에서 내보내셨더라

_창 19:23-29

롯의 아내가 뒤를 돌아보다가 "소금 기둥"이 되었습니다. 무엇을 보느냐, 어디를 보느냐에 따라 생사가 엇갈립니다. 하나님에게서 멀어지는 것이 죽음입니다. 하나님을 향해 가다가도 되돌아서는 순간 죽음을 맞습니다. 롯의 이야기는 슬프게 끝납니다.

아브라함은 멀리서 이 모든 것을 바라봅니다. 소돔과 고모라에 유황과 불이 비같이 내리고, 연기가 치솟아 오르는 것을 목격했습니다.

롯이 소알에 거주하기를 두려워하여 두 딸과 함께 소알에서 나와 산에 올라가 거주하되 그 두 딸과 함께 굴에 거주하였더니 큰딸이 작은딸에게 이르되 우리 아버지는 늙으셨고 온 세상의 도리를 따라 우리의 배필될 사람이 이 땅에는 없으니 우리가 우리 아버지에게 술을 마시게 하고 동침하여 우리 아버지로 말미암아 후손을 이어가자 하고 그 밤에 그들이 아버지에게 술을 마시게 하고 큰딸이 들어가서 그 아버지와 동침하니라 그러나 그 아버지는 그 딸이 눕고 일어나는 것을 깨닫지 못하였더라

_창 19:30-33

롯이 다시 두려움에 사로잡힙니다. 심판의 트라우마가 생겼을 것입니다. 소알을 떠나 결국 두 천사가 가라고 했던 산으로 올라갑니다. 두 딸과 함께 굴로 들어갑니다. 그런데 문제가 생깁니다. 딸들의 선택입니다. 정말 택해서는 안 될 선택을 합니다. 딸들은 아버지에게 술을 마시우고, 아버지가 술에 취해 정신을 잃게 만듭니다. 그리고 아버지와 동침합니다. 누구에게서 배운 선택 기준입니까? 소돔 사람들로부터입니다.

왜 맹모삼천입니까? 맹자 어머니가 돈 벌자고 이사 다닌 것이 아닙니다. 어떤 환경에서 아들을 가르치며 살아야 할지를 선택한 것입니다.

이튿날 큰딸이 작은딸에게 이르되 어젯밤에는 내가 우리 아버지와 동침하였으니 오늘 밤에도 우리가 아버지에게 술을 마시게 하고 네가 들어가 동침하고 우리가 아버지로 말미암아 후손을 이어 가자 하고 그 밤에도 그들이 아버지에게 술을 마시게 하고 작은딸이 일어나 아버지와 동침하니라 그러나 아버지는 그 딸이 눕고 일어나는 것을 깨닫지 못하였더라 롯의 두 딸이 아버지로 말미암아 임신하고 큰딸은 아들을 낳아 이름을 모압이라 하였으니 오늘날 모압의 조상이요 작은딸도 아들을 낳아 이름을 벤암미라 하였으니 오늘날 암몬 자손의 조상이었더라_창 19:34-38

죄는 홀로 짓지 않습니다. 꼭 누군가를 데리고 갑니다. 언니가 동생을 데리고 죄로 들어갑니다. 모압과 암몬 족속은 결국 이스라엘의 총회에 들지 못합니다. 이 모든 이야기는 택하지 말아야 했던 선택의 결과를 보여 줍니다. 베드로가 이 이야기의 목적을 알았습니다.

옛 세상을 용서하지 아니하시고 오직 의를 전파하는 노아와 그 일곱 식구를 보존하시고 경건하지 아니한 자들의 세상에 홍수를 내리셨으며 소돔과 고모라 성을 멸망하기로 정하여 재가 되게 하사 후세에 경건하지 아니할 자들에게 본을 삼으셨으며_벧후 2:5-6

이 이야기를 왜 기록했다고 말합니까? 대부분의 사람이 소돔과 고모라의 삶의 방식을 따라갈 것이 뻔하기에 그들에게 경고로 본을 보이고자 기록해 두신 것입니다. 이런 삶의 방식은 택하지 말아야 했습니다. 하지 말아야 할 선택을 기어이 하고 마는 어리석음이 지금도 여전히 반복되고 있습니다. 그러므로 믿는 자들은 이 이야기를 읽고 교훈을 얻어야 합니다.

우리는 어떤 기준으로 삶을 선택하고, 믿음을 선택해야 합니까? 설교 한번 듣는 것으로 끝나는 믿음이라면 무슨 소용이 있겠습니까? 우리 인생은 날마다의 선택과 순간순간의 선택으로 빚어집니다. 자기 생각과 느낌에 의존하지 마십시오. 자기 판단과 경험에만 의존하지 마십시오. 매 순간 하나님을 택하고, 날마다 십자가를 택하십시오. 언제 어느 때나 경건을 택하십시오. 영생의 보상이 있을 것입니다.